岩波現代文庫

社会 97

ラルフ・レイトン

大貫昌子［訳］

ファインマンさん最後の冒険

TUVA OR BUST!
Richard Feynman's Last Journey

by Ralph Leighton

First published 1991 by W. W. Norton & Company, Inc., New York.

First Japanese edition published 1991,
this paperback edition published 2004
by Iwanami Shoten, Publishers, Tokyo
by arrangement with the author.

読者のみなさんへ

リチャード・P・ファインマン(一九一八年―一九八八年)は、一九五〇年代の初期から一九八〇年代の後半まで、キャルテク(カリフォルニア工科大学)の物理学部教授を務めた著名な理論物理学者である。プリンストン大学大学院卒業と同時に、ロスアラモスのマンハッタン計画協力のため狩りだされた彼は、余暇の楽しみに金庫破りの腕を磨いた。あるときなど原爆の機密がいっさいがっさい詰まった金庫のコンビネーション錠をみごとに開けたうえ、中に真っ赤な字の走り書きで、政府の最高機密保安のいいかげんさを指摘する置手紙を残したこともある。(注1)

彼の生涯が終りに近づくころ、ファインマンはまたもや政府に狩りだされ、今度はスペースシャトル「チャレンジャー号」爆発の惨事を調査する、ロジャース委員会に奉仕することになった。ここでもまたファインマンはちょいとした楽しみを考えだしたのだが、これが政府官庁を震えあがらせるような衝撃波を送ることになったのである。彼は公聴会の席上、ロケットのシールに使われたゴム製の「Oリング」の一部をC型締め具にはさみ、これを氷水に浸した。低温下でゴムが弾力性を失う様子を示すための、この「ちょいとした実験」こそ、NASA(アメリカ航空宇宙局)のうやむや戦術の煙幕を吹きとばし、あの大事故の主要原因をすっぱぬいたのである。(注2)

彼は『ファインマン物理学(注3)』を編集した僕の父の同僚だったことから、ときたまわが家を訪ねてくることがあった。そんなある日、それは僕がまだ高校生時代のことだが、たまたま音楽好きの友人トーマス・ルーティスハウザーも遊びにきていた。ファインマンがかなり本物のドラマーだと聞いていた僕たち二人は、いっしょにドラムをたたきませんか、と彼を誘ってみたのである。

すると

「いや、ドラムを持ってきていないんでね」

という答が返ってきた。

「そんなことはかまいませんよ。この小さなテーブルを使えばいいでしょう。」

その音の面白さや、僕たちのたたき出していたリズムに惹かれたのだろう、この大先生は小さなテーブルをひっつかむと、たちまち仲間に入ってきた。こうして僕の生涯で最も幸せな一時期が始まったのである。僕ら三人は、毎週集まってはテーブルやボンゴ、コンガなどをたたき、くたびれると一休みしながらファインマンの奇想天外な冒険談のかずかずを聞かせてもらうのだった。(注4)

ファインマンは彼の冒険を、釣りにたとえている。何か面白いことが起るまでは、根気強くじっくり待たなくてはならないものだ、というのである。ファインマン自身が実際に釣りにいったということは聞いたことがないが、もし彼がほんとうに釣竿を持って湖に乗り出していったとしたら、おそらく太公望の面々がとっくに知りぬいている事実に、大いに賛同したにちがいないと僕は思う。つまり釣りに出かけた人が失望するのは、はじめから魚を釣ろうと決めこんでいるときだけだ、ということである。

もうかれこれ一二年も前になるが、僕自身このようにして知らず知らず冒険に足を踏みこんでしまったのだ。好奇心のかたまりのような奇人(自分を形容するのにファインマンが好んだ言葉)ファインマンが、絶えず僕のそばについていたわけではなかったが、あらゆるレベルで生を楽しみ、ことに思いがけないものに胸を躍らせるその情熱に、僕はしだいに感染してしまったのである。

結果だけを見れば、その「探求」中に起ったできごとのほとんどは、ちっとも僕らを目標に近づけてくれはしなかった。とはいえ、この探索の旅に出ていなかったとしたらどうだろう。僕らは何もかもすべてを取り逃がしてしまっていたにちがいない。

この物語も人生同様、読者があらかじめ何の話だと決めてかからずに読めば、かえって思いがけない面白さが発見できるのではないかと筆者は思うのである。

一九九一年　シャガー

パサデナにて
ラルフ・レイトン

（注1） これらのいたずらや冒険のかずかずは“Surely You're Joking, Mr. Feynman !”(W. W. Norton, 1985, Bantam Books, 1989)、邦訳『ご冗談でしょう、ファインマンさん』I II（大貫昌子訳、岩波書店、一九八六年、岩波現代文庫、二〇〇〇年）に収録されている。

（注2） ワシントンでのファインマンの経験は『困ります、ファインマンさん』（大貫昌子訳、岩波書店、一九八八年、岩波現代文庫、二〇〇一年）、英語版“What Do You Care, What Other People Think ?”(W. W. Norton, 1988, Bantam Books, 1989)の中で語られている。

（注3） “The Feynman Lectures on Physics”(Addison-Wesley, 1964)、邦訳『ファインマン物理学』I－V（岩波書店、一九六七年―一九七九年）

（注4） このようなドラミングのひとときは、慈善事業として僕が、ラジオ技師大貫徹といっしょにカセットテープおよびコンパクトディスクに収録した。この『セイフ・クラッカー組曲』はCD一五ドルで www.tuvatrader.com から入手できる。

目 次

1　そんな国などあるもんか！

そもそものことの起りは、食卓の皿が片付けられはじめ、僕が例によって残ったサラダを平らげにかかったときのことである。こうしてファインマン家で食事のひとときを過ごすのは、毎週の儀式のようなものになっていた。大テーブルの北側の定席に座ったリチャード・ファインマンは、東の長い側に客と並んだ息子のカールと冗談などを言い合っている。南側には気を配って食事をとりしきるグウェネスが、そして西側には娘のミシェルが陣どっていた。

一九七七年の夏も終りに近く、秋の新学期にはミシェルは近所の小学校二年生に、カールは僕が教師兼水球のコーチをすることになっている高校の三年に進級することになっていた。

「数学もいいが、ほんとうは地理の方が好きなんだ」と僕は言った。

「地理の授業だったら、短波ラジオを教室に持ちこんでBBCだのオランダ放送だのを聞かしてやれるんだけどな。それに昔よく弟のアランとやっていた地理ゲームだってできるし。二人で世界中の独立国を一つ一つ挙げていったもんだよ。しりとりみたいにまずリヒテンシュタインなら、その最後の文字が次の国の最初の文字になる。つまりネパールとかね。」

「それにナイジェリア、ニジェールとかニカラグアとかもあるよ」とカールが、母親のヨークシャー訛りをかすかににおわせて言った。

「独立国が品切れになると、今度は地方を挙げていくんだ」と僕は続けた。「『アマゾナ』なんていう地方が、三つもの国にあるのを知ってるかい？」

「えーと、ブラジル、コロンビア、ペルーってとこかな」とカール。

「おう、悪くないね。だが三つ目の国はベネズエラだよ。もっとも、アマゾン河が長く流れているのはベネズエラよりペルーの方だがね。」

「そんなら君は世界中の国の名前を一つ残らず知っているってのかい？」とリチャードが聞き慣れたいたずら気たっぷりな例の声音で口をはさんだ。あの調子はたいていの場合、相手をペチャンコにする前ぶれのようなものなのだ。

「うん、まあね」と僕はこのあときっと一恥かかされるなと覚悟しながら、サラダをもう一口ほうばった。

「よし。じゃ聞くが、タンヌ・トゥーバはいったいぜんたいどうなっちまったんだ？」

「ええっ？　タンヌ……何だって？　そんなもの聞いたこともないよ。」

「子供の頃僕は切手の蒐集をやっていたもんだが、とにかく三角だの菱形だののすばらしい切手があってね」とリチャードは言った。

「それがタンヌ・トゥーバというところから来ていたんだ。」

こりゃどうも怪しい、と僕は心中疑ぐりはじめた。アランも切手蒐集家だが、「世界の島」ゲームのとき、一〇回以上もこの手で僕をだましたことがあるのだ。「アイツタキ」なんぞというういかにもエキゾチックな名前をペラペラ唱えるから、そんなところがあるもんかとやり返すと、彼は切手のカタログを引っぱりだしてきて、そこから来ている切手を二、三枚見せびらかすのである。これにこりて僕はいちいちやり返すのをやめてしまった。すると彼はしだいに大胆になり、続けざまに僕を負かす。とうとう南太平洋のサンゴ礁のどこかにあるとかいう「アクナキ」という地名で、僕は彼の尻尾をつかんだ。たった一週間前「アクナキ」は、たしかモーリタニアの川だと言いはったのをぼんやり思い出したからである。

そこで僕はちょっとばかり姿勢を正し、

「先生、お言葉ですがそんな国なんかありゃしませんよ」と言った。

「ところがそれがあるんだよ」とリチャードは答えた。

「一九三〇年ごろには、世界地図の外モンゴルの近くの紫色のしみみたいなものだった。そのあとどうなったかは聞いていないが。」

そのときちょっと黙って考えていさえすれば、リチャードがいかにも信じられないようなことを言っておいて冗談かと思っていると、それがまったくの事実だとわかってくる、といったたぐいのいたずらが大好きなのに思い当たっていたはずなのだが、ついそこまで

頭がまわらず、僕は自分の首をいやがうえにも締めあげるようなことをやってしまった。よせばいいのに
「外モンゴルの近くの国は中国とソ連しかないはずですよ。嘘だと思うなら地図を見ましょう」と勇ましくも断言してしまったのである。

そこで僕はサラダの残りの入った皿をつかむと、皆といっしょにテーブルを離れ、ぞろぞろと居間にリチャードの愛読の書『大英百科事典』を見にいくことになった。その最終巻には世界地図が載っている。僕らはアジアの部分を開けた。

「ほらやっぱりだ」と僕は言った。

「ソ連、モンゴル、中国しかないでしょう？　その「タンヌ・トゥーバ」とやらは、きっとどこか違う場所にあるんじゃないかな。」

「あっ、ちょっとここを見てよ」と突然カールが叫んだ。

「トゥーバASSR(自治共和国)。その南の境はタンヌ・オラ山脈だよ。」

まさにその通りだった。モンゴルの北西のちょっとつき出たところに、昔はタンヌ・トゥーバという名だったことのありそうな領域が、ちゃんとあるではないか！

「あーあ、また切手蒐集家にしてやられたか！」と僕はためいきをついた。

と、リチャードが
「まあこれを見ろよ。首都の綴りはKYZYLだぞ！」と叫んだ。

「まさか！」と僕は呆れた。

「まともな母音が一つもないじゃないか！」

「ねえ、ぜひともそこへ行きましょうよ」とグウェネスが言った。

「そうだ！　行こう、行こう。KYZYLなんて綴りの場所のことだ。絶対面白いにきまってるよ！」

　そこでリチャードと僕は顔を見合わせ、ニヤリとして握手をかわしたのである。

　一同はお茶とデザートをすますため食堂に戻った。話はなおも尽きなかったが、そのときふと僕の頭に「君はなぜあの山に登るのか？」という有名な質問が浮かんだ。僕らの「山」にはこれといった肉体上のチャレンジはない。だがアジアのふところ深く、ソビエト政権下にあるその国に行きつくのは、至難のわざにちがいない。だがそれにしてもさっきの問に対する有名な答に比べると、この難事をやりとげようという僕らの理由とは、「KYZYLなんぞという、とんでもないスペルのところだからさ」というのだから、どうも深遠とは言いがたい。

　とにかくその目標をいかにして達成しようか、という話が始まった。もちろんリチャードがモスクワで物理学講座シリーズでもやり、そのあとみんなでキジルに行くということもできる。（ちなみにこのような事情のもとに旅行する者は、まず先にトゥーバを訪問したいと主張する必要がある。その講演のあとでどんな「問題」がもちあがって行けなくなってしまうか、わかったものではないからだ。）だがそれではまるでエベレストの山頂にヘリコプターでらくらく飛んで行くようなものだ。

今までにもリチャードは、何回か世界の辺境を旅行したことがある。グウェネスの思い出話によると、二人は友人一人とメキシコ人の大学院生一人といっしょに、メキシコ北西部の山岳地帯を二週間にわたって歩き通したのだそうだ。そしてグランドキャニオンより長く、はるかに深いといわれるバランカ・デ・コブロという峡谷にくだり、そこで外界とはほとんど接触のないタルフマラ・インディアンに出会っている。リチャードはUCLA（カリフォルニア州立大学ロサンゼルス校）からタルフマラ語―スペイン語辞典を借りて、ちょっとした文句などを覚えていった。ところがその言葉でしゃべりはじめたのがかえっていけなかった。タルフマラの連中は彼をてっきりメキシコ政府の役人にちがいないと疑いはじめたのだ。やっとのことでその誤解が解けると、彼らは名誉のしるしとしてリチャードにタルフマラ手造りの強い酒を供した（リチャードはふだんアルコールには手も触れないが、このときだけは例外だった）。この冒険があんまり面白かったので、グウェネスとリチャードは、翌年再びそのあたりを訪れている。

食事がすむと僕はリチャードと二人で階下の書斎に下りてゆき、週ごとの儀式たるドラム打ちを続けた。もうその頃にはかれこれ一〇年もいっしょにドラムをたたいていることになるが、それでもその原始的な魅力はちっとも失われていなかった。

休憩のあいだリチャードは、本や論文、エキゾチックなリズム楽器、スケッチブックなどで溢れんばかりの本棚のところへ行ったと思うと、古ぼけた薄っぺらい本を引っぱりだした。開けたところを見ると、何と一九四三年版の世界地図だ。そしてその中のアジアの部、外モンゴルの隣にまぎれもなくあったのは、タンヌ・トゥーバ (Tannu Tuva) という紫に色どられたしみのような小国だったのだ。

2

四五　雪もよう　私

いよいよ新学期が始まるや僕は忙しさに溺れ、息をつく暇もないくらいのありさまとなった。僕の一日はまず朝六時の水球部練習の監督から始まる。次は五時間ぶっつづけで数学の補習クラスと初等代数の授業をやり、放課後はまたもや水球コーチの仕事に戻る。週末もほとんどが水球コーチの仕事に振りまわされたが、一一月にありがたい例外が二回ほどあった。リチャードと二人でサンフランシスコに出かけ、ユニオン広場のエルク・クラブ集会所を本拠とする小さなバレー団公演の、ドラム伴奏をやったのだ。

実はその前の年、僕たちはそのバレー団の『迷信の輪廻《りんね》』というバレーの「伴奏曲」を作曲したことがあるのだ。もっとも曲といったところで、始めから終りまでドラム一点張りというものだったが、リチャードに言わせると、それで充分音楽になっていたのである。そもそもメロディや和音のある普通の音楽などは、要らぬことに複雑化した「楽譜つきドラミング」だと彼は考えていたのだ。

その『迷信の輪廻』は大成功をおさめた。何しろ三〇人ばかりの聴衆がやんやと拍手喝采したのである。さて今回の演し物は『象牙商人』というもので、ドラムだけの音楽を通してアフリカの土着文化と植民地文化との相互関係を表すのが僕らの仕事だった。

リハーサルは金曜と土曜の夜、そして公演はその次の週末である。土曜日の自由時間、二人でサンフランシスコの街を歩きまわるうち、話はトゥーバのことになった。「そうだ、サンフランシスコ図書館に行こう」とリチャードが提案した。「かなり立派な図書館に決まってるからね。」

半時間後僕らは官庁の密集したシビック・センターについた。フランスでよく見かけるような優雅なマロニエが形よく刈りこまれて植わっている広場を囲むように、ヨーロッパ風の建物が立ち並んでいる。図書館は、一九四五年に第一回目の国連総会が催された市役所のま向かいにあった。広い階段を登ってゆく最中、リチャードがもちだしたのがこの図書館でトゥーバの写真を発見しようというチャレンジである。

さて検索カードに目を通しはじめてみると、よほど運でも良くなければトゥーバに関係のあるものなど見つかりそうもないことがわかってきた。そもそも「タンヌ・トゥーバ」、「トゥーバ」とか「トゥーバ自治共和国」などという見出しは皆無なのだ。「中央アジア」という部分はあったが、ほとんどタシケントとかサマルカンドとかいうところのことばかりが中心である。

リチャードは「シベリア、説明および紀行」の部の書庫に行き、僕は参考書の部をうろつくことにした。そのうち一九五三年版のソビエト大百科事典に出くわし、中に「キジル」の記事を見つけだした。と、そのページのど真ん中に、何とトゥーバの写真があるではないか！　それは「ドーム・ソビエトフ」つまりトゥーバ政府の新しい官庁ビルの白黒写真だったが、その建築様式は窓外のサンフランシスコ市役所の建物とさしたる違いはなかった。建物の真ん前にことさら麗々しく車が一台停めてある。ところがこれに影がぜんぜんないところを見ると、あとから手でわざわざ描きこんだのにちがいない。

僕はすっかり興奮してリチャードを探しに行った。

彼はまだ「シベリア、説明と紀行」の部にいたが、見ると床に座りこんで『忘却への道』という本を読みふけっていた。題からすると脈のありそうな本だ。著者のウラジーミル・ゼンジノフは、ロシア皇帝の命令で一回、いや二回ならず三回までも流罪の憂きめにあったという男である。はじめの二回はまんまと逃げおおせたので、政府は三回目には脱出しようにも金輪際道がわかりっこないような僻地に彼を追いやることを決定した。その僻地はトゥーバではなかったが、リチャードはすっかりその話のとりこになっていたのだった。*

＊　あれから一〇年あとの一九九〇年、そのときの足どりをたどってみると、これがたいへんだった。サンフランシスコ公立図書館の書庫は立入り禁止になっていたのだ。僕は拝み倒してやっと入れてもらったが、一九八九年一〇月この辺り一帯を襲った地震のため、二階から上の書庫の本はほとんど皆床に重なりあって落ち、足の踏み場もないありさまだった。

さてその次の週末は『象牙商人』の公演だったが、観客はたったの一五人で、出演者の家族や友人を加えても数が少なすぎた。ガラガラの客席にすっかり気のめいった僕は、

「まるでからっぽのレストランで飯を食ってるみたいだ」とぼやくと、リチャードは「料理さえうまけりゃそれでいいじゃないか」と言った。

「とにかくベストを尽くせばいいんだ。まあ僕らが何をやっているか考えてもみろよ。いやしくも自分で作曲した曲をおん自ら演奏してるんだぜ！」

作曲にせよ演奏にせよ、物理学教授と高校の数学教師がやることとしては風変りだが、僕ら二人はそれを立派にやっているのだ。リチャードはこういうことが嬉しくてしかたがないのである。彼はあと足で立って歩く犬を評して「その歩き方が大してうまいわけではないが、四つ足の獣が二本足で歩いているというのが珍しいのだ」という、サミュエル・ジョンソンの言葉が大嫌いだった。だからこのドラマーどもが他に職業をもっているなどとは、プログラムのどこにも書いてなかった。

その一か月ほどあとのクリスマスのことである。クリスマスプレゼントといえば、レコードを交換するのが僕の家族のしきたりみたいになっていたのだが、この年はアランがその習慣を破って、いつかリチャードが話していた一九三〇年代の三角や菱形の切手を贈ってくれた。その切手の絵というのがすばらしく、全速力で馬を走らせている騎手がいるかと思えば、膝をついて何ものかにじっとねらいをつけている射手、がっちりとっ組み合ったレスラー、そして弓に矢をつがえ、やけに近くにいる(切手の絵ともなれば当りまえだが)獲物をねらっている猟師がいる。そのほかにもキツネからクロテン、ヤク、ラクダ、トナカイにいたるまで、ありとあらゆる種類の野生動物や家畜が描かれている。こんなちっぽけな国に、これだけの種類の動物がいるとは、信じられないような話だ。この絵はいったい想像なのか、それとも事実をもとにしているのだろうか？　おまけにその切手の中には、まわりに奇妙なデザイン（ある種の祭礼用の仮面のようなもの）があり、「Posta Touva」と、まるでフランス領でもあったような綴りで書いてあるものがまざっていた。

クリスマス休暇中、僕はさっそくＵＣＬＡ図書館へ出かけていって、イギリスの探険家ダグラス・カラザーズ著の『知られざるモンゴル』（一九一三年、ロンドン）という本（この本の中でカラザーズは、トゥーバのことを「エニセイ川上流の盆地」と言い、その住民を「ウリアンハイ」と呼んでいる）のほか、トゥーバ関係の本を数冊みつけて全部借り出した。『知られざるモンゴル』のほかは、どれもこれもドイツ語の倍くらいややこしいという定評のあるロシア語で書かれている。だが数学の公式にはギリシア文字が入っているし、ロシア語のアルファベットはギリシア語のアルファベットに基づいてできているので、リチャードは切手の絵の説明を少しは解読できた。僕は僕でポケット用露英辞典を買いこみ、一語一語調べながら読んでいった。

ＵＣＬＡから借りた本の一冊に、トゥーバの官庁ビル（丸太小屋）の写真が載っていた。その隣にきれいな白いユールト（円型移動式テント）が建っている。当然ながらトゥーバの大統領は、ホワイトハウスならぬホワイトユールトに寝ているのにちがいないという冗談がとんだ。

またある一冊にはキジルの写真が何枚か載っていた。例の新官庁ビルはとっくに見慣れていたが、そのほかに地方の党本部、郵便局、そしてホテルの写真もあった。さまざまな位置から撮ったその写真には、まわりの建物などが写っていたので、僕らはそれをもとにして大ざっぱながらキジルの中心街の地図を作ることができた。その写真のどの一つをとってみても、自動車が写っているものはなかった。

ずっとあとになってから僕が特に心を惹かれたのは、その中の一枚「シコーラ・ナンバー2(第二小学校)」である。これを見ると少なくともキジルには二つは学校があるにちがいない、と考えてきて、僕ははたと思い当たった。これで手紙を書くべき、はっきりした宛先がトゥーバの中に見つかったのだ。僕も教師なんだから、トゥーバの教師に手紙を書いて、トゥーバを訪ねるにはどうすればよいか聞けばいいではないか！　トゥーバのことをいろいろ調べだすのも愉快だったが、僕たちの真の目的はキジルに行くということのはずだ。ところが今までのところ、これに関しては何ひとつ行動を起していない。

僕はUCLAの学生時代によく大学まで車に乗せてもらったことのあるメアリー・フレミング・ジリンに連絡をとった。彼女は同じUCLAでロシア語の博士課程にいた女性だが、僕をちゃんと覚えていて、キジル市第二小学校の「先生」宛ての手紙を訳してくれることになった。念のため僕はソビエト連邦トゥーバ自治共和国キジル市「シコーラ・ナンバー1(第一小学校)」にも、同じような手紙を出すことにした。

春になって高校の水球シーズンが終り、監督の仕事からようやく解放されるや、僕はUSC(南カリフォルニア大学)の図書館にとんでゆき、トゥーバからアメリカに来た移民でもいないかとばかり、一九〇〇年から一九五〇年にわたる移民記録をしらみつぶしに調べはじめた。するとトゥーバと特記はしてないが、どの年にも「モンゴル人その他」の人間が何人かアメリカに渡ってきている。

ひょっとするとその「その他」がトゥーバから来て、ロスに住みついているかもしれないと考えた僕は、特別なナンバー・プレートをもらうことにし、自分で買いこんだ枠にはめて車に取りつけることにした。その番号というのが「TOUVA」で、これをかこむ枠の上には「モンゴル・モーターズ」、下には「KYZYL」の文字を書きこんだのだ。こうすれば少なくともこの変てこなスペルが切手蒐集家の目に止まるかもしれず、トゥーバの切手愛好家なら、喜んで車のクラクションを鳴らしてくれるかもしれない。

USCで見つけた本の中には、キジルはソ連の「核都市」であると書いた記事があった。トゥーバはウラン鉱脈の豊富な山に囲まれた僻地だから、ソビエトの核兵器開発の中心地としてぴったりである。『クリスチャン・サイエンス・モニター』紙(一九六六年九月一五日号)に載った記事には、次のようなことも書いてあった。

「タンヌ・トゥーバは公式には自発的にソビエト連邦に加入を申請したことになっており、その四年前のバルト海三共和国の請願と同様、その「請願が認可され」た。タンヌ・トゥーバの場合は、核時代が始まろうとしている矢先、ソ連初の大ウラン鉱脈が発見されたことが、その事情を一変させる原因になったと考えられる。」

キジルがソ連のロスアラモスだとしたら、リチャード・ファインマンが、ただ単にキジルの名の綴りの面白さに惹かれてそこを訪ねたいのだなどといくら言ったって、KGB（ソ連秘密警察）は絶対信じやしないだろうな！　と僕は思った。

一九七八年夏、ロサンゼルスで第一回南カリフォルニア・クラウン・ダイビング（道化とびこみ）コンテストを終えた僕は、休暇をとってバルカン半島にキャンプ旅行を企てた。一方リチャードは腹痛を診てもらいに医者を訪ね、間もなく大手術を受けるはめとなったのだ。その手術で医者が切りとったのが、何と重さ六・三キログラム、フットボールほどの大きさの癌のかたまりで、リチャードの腎臓と脾臓はすっかり押し潰されてしまっていたのである。回復にはその夏いっぱいかかった。

僕がヨーロッパから帰ってきたころになっても、例のシコーラ第一号とシコーラ第二号の教師からは何の音沙汰もなかった。

秋になりまた新学期が始まったが、この年は監督の仕事はなく、数学の授業四つのほか世界地理の授業もさせてもらえることになった。失われた小さな国トゥーバのことを、僕の生徒たちが学んだのはもちろんのことだが、もっとそのほかにも話し合うべき重大事があった。カンボジアのクメール・ルージュ(共産党)の恐怖は世界に知れわたり、イランでは国外追放になっていたイスラム教指導者アヤトラ・ホメイニが、シャー(国王)の政府を脅かしていたし、法王になってたった三日後に亡くなったヨハネ・パウロ一世のあとを、四〇〇年このかたはじめてイタリア人でない法王、ポーランドのカロル・ヴォイティラ枢機卿が継ぐという事件が起っていた。リビアのムアマー・カダフィ大佐は、エジプトのアンワー・サダト大統領がイスラエルのメナケム・ベギン首相とともに、キャンプ・デービッド協定に調印したというのでカンカンに怒っていた。(おかげで僕は一九六〇年版の地理の教科書には、イスラエルを向うにまわしてリビアとエジプトが手を握っているなどと、なぜ現状とまったく逆のことが書いてあるのか、生徒に説明してやらなくてはならなかった。)

一九七八年にはもうバレー用作曲の仕事はなかったが、リチャードと僕はあいかわらずいっしょにドラムをたたき続けた。トゥーバの話となると、たいてい僕がアメリカやイギリスのあちこちの大学や図書館などに書いた手紙の話だったが、あるときリチャードの報告があったこともある。それはトゥーバ自治国で猟師とその犬、そしてイノシシをかたどった黄金のスキタイ彫刻が発見されたという、『ロサンゼルス・タイムス』紙の数行の埋め草記事のことだった。

「そういえば僕はいつもモスクワ放送に手紙を書こう書こうと思っていたんです」と僕は言った。

「『モスクワ便り』という番組があるから、そのスキタイ彫刻のことを聞いてみよう。写真か何かあるかもしれませんよ。」

その年のクリスマス休暇中、僕は高校時代の旧友を訪ねて、ワシントンに出かけた。そして滞在中、国会図書館をのぞいてみると、あったあった、その検索カードはまさにトゥーバの本の宝庫だった。普通の人は書庫に入れてもらえないので、整理番号を書いた紙片を一二枚ほど館員に渡し、三〇分ぐらい経って取りにいってみると、何とそのうちたったの六冊しかない。あとの六冊は見つからないと言う。さては誰かほかの人間が僕らに先がけてトゥーバのことを探っているのだろうか？

しかし専任司書によれば、本が迷子になるのはざらにあることで、一二冊のうち六冊しか見つからないなど、一向に珍しくも何ともないのだそうだった。

さて見つかった方の本を読みはじめるや、それまでの落胆は瞬時に消えさり、たちまち興奮がとって代った。中でも特に光ったのは次の三冊だった。まず第一はトゥーバ語–モンゴル語–ロシア語の対照熟語集。第二はオットー・メンヒェン–ヘルフェン著の『トゥーバ紀行』という、ずっしり重い本だ。この本の中の写真には、まさに一九三〇年代の例のトゥーバの切手そっくりそのままの光景が写っていた(写真1)。一九三一年版の本だから

写真1　オットー・メンヒェン-ヘルフェン著『トゥーバ紀行』(ベルリン，1931年)の中の写真は，1930年代に発行されたあの有名なトゥーバの切手をつぶさに思い出させるものがあった．しかもある場合など，僕らが初めに考えていたよりずっと直接的な関係をもっていたのである．(アンナ・メンヒェン博士提供)

それは当りまえのことだろう。(実のところ、あとで僕の切手をよくにらんでみると、一九三六年発行の菱形の三コペイカ切手の絵は、まるでメンヒェン-ヘルフェンの本からそっくり抜きだしてきたように見えた。もちろん事実はその逆だったわけだが。)

さてこの『トゥーバ紀行』の冒頭の一節を読みはじめたとき、僕は高校時代ドイツ語でさんざん苦労したかいがあったのに気がついた。何が書いてあるのかだいたいの意味が、ちゃんとわかるのだ(ここに引用するのは弟アランの英訳である)。

「ジュール・ヴェルヌが好んで主人公にでもしそうな、一風変った英国人が、世界五大大陸の中央地点に記念の石碑を建立することを唯一の目的として世界中を旅していた。それらの碑には年月日と「われ今日この大陸の中心に立てり」と彫りこんである。彼がアジア大陸の中心めざして出発したのは、すでにアフリカおよびアメリカ南北大陸の中心にその石碑を建てたあとのことであった。彼の計算によれば、その地点とは中国のウリアンハイ(烏梁海)地方にあり、エニセイ川上流の川堤にあるということだった。このタフな(鈍い男はえてしてそうだが)金持のスポーツマンは、いかなる苦難にもへこたれず、ついにその目標に到達した。私は彼の建てた石碑を一九二九年の夏に見たが、それはトゥーバ(ウリアンハイの現在名)のサルダムに立っている。トゥーバはゴビ砂漠とシベリア、アルタイ山脈との間にある遊牧民の共和国で、ヨーロッパ人にとってアジアの中では最も近よりがたい地点ということになっている。*」

* この『トゥーバ紀行』はあんまり面白かったので、僕はこの本一冊全部を翻訳するようアランをたきつけた。彼のこの訳はトゥーバ友の会(付録B参照)か、またはカリフォルニア州ロサンゼルス市、南カリフォルニア大学民族誌学出版所を通して手に入れることができる(訳者注—邦訳『トゥバ紀行』田中克彦訳、岩波文庫、一九九六年)。

こうしてみると確かに僕らのほかにも、トゥーバに興味を持つ者がいたことになる。驚くなかれ、前世紀にすでに僕らの同志がいたのだ！

めっけものの本の三冊目は、小型で薄っぺらいロシア語のガイドブックのようなものだった。図表や数字、あれやこれやの生産増加データなどがしきりと出てくるところを見ると、おきまりの「社会主義下の進歩」の話らしい。だがその中に各種建物の絵入りのキジルの地図もあった。官庁ビル、党本部、郵便局やホテルは僕にもすぐわかったが、そのほかに劇場もあり、飛行場から街の真ん中までトロリーバスが通っている。カリフォルニアに戻ったら、さっそくリチャードに見せようと思って僕はその地図のコピーをとった。

その豆ガイドブックには、さまざまな動物のシルエット入りで、トゥーバ国全体の大ざっぱな地図も載っていた。北西部にはキツネやトナカイ、南部にはラクダが、そして西部にはヤクが……という風に、どれもみなキジルから二五〇キロメートル以内のところにいるもののようだ。「これだけいろんな種類の動物がまたもや出てきたところを見ると、例の一九三六年の切手や、メンヒェン－ヘルフェンの本にあるような動物が、まだまだキジルのまわりにいるのかもしれないな」と思った。

旅行者である僕は、国会図書館の本をやたら借り出すわけにはいかない。カリフォルニアに戻ってからあらためて近くの図書館を通して貸してもらうのがきまりなのだ。僕は後ろ髪を引かれる思いでせっかくの本を返したが、元の書棚に戻すといいながら、そのまま永久に失くなることだってなきにしもあらずである。

さてカリフォルニアに戻って、たまりにたまった郵便物に目を通していると、モスクワ放送から返事が来ていた。トゥーバのスキタイの黄金の彫刻のことは何も書いてなかったが、一月一七日「ソ連あちこち」という週一回のシリーズに、トゥーバ特集があると書いてある。一月一七日といえば、もう二、三週間先のことだ。「あのときに手紙を出したのはもっけの幸いだったな」と僕は嬉しくなった。「そんなにしょっちゅうモスクワ放送を聞いてるわけじゃなし、知らなかったらうっかり聞き逃すところだった。」

その番組まであと二週間という一月三日、僕は電波の最も強い周波数を探すため「ソ連あちこち」にダイヤルを合わせた。するとアナウンサーの声が聞こえてきた。「今週の特集はカムチャツカです。」

次の週また波長を合わせてみると、今度は「今週はモルダビア共和国の特集をお届けします」と言う。

さていよいよ一月一七日が来た。夕食後僕のところにやってきたリチャードといっしょにしばらくドラムをたたいているうち、かねてかけておいたタイマーが「チン」と鳴った。午後九時、放送の始まる一五分前だ。さっそく短波ラジオをモスクワ放送に合わせると、電波は強く、放送がはっきり聞こえてくる。

アナウンサーがニュースを読んでいる間に、僕は国会図書館でコピーしたキジルの中心街の地図を出してきた。そして床にはアランがクリスマスにくれた合衆国国防総省地図製作局による詳しいトゥーバの大地図(作戦行動航行地図第E7号)を広げた。これには等高線、植物群落パターン、湖、川、ダムなどが記入されていて、しかも主にパイロットのために作られたものだけに、真の北と磁石上の北の偏差、飛行場の滑走路の方向と長さ、電波塔の位置と高さまで載っている。

いよいよ番組の始まるときとなり、僕はテープレコーダーのスイッチを入れた。するとアナウンサーが次のようなことをしゃべりはじめたではないか!

「今週のトピックは米国カリフォルニア州アルタデナ市の聴取者ラルフ・レイトン君が選んだものです。今日はアジアの中心にあるトゥーバを訪ねることにしましょう……」

「わっ、こりゃすごい! 僕らのためにわざわざ番組を作ってくれたんだぞ」とリチャードが叫んだ。

番組のほとんどはすでにサンフランシスコ図書館のソビエト大百科事典で読んだことばかりだったが、土地の名前の読みや位置関係など、僕らがまちがっていたものがあるのもわかった。だがそのうち初耳の情報が入って来はじめたのだ。その昔トゥーバのシャーマン(呪術師)たちは、アスベスト(あとでわかったことだが、トゥーバ語ではアスベストのことを「山の毛糸」と言うのだそうだ)で長靴を作り、熱い炭のうえを歩いてその霊妙な力を見せびらかしたものだという。

そのあとは一九四四年にトゥーバがどのようないきさつでソ連に統合されたか、今や社会主義のもと、この国がいかにスムースに運営されているかといったような、おきまりのプロパガンダが続いた。

さていよいよ番組を締めくくるときになると、ナレーターは「過去のトゥーバは外界から隔離されていましたが、現在では簡単に行けるようになりました。モスクワからキジルまでジェット機で楽に飛ぶことができます」と言った。

そして番組の終りを告げるテーマ音楽にのせて、また僕の名前が繰り返された。僕ら二人は手の舞い足の踏むところを知らないほど有頂天になった。

「もう簡単にトゥーバに行けるんだぞ！」とリチャードが叫んだ。

「ソ連の方でちゃんとそう言ったんだから、確かなもんだ！」

僕たちはすぐその場でモスクワ放送に出す手紙の案を練りはじめた。僕はアルタデナとキジルを姉妹都市にする案を今にも持ちだそうとしたのだが、僕らの最初の目標からそれぬようリチャードにいましめられた。

「単にモスクワ放送にあの番組の礼を述べるだけで充分だよ。そして彼らがトゥーバに行くのは簡単だと言っていたことを思い出させたうえで、その訪問実現に協力してくれと言えばいいだろう。」

僕は興奮のあまり翌日の地理の授業で、例の放送のテープを生徒に聴かせてやったが、「レイトン先生が授業中モスクワ放送を流しました」と校長に言いつけるやつがいても不思議はないことなど、まったく念頭になかった。(何しろその当時は一九七九年、世界はまだ冷戦のさなかで、今のようなソ連ブームはなく、教師となる者は国に忠誠を誓わなくてはならなかった時代である。) おまけに嬉しさのあまり数学の授業でまでテープを聴かせるしまつだった。中にエレバン出身のアルメニア人で、ロシア語の少しわかる生徒が二人いたので、さっそく「トゥーバ自治共和国キジル市、ホテル」宛てに宿泊代を問い合わせる僕の手紙を訳してもらうことにした。

それから数日後、モスクワ放送宛ての手紙ができあがった。僕のためわざわざ番組を作ってくれたことに対する感謝の言葉に加え、僕が地理の教師であること、僕の生徒が一人残らずトゥーバのことを知っていることなどを書きたてた手紙である。しかもその番組によれば「トゥーバに簡単に行ける」ということだが……と前置きし、「僕自身トゥーバを訪問できるだろうか」という肝腎の質問を切りだした。地理教師が訪問を許されれば、物理の教授くらいあとで追加できるだろう、というのが僕らの魂胆だったわけだ。

もちろんトゥーバ行きが実現すれば、あとでモスクワ放送にインタビューされるだろう。そしてそのあげく僕らの言ったことは、向うに都合のよいことばかりに切られるに違いないことはわかりきっていたが、トゥーバに行けさえすればそんなことぐらい我慢できるというものだ。

「どうせモスクワ放送なんぞ聴く者はいやしないんだからかまうもんか」と僕は理屈を

つけた。

「その証拠にカムチャツカやモルダビアの特集のとき、聴取者の名前なんかちっとも出てこなかったじゃないか。」

モスクワ放送の返事を待つ間、スリーマイル島の放射能漏れ事件や、マーガレット・サッチャー首相当選など、さまざまなできごとが起っているが、とにかくそのころアランが面白いものをくれた。短波聴取者のバイブルともいうべき、『世界ラジオ・テレビ手引書』の中の一ページをコピーしたものである。三九九五キロヘルツのところに放送局が二つ載っていた。一つはユジノサハリンスク(サハリン島)、もう一つはキジルとある。たまたま冬のことで、北半球でも低周波の電波がよく届く時期だったから、僕はラジオを三九九五キロヘルツに合わせて、午前四時のトゥーバ放送局の時報と表示アナウンスを聴こうと思い、二、三日続けて夜中の三時五五分に目覚時計をかけてみた。

だがほとんどの場合、ユジノサハリンスクらしき信号しか聞えてこない。八〇〇〇キロメートル離れたサハリンだって、ロスにはキジルより二〇〇〇キロメートルも近いんだからそれは当然のことだろう(短波の電波は電離層にぶつかって変てこなはね返り方をすることがあるから、たしかにそれが理由かどうかははっきりしなかったが)。だがある夜のこと、ついに強いのと弱いのと二つの信号が聞えてきた。そしてその弱い方が強い方にのまれてしまう一瞬前、「ラビート・ティバ」というようなことを言ったのが聞こえたのだ。

その「ラビート・ティバ」のテープをメアリー・ジリンに聞かせたところ、ひょっとするとこれは「ガバリート・トゥーバ(こちらはトゥーバ放送です)」かもしれないと言う。ロシア語の放送局表示アナウンスとしては、通用する言葉である。そこで僕はさっそくキジルに受信報告を送った。

トゥーバ放送局からQSLカード*が舞い込むのを今か今かと待っているあいだ、国会図書館から本が三冊届いた。そうしてみるとあの宝物は、結局失くなりはしなかったとみえる。僕はこの三冊をそっくりそのまま当時最上の機械を探してコピーし、すぐに送り返した。そのうちの一冊、トゥーバ語-モンゴル語-ロシア語対照熟語集は、メアリー・ジリンのありがたい協力のもと、トゥーバ語-モンゴル語-ロシア語-英語対照熟語集に生れ変わった。

* QSLとはアマチュアラジオ局仲間の言葉で「受信確認」のことである。QSLカードが放送局から送られてくれれば、その聴取者が正しく受信したことを確認されることになる。

それは「私は教師です」とか「あなたはロシア語-モンゴル語辞典をお持ちですか?」などという例文の入った熟語集で、すこぶる役に立つ。そのうえトゥーバの実情が、そこはかとなくうかがえるのが興味深い。たとえば「どうすれば羊飼いに物資を配達できるか?」などという文を見れば、この本が出版された一九七二年には、まだ羊飼いたちはかなり辺鄙なところにいたのにちがいない。また「春のキャンプ(宿営)」「夏のキャンプ」

「秋のキャンプ」「冬のキャンプ」という言葉が、四季それぞれにちゃんと一つずつあるところを見ると、トゥーバ人たちがまだ季節によってキャンプからキャンプへと、家畜を移動させているさまがうかがえる。しかし「牛の種付けはどのように行なうか?」「手の挿入による人工授精法を取り入れた」などという文句があるところから察するに、近代化も起りはじめているらしい。

また都会生活については、「あなたのアパートにはいく部屋あるか?」という問に対し、「私は住み心地のよいアパートに住んでいる」と答えている。(おそらくこれはデリケートな問題なのにちがいない。間数を言わないのは、キジルに住宅不足がある証拠だ。)

「行政機関および社会組織」の項目のところには、「同志諸君、私はここに開会を宣言します!」とか「議長」「本日の議題」「投票」「挙手」とか「反対者は?」「棄権」とか、「満場一致で承認」とか、実に興味深い文句が並んでいた。

おまけに「国技レスリング」と「フリースタイル・レスリング」、「競馬」「馬上弓術競争」にも、それぞれ一つずつ言葉があった。なかんずく馬そのものについては、実に一三もの言葉があり、それぞれがその外観から年齢、用途や習性を表している。またトゥーバの珍味の第一には「羊の尻尾の脂」があげられていた。そのほかにも「民話についての論文や本などの選集を手にいれることができるか?」などという、いかにも役に立ちそうな語句まで入っていた。

しかもその中には挨拶の言葉ばかりを集めた一章があり、これに勢いを得て僕たちはトゥーバ人に手紙を書こうという気になった。さてその手紙の肝腎かなめの部分、つまり「トゥーバを訪問したい」というところにさしかかると、あちこちから語句を拾い集めてついだりはいだりが始まった。たとえば「……したい」は例文の「同志S君に会いたい」から、「行く」「訪問する」は「彼らは劇場に行くことをのぞむ」の劇場とトゥーバをさしかえればよい。というといかにもやさしそうだが、これがそう簡単にはいかないのである。書いているうち僕らは、英語の文はトゥーバ語の文と順序がまったくあべこべだということに気がついた。トゥーバ語の文は逐語的に見ると次のようなものになるのだ。「私　同志S君-と会う-に-好む　私」(こうしてみるとどうやらトゥーバ語には、人称代名詞を重複させるというような規則でもあるみたいだ)。

　その熟語集にないような言葉にぶつかると、僕らは英露ポケット辞典をひいてロシア語の単語をみつけ、それから今度はUCLAから借りだしたロシア語-トゥーバ語辞典の中にそれを探した。こうして選んだ言葉を、今度はトゥーバ語-ロシア語辞典、ついで露英辞典を通してテストするのである。こうして逆にたどってみると、違った言葉にたどりつくことがしばしばで、そうなるとまたロシア語やトゥーバ語の新しい言い方を探さなくてはならなかった。

　この作業が終るころにはまがりなりにも一〇くらいの文がまとまっていた。「私　トゥ

ーバーに　行くーにー好む　私」に加えて、その中にはトゥーバ語ー英語または英語ートゥーバ語辞典はないか、トゥーバ語の教科書、あるいはトゥーバ会話を録音したものはないか、というようなことを書いた。

いよいよこの苦心の傑作を送り出す段どりとなったが、さていったい誰に送ったものだろうか？　と、リチャードは熟語集の裏表紙に、小さな活字で次のようなことが印刷してあるのに目をつけた。読んでみると「トゥーバ言語・文学・歴史科学研究所版（TNIIYaLIロシア語の略号はТНИИЯЛИ）、トゥーバ自治共和国キジル市六六七〇〇〇、コチェトバ街四番地」と、郵便番号まで入った完璧な宛先である。

それから一か月ほどしてソ連からの手紙が舞い込んだ。トゥーバ放送局のQSLカードではなく、モスクワ放送局のエウゲニア・ステパーノワ嬢からで、「ソ連邦国営外国旅行社インツーリストに電話して調べたところ、トゥーバには事務所がないため、外国人はその地域に旅行することはできません」とある。つまりモスクワの連中ならトゥーバに行くのは簡単なのだろうが、残念ながらわれわれアメリカ人はまだ振り出しから一歩も出られないというわけだ（そもそもモスクワ放送で聞いたことなど、いちいち信じられないことぐらいわかっていたはずだったのだが）。

だがこんなことでひっこむ僕ではない。もしトゥーバにインツーリストの事務所がないのなら、この際キジルに事務所を開くようもちかけてはどうだろうと考えた。そこで僕は次のような計画を練りあげた。

(1) まずいかにもトゥーバを見てきたような態を装い、(たとえば「どこそこに行けば何がある」という調子で)面白い切手の国トゥーバについての記事を書いて、さまざまな旅行雑誌に送る。

(2) すると旅行雑誌にその記事が載る。これには読者がトゥーバ旅行を計画する手段も含まれている。すなわちソビエトの旅行社「インツーリスト」に連絡をとるよう勧めるのだ(そしてその住所を載せるのはもちろんのことである)。

(3) 僕らはアメリカ中の友だちという友だちを動員し、「旅行雑誌でトゥーバのことを読んだが、これについてもっと情報が欲しい」という手紙を、どしどしインツーリスト宛てに書いてもらう。

(4) この「ポピュラー」な要請に応え、インツーリストはキジルに事務所を開く。その結果トゥーバを訪ねるのはたった二人の男どもで、一か月ののち事務所はあっさり解散となっても、そんなことはこっちの知ったことではない。

リチャードは呆れ返って頭を振ったが、僕はかまわずに、「世界の最果てへの旅」という記事を書いて、半ダースほどの旅行雑誌に送りつけた。ところがけしからぬことに、この計画は第一段階でストップしてしまい、いっこうにそれ以上進行する様子もなかった。

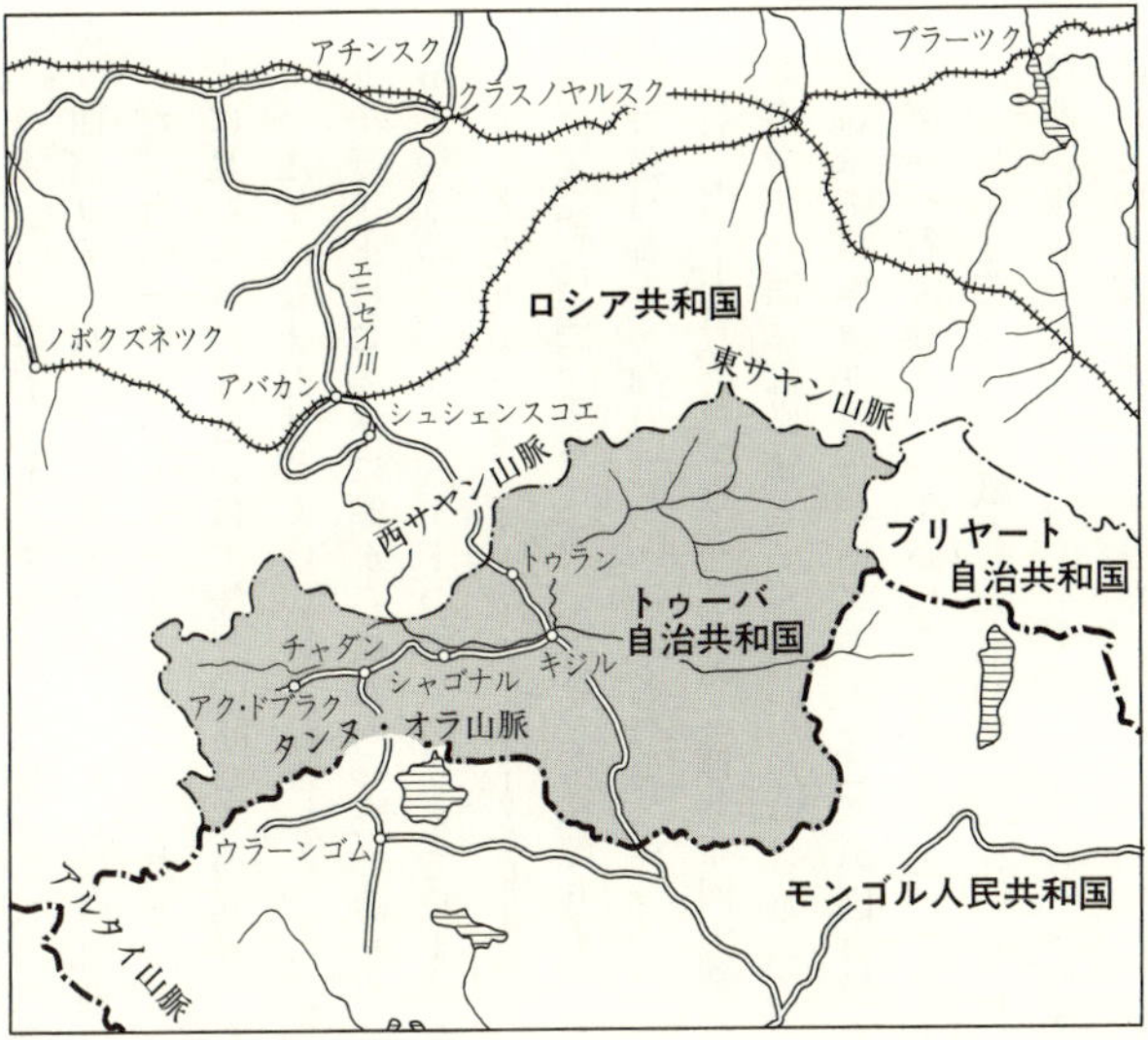

しかし僕はあきらめず、またもや策を練った。トゥーバにインツーリストの事務所を開かせることができないとしたら、すでにある最寄りの事務所はどこだろう？　その答は僕がバルカン半島をキャンプ旅行したとき、ブルガリアで手に入れたソ連の自動車旅行地図にあった。キジルから隔たること四二二キロメートルの地点、アバカンである。アバカンにはインツーリストのレンタカーがあるのだ。そこからシュシェンスコエという小村（レーニンが皇帝に追放された村というので今は聖地になっている）まで行けばよい。そこへ行くには、トゥーバに向かう道路を

六五キロメートルほど行ったところで曲がらなくてはならないのだが、ここで僕らはうっかり曲がりそこねるのである。そしてあとは一目散に三五七キロメートルひた走ればトゥーバだ。万が一のろいトラックの後になったとしたって、夕方までにはキジルにつける。ことに夏なら日が沈むのは午後一〇時ごろの話だ。そしてキジルからアバカンに電話を入れて、迷子になったと言えばいいではないか。

リチャードはこの案に頭から反対だった。嘘をつくことになるからだ。不正直な行動をするというのは、リチャードの信条のうえで犯すべからざるタブーなのである。

さて一九七九年夏、ジミー・カーターとレオニード・ブレジネフがSALTⅡ（戦略兵器制限）条約に調印するころ、僕はまだ性懲りもなく、トゥーバ語の手紙を出し続けていた。今度は都から離れたトゥーバ名の村落など、トゥーバ人の大多数が住んでいるところ（これはUCLAで見つけたソ連の人種分布図で調べた）の、学校《シコーラ》の先生宛てである（どうやらトゥーバ語には学校という名詞がないらしい）。

僕はなおも南カリフォルニアのあちこちの図書館をあさって情報を集めた。その中に、モンゴルへ行く途上トゥーバに立ち寄ったというオーエン・ラティモアという人の書いた、『ロンドン・タイムズ』紙（一九七〇年一一月二三日号）の記事があった。そうしてみると彼は四〇年以上も前のオットー・メンヒェン＝ヘルフェン以来はじめてトゥーバを訪ねた外国人ということになりそうだ。

その記事は次のような文で終っていた。

「最後にトゥーバ人*そのものについて述べよう。彼らは私がソ連で出会った少数民族のうち、最も魅力のある人々である。ほとんどが中背で顔は卵型、デリケートな鼻翼のしっかりした鼻をもち、目は一般にやや吊り上がりぎみである。彼らは優雅で陽気であり、また落ちついている。美酒美食を好み、さまざまな話題にわたり軽妙な会話を楽しむが、その学問的態度は、私の知っている分野についていえば、非常に精確で厳密である。私はトゥーバ人とその国の人びとにすっかり魅せられてしまった。」

* ラティモアはトゥーバ人というとき、「チュービニアン」という英語的ロシア語を使っている。

当然のことながら僕はさっそくイギリスのラティモアの住所をつきとめ、いったいどのようにしてトゥーバに到達できたのか問合せの手紙を出した。すると手書きの返事が舞い込んできた。彼はソビエト科学アカデミーのシベリア・センターの賓客としてトゥーバ訪問を果たした、そしてその旅行はノボシビルスクで準備が整えられたと言う。僕のナイーブきわまる手紙に返事をくれたこの男が、実はいうなればこの分野の「神」おん自らだったのだということに気がついたのは、それから数年後のことである。何と彼は中央アジア研究所長だったのだ。*

* オーエン・ラティモア(一九〇〇年―一九八九年)は、ソ連、モンゴル、中国(しかも北京と台北の両方)と友好的な関係をもっていたため、特に有名だったアメリカ人学者であり著述家であ

る。しかし彼の政治観については、その死後にさえ感情的な論争がまきおこっている(『ニューヨーク・タイムズ』一九八九年六月九日、七月一一日、および七月二五日号参照)。一九六三年よりイギリスに在住。

間もなくイギリスから僕のところに『中央アジア便り』という出版物が届きはじめた。僕があちこちの大学にさまざまな問合せを出しているうち、どうやら誰かが僕の名前を専門家としてその郵送名簿に載せたものらしい。これに加えていやがうえにも僕の熱意を駆り立てたのは、リーズ大学のトーマス・E・ユーイング博士からの手紙だった。それはまず「トゥーバ研究に貴君を迎えることは喜ばしい限りです。……何しろ貴君の出現だけで、この分野の研究者の人数は倍になるでしょう」という言葉で始まっていた。

一九七九年秋、また新学期がめぐってきたが、僕の地理の授業ではベトナムがカンボジアに侵入し、あの人殺しの独裁者ポル・ポトを追い出して亡命させた事件、韓国の朴正熙大統領暗殺、一一月テヘランのアメリカ大使館がイランの反米過激派の連中に占拠され、五〇人余りのアメリカ人が人質となる事件など、重大な世界問題の討論が始まっていた。

おまけにクリスマス休暇中、ソ連軍がアフガニスタンに侵攻するというけしからぬ事件も起っている。ソ連が人権に関するヘルシンキ宣言を守っているかどうかを見張る委員会をモスクワで設立したソ連の有名な理論物理学者アンドレイ・サハロフは、母国のアフガニスタン侵攻を公式に非難した。そのあげく彼はブレジネフによって外国人立入禁止の都市ゴーリキーに追放されている。サハロフはこっそり西欧に持ち出された手紙の中で、その夏モスクワで開催される予定のオリンピックをボイコットするよう、世界各国に呼びかけた。人権問題をその政府の対外政策の中心に据えたカーター大統領は、アメリカがそのボイコットに応えることを発表した。

こういった状況のもとに一九八〇年が明けたのである。さすがの僕らもゴールに一歩も近づいていない現状を認めざるを得なかった。日に日に悪化していく米ソ関係の中で、ただでさえ微々たるものだったキジル訪問のチャンスなど、もはや無に帰したも同然と、僕たちは観念したのだ。

だがそれでもなおかつ僕は、あちこちの図書館でトゥーバに関する本を探し続けた。その中の一冊に僕はドキリとするようなキジルの写真を見つけた。それは地球をかたどった球の上に高い尖塔の立った碑で、その台にはロシア語、トゥーバ語、英語の三か国語で、「アジアの中心」という文字が刻み込んであるではないか！　これこそメンヒェン－ヘルフェンの本に載っていた僕らの「同志」、あの変わり者のイギリスの旅人に刺激されたものにちがいない。僕はこの写真をリチャードに見せた。それからというもの、この「アジア中心の碑」は僕らの聖杯となったのである。

また別な図書館では金脈ともいうべきものが見つかった。ジョン・R・クリューガーというインディアナ大学教授による『トゥーバ手引書』という新しい本を見つけたのだ。この本にはさまざまな情報がぎっしり詰まっていた。トゥーバの地理、歴史、経済、文化が七五ページ以上にもわたって述べられていただけでなく、トゥーバ語の詳しい説明まで載っていた。

また民族芸術という一章には次のような実に興味津々たることが書いてあった。

「トゥーバ独特の音楽の特徴は、いわゆる「二声独唱」または「喉音歌唱」であって、これはトゥーバではよく耳にするが、他の土地ではほとんど聞くことのできないものである。歌い手は二つの声を使って歌うのだが、低音ではメロディを歌い、同時にフルートそっくりの驚くほど純粋で優しい高音で、その伴奏をするのである。」

僕の知っている喉音歌唱は、二、三年前カナダ放送で聞いた、ケベック北部のイヌイット族の女たちが出す、何とも奇妙な動物の声の真似ぐらいのものだ。だが一人の歌い手が二つの音で歌うなど、奇妙を通りこして不可能ではないか。これはぜひともわれとわが耳で聴かなくては！

この本には他にも発音について面白いことが書いてあった。「本書の中では「声門発声的母音」という表現を使ってはいるが、それらの音の真の発音上および音声学上の特徴ははっきりしない。」つまりトゥーバ語はほとんど人に知られていない言語であるため、著者自身それを耳にしたことがないのだ。

クリューガー教授のこの本には、トゥーバ語の例文や、トゥーバ語–英語対照熟語集、そしてコロンビア大学蔵書のトゥーバ語で書かれた本を含む、一六ページにもわたる文献目録がついていた。当然この『トゥーバ手引書』は僕らの「聖書」となった。

その一月末、僕の郵便受けに変てこな手紙が一通舞い込んだ。宛名は Ralph Leishtoh となっている(僕の名前は Leighton である。住所も少し違っていた)。消印を見るとロシア文字のようだ。К 61 3 61、とあり、次にはUが逆立ちしている。だが僕にはこれがすぐにピンと来た。キジルだ(正しくはКЫЗЫЛ)。とうとうキジルから手紙がやってきたのだ!

僕はこの手紙をすぐには開けなかった。リチャードが帰宅するのを待ちたかったのだ。その夜僕はその手紙を手に、ファインマン家にとんでいき、びっくりして大いに興奮したリチャードといっしょに、その手紙を開封した。

日付は七・一・一九八〇とあったが、七月一日はまだ来ていないから、たぶん一九八〇年一月七日のことだろうと察しをつけた。発信人は例のトゥーバ語‐モンゴル語‐ロシア語対照熟語集の出版元の言語・文学および歴史科学研究所である。

それはよかったが、さてこの手紙を読もうにも、僕にわかるのは、冒頭の文の中の僕の名前ぐらいのものだった。そこで二人は僕のところに河岸を移し、例の熟語集を調べることにした。まず最初の言葉「Ekii」は、熟語集第三番目の文句で「こんにちは」という意味だ。だから最初の文章は「ラルフ・レイトン君、こんにちは!」である。ところが、そのあとについては、この本は皆目役に立たなかった。なぜかといえば、この本では語句がアルファベット順ではなく、主題順に並べてあったからである。

「どっちみち熟語集の中にあるような言葉ばかりで書いてありゃしないよ」とリチャードが言った。

「この手紙は僕らのトゥーバ語みたいなインチキじゃなく、ほ、ん、と、うのトゥーバ語で書いてあるんだぜ。」

そこでリチャードはトゥーバ語-ロシア語対照辞典のコピーを取り出し、僕は僕でポケット露英辞典と、例の『トゥーバ手引書』をひっぱりだした。そして二番目の文章を一語一語解読していった。すると「新年　とともに」とある。つまるところ第二行目は「新年おめでとう!」ということらしい。

さて三番目の文章は「私　ダリマ・オンダー　呼ぶ、四五　雪もよう　私」と読めた。これはまるで判じものだ。

「四五　雪もよう　私」とはいったい何だろう? 僕らは首をひねるばかりだった。

「そうだな、まあ君がニューメキシコのインディアン居留地に住んでるナバホだと思ってみることだな」とリチャードは笑った。

「ある日突然ロシアに住む男から、めちゃくちゃなナバホ語の手紙が舞い込む。それがまたナバホ語-スペイン語-英語対照熟語集を友だちにロシア語に訳してもらったのを使って書いた手紙だ。そこで返事をホンモノのナバホ語で書いてやる、とこういうわけさ。」

「それじゃまったくほんもののトゥーバ語が読みにくいのも当りまえだな」と僕は感心した。

と突然

「あっ、わかったぞ！」とリチャードが叫んだ。

「この男、年が四五歳なんだ！」

なるほどそういえば理屈が通る。つまり「私は四五の冬を越えて生きてきました」というようなものだ。ことにシベリアとモンゴルの中間のトゥーバでは、実に適切な言いまわしではないか。

僕らは再び辞書をひっくり返して調べてみた。すると「雪もよう」には二番目の意味があることがわかった。ロシア語ではそれは「レートニー」で、その意味は英語では「夏」だったのだ！

「冬だろうと夏だろうと同じことさ」とリチャードが言った。

「どっちにせよ、この男は四五年間を生きてきたということだよ。」

僕はまた熟語集を丹念に調べてみた。すると三二ページの下の方に「あなたは何歳ですか？」という質問があり、三三ページのてっぺんにその答が載っていたではないか！しかも「四五　雪もよう　私」(Дөртен беш харлыг Мен)という答が。

3 ふしぎなメロディ

それから一週間というもの、僕たち二人は嬉しさに胸を躍らせてオンダー・ダリマの手紙の続きを一語一語解読していった。その概訳は次のようなものである。

「あなたの　書いた　手紙-あなたの　読んだ　知った　私。トゥーバ-中　書いた-あなたの　喜び　いっぱい-私。わたしたちの　トゥーバ語　チュルク語-に　関係-です。あなた-に　手紙　届いた？　誰-から　手紙　取る-です-あなた？　わたしたちの　研究所-から　手紙　取った-あなた？

(私はあなたの手紙のことを知り、それを読ませていただきました。あなたがトゥーバ語で書いてくださったのを嬉しく思います。トゥーバ語はチュルク語に関係をもっています。この手紙はあなたに届いたでしょうか？(この問には答は一つしかないんだから、妙な質問もあればあるもんだ。) 誰と文通しておられますか？　わたしたちの研究所の誰かと文通しておられるのでしょうか？)」

ダリマの手紙には、まだ先があった。

「キジル　街-中　本屋　あります。ロシア語-トゥーバ語　と　トゥーバ語-ロシア語辞典　本　あります。トゥーバの　中心　キジル　町。アジアの　中心　点　わたしたちの　きれいな　町-わたしたちの-中。滞在する-に　日-のため　その　環境-か

ら　人々　破る　ない。（かろうじてこの文意を察すると、キジルに数日でも滞在しようものなら、もうこの辺りを離れがたくなる、とでもいうところか？）　わたしたちに-そば　トゥーバ語-英語　辞書　本　なし。レコード-中　書かれた　歌　曲　あります。何　興味-中　あります　あなた？　わたしたち-に　手紙-から　書く-あなた。」

そして次のような一節で結んであった。

「私　この　研究所-中　トゥーバ　民族　口　文学　集める　書く　私。（このふしぎな一文には思い当たるふしがあった。「民話集を手に入れることができるでしょうか？」とこちらから、聞いてやったのだ。そしてその民話集の著者自身が、その問に返事をしているのである！）　一五年　働く　まだ-です　私。続く　手紙　書く　あなたの　待つ　私。大きい-ともに　溢れる-です-私。（この文句は「感謝」と題する章の中にちゃんとあった。「私は感謝でいっぱいです」という意味である。）」

僕たちはオンダーの手紙を解読するのに夢中で、どうすればトゥーバを訪問できるかについては、何ひとつふれていないのに気がつくまでに数週間かかった。

さっそく返事にとりかかった僕が語句を拾い集めている間、『トゥーバ手引書』をめくっていたリチャードが、突然「おいラルフ、これを見ろよ。コロンビア大学図書館にO・K・ダリマとK・X・オルグが編集した『トゥーバの民話』とかいう本があるぜ」と叫んだ。

あらためてオンダーの手紙を見直すと、彼の本名はオンダー・キシューチャラエビッチ・ダリマとある。

その『トゥーバの民話』は、参考文献の末尾に「もう一つの民話集」として掲げられていたのだが、今やその著者O・K・ダリマは、僕たちにとって「もう一人の民話研究者」どころではなくなったのである。

それから数週間後、僕らの返事がやっとできあがった。僕はその中でリチャードをオンダーに紹介し、こちらのトゥーバ語の手引きは、トゥーバ語‐モンゴル語‐ロシア語対照熟語集であることや、ユールト、家畜、トナカイ、ラクダ、ヤク、レスリング、競馬や弓術などの絵の入った一九三六年の切手のことにふれ、民族文化や地理に興味があることなどをしたためた。そして「トゥーバ‐中　これら　もの　まだ　今日　あります？」と質問した。

それから「フーメイ(хөөмей)」という正しいトゥーバ語であのふしぎな「喉音」歌唱のことをもちだし、その録音があるかどうかも問い合わせた。オンダーの手紙に「レコード‐中　書かれた　歌曲　あります」とあるからには、この問に「ある」という返事が来るかもしれないと思ったのだ。

リチャードはこの手紙に自分で文を付け足し、ダリマの著書がニューヨークのコロンビア大学図書館の蔵書としてリストに載っているのを見つけたことにふれて、署名の下にはトゥーバ関係の本の中で見つけた模様を描いた。

今度こそは返事がもっと早く来ることを念じながら、この合作の手紙を投函したのは二月半ばのことである。僕らの手紙第一号は、出してから返事が来るまでに、ほとんど一年の月日がかかっている。

「いったいぜんたいなぜあんなに時間がかかったんだろう?」と僕は首をひねった。「オンダーの手紙は、たったの三週間で届いているんだから、僕らの手紙が彼に届くのに九か月もかかったのかな?」

「こっちの言ってることを、オンダーが判読するのに九か月かかったのかもしれないぞ」とリチャードが言った。

僕は思わず笑い出したが、そのときひょいとある考えが浮かんできた。

「いや、きっとFBIだ。何しろソ連の核都市キジル宛ての手紙ときているんだから、FBIはさっそくこれを開けてみるにきまってる。すると中の手紙はロシア語のアルファベットで書いてあるが、ロシア語ではない。さては暗号にちがいない、と思いこんだFBIが、あのツギハギのトゥーバ語の手紙に何が書いてあるかつきとめるのに九か月かかったんじゃないかな。*」

* そういえばKGBということだって充分あり得る。あるロシア人がナバホ語でロスアラモスに

手紙を書いたとすると、KGBが疑わない方がおかしいぐらいのものだ。そうなったらこれが暗号でないとわかるまでに、九か月かかるかもしれない。最近僕は「情報公開法」にのっとって、FBIが保管している僕に関する記録を見せてくれと申し入れてみた。するとその内容が「対外政策および国家防衛上、秘密にしておくべしという大統領の特別指令によって設立された範疇に属する」というもっともらしい理由で、あろうことか一六ページある記録のうち、一五ページまで読むことを禁じられたのだ(僕のアルタデナの住所を除く全行、ごていねいにもフェルトペンで抹殺されていた)。僕に言わせればそれは「アメリカ政府が君の手紙を開封したが、それを断じて認めるわけにはいかない」ということを、お役所言葉で言っただけのことである(もちろんこんなことを書けば、僕に関する記録はたちまち一七ページに増えていることだろう)。

一九八〇年の春も過ぎ、そろそろ夏になろうとしていたが、アメリカのモスクワ・オリンピックのボイコットのおかげで、トゥーバ行きの夢はとうていすぐには実現しそうもないと、僕らは観念していた。

秋になると僕はまたパサデナ市内の別の学校で教えることになっていた(今度は地理の授業なしである)。だが毎週リチャードの思い出話を聞きながらドラムをたたく楽しいセッションは続いており、トゥーバ戦線の方はあいかわらず何の変化もなかった。

一九八〇年一〇月、ロナルド・レーガンが大統領に当選。彼の選挙演説といえば、ソ連に対抗する攻撃的な話がほとんどだった。ところが感謝祭のころ、突然僕の頭にある考えがひらめいたのである。われわれのトゥーバ行きのチャンスは、必ずしも米ソ関係がうまくいくことと直接の関係はなく、むしろ逆の関係にあっても、ちっともふしぎはないのではないか。米ソがそんなに犬猿の仲ならなおさらのこと、これを改善するため協力を申し出ればいいのだ。その改善法とは、もちろん僕がトゥーバに行くことである！

僕は勇んでモスクワ放送局をはじめ、タス通信とインツーリスト宛てにせっせと手紙を出した。トゥーバのたぐいまれなすばらしさを称え、その記事を『ナショナル・ジオグラフィック』か『ジオ』誌に書こうと申し入れたのだ。むろんリチャードはカメラマンとして同行するのである。

インツーリストからは、すぐに返事が来た。「貴君の興味ある手紙を感謝する。ただし問題の地域は、残念ながら旅行者のルートから外れており、そのような訪問を計画することは不可能である。」一方モスクワ放送局の返事は、少し遅れてインツーリストを照会してきただけで、タス通信に出した手紙は梨のつぶてだった。

一九八〇年も残り少なになるころ、ニューヨークでジョン・レノンが暗殺された。また、捕われの身になってからもう一年以上も経つというのに、五二人のアメリカ人は、未だにイランに拘留されており、ソ連軍はアフガニスタン侵攻一周年を迎えている。世界情勢は真っ暗だったが、リチャードと僕はあきらめずトゥーバとの連絡を絶やすまいと努力を続け、オンダーには新年を祝って、カリフォルニアの写真入りの本を送った。

あくる一九八一年一月、ロナルド・レーガンがいよいよ大統領に就任したが、僕の郵便受けには去年のようにキジルからの手紙は舞い込んでこなかった。だが僕たちの念頭にはオンダー・ダリマのことがしきりに去来していた。そういえば彼の『トゥーバの民話集』がある。そう思い出した僕らは、さっそくキャルテク図書館に頼んで二、三日後、コロンビア大学にそのトゥーバ語の本を借りる依頼の手紙を出してもらった。

『トゥーバの民話』をいよいよ手にしたのは、それから二、三週間のちのことである。僕たちはすぐにこれをそっくりそのまま全部コピーしたうえ、翻訳するのに適当な物語を物色しはじめた。全部で一八篇ある中から、まず選び出したのが「マーモットと牡羊」という一番短い(一ページ)話である。ところが短いくせにこの話は、発端の文章からしてちんぷんかんぷんだった。最初の一節のあとには、この二匹の動物の会話らしきものが続いているが、「生存」とか森からものを「取る」というような話で、何のことだかさっぱりわからない。僕たちはとうとうこの話を訳すのはあきらめた。

次に短い話は「オオガラスとワシミミズク」という一ページ半ばかりのものだった。この題を見たとたん、はっと思い出すものがあった。たしかずっと前、ロサンゼルス動物園でシベリア産のワシミミズクというのを見たことがあるのだ。

その話はまず「シアン　アム」という文句で始まっていたが、これを訳すと「そこで今」となる。

「いったい何のことだろう？　さっぱりわからないな」と僕がぼやいた。

ところがリチャードは他の物語の冒頭の文句を調べあげ、ほとんど半分ぐらいが「シアン　アム」か「シアン」で始まっているのを見つけだした。

「おそらくこれは語り始めによく使うトゥーバの言葉に違いない。たとえば英語の「ワンス・アポン・ア・タイム(むかしむかしあるところで)」だって、逐語的に訳せば「一度」「の上に」「一つの」「ものごとが起るのにかかる不定の時間」ということになるんだからチンプンカンプンだ。意味をなさないのは「シアン　アム(そこで今)」と同じことだよ。」

そこで次の文を読んでみると「早く　前の　たいへん　凍る　むかし　ものごと　この通り」とある。

こうしてみるとこの「オオガラスとワシミミズク」の話は、一見読解しやすそうだ(少なくとも僕らはそう思ったのだが……)。この解読にはそれから一週間にわたり、二〇時間ぐらいの時間がかかった。ある日のこと森の中でばったり出会ったオオガラスとワシミミズクは、どっちが多くの言葉を知っているか、というような口論を始めたらしい。ワシミミズクは九通りだと言って、子供の声、キツネの声などをまねしはじめた。一方オオガラスは七一通り知っていると言いはり、ニワトリからハゲタカ、牛、馬、モグラ(トゥーバのモグラはものを言うのだろうか？)にいたる数々の声色を使ってみせた。

　こうしてさんざんののしりあったあげく、この二羽の鳥たちは互いにもう顔を見るのも嫌なほど憎みあうようになってしまった。だからオオガラスは昼日なか、ワシミミズクは夜にならないと出てこないのだ、というお話である。

　このトゥーバの民話を解読できたのに勢いを得た僕たちは、オンダー・ダリマにまたもや手紙を書いた。そして例の熟語集やオンダーの前の手紙から寄せ集めてきた語句を駆使し、「トゥーバ語を実際に聴いてみたい。ついては「オオガラスとワシミミズク」の物語をテープに入れてくれまいか」と頼んだ(そうすればトゥーバ語を耳にしたことのないらしい『トゥーバ手引書』の著者クリューガー教授にもその録音を送って、この分野に貢献できるというものである)。

　さらに僕たちはぜひともキジルを訪ねたいのだということを、もっと大胆に述べた。その文章は次のようなものである。

「アジアの　中心　点　日々-のため　その環境-の中　滞在-に　好む-われわれ。あなた-に　大きな　満足-とともに　会う　われわれ。」

　僕らはこの手紙を三月に投函した。

　それから数日後、リチャードから電話がかかってきた。

「おいラルフ。トゥーバの緯度と経度を知ってるかい?」

「北緯五二度、東経九五度ぐらいかな。どうしてです?」

「実は仮装パーティに招ばれてるんだ。今年はみんな北緯四〇度から南緯一〇度、東経三〇度から一五〇度までの間の国の民族衣裳を着ていかなくちゃならないのさ。僕はトゥーバのラマ(坊主)か何かのかっこうがしたいんだ。」

僕はいそいで地図を引っぱり出してきた。

「まずいな。あと緯度が一〇度ぐらいあったら、北緯五〇度のところにトゥーバの端っこがひっかかるんだがな。」

「そうだろう。しかたがない、チベットぐらいがいいところかな。」

「それも悪くないでしょう。おそらくトゥーバのラマだって、チベットのラマと同じようなかっこうをしてるんじゃないかな。」

グウェネスは毎年ハロウィーンになると、カールとミシェルにずいぶんと複雑な仮装衣裳を作って着せるくらい裁縫が得意である。さっそく『ナショナル・ジオグラフィック』の中に、チベットの記事を探しはじめた。するとすぐに見つかったのがラマ教一色の、ヒマラヤの秘境ラダクである。このラダク地方の民族衣裳は特殊なもので、帽子の両側にとんがった張り出しがついている。これで衣裳はラダクと決まった。

リチャードは勇んで近くの陸軍余剰品店に出かけてゆき、小さな丸いベアリングと細い鎖、それに穴の開いた半インチばかりの鋼鉄の球を買いこんだ。そのベアリングを荒物屋で買った木のソファの脚のまわりにとりつけて、ベアリングの上から空き缶をかぶせ、その缶に細い鎖をつけておいて、鎖のはじに錘り(これはキー・ホルダーについていた、コカコーラの缶の形をした小さな飾りだった)をとりつけると、これでラマの地蔵車(祈禱輪)ができあがった。鎖に下がった錘りの重みで、坊主が手首をゆするだけで地蔵車(実際は円筒だが)を回すことができるわけだ。その一回転が、中の経文を一回読むのにあたるという。つまりヤクを飼いながら、同時に魂の方の義務も果たすという、すこぶる能率のいい方法である。

リチャードはこの地蔵車をできるだけ本物に見せたいと思ったらしく「どこに行けばチベット文が見られるかな?」とたずねた。

「チベット語で書いた中国の絵入り新聞なら持っていますよ」と僕は答えた(それはチャイナタウンで英語版、中国語版、モンゴル語版、ウイグル語版などといっしょに買ったものだ)。パーティの日が迫っていたので、彼はとりあえずその「祈禱」文の一部をチベット文字で写しとったが、祈禱は祈禱でもおそらく「願わくは毛主席の教導の光が永遠に輝かんことを!」などというような内容だったにちがいない。

とにかくその仮装衣裳は大成功を博した(写真2)。リチャードの話によると、彼とグウェネスが会場に姿を現わすや、一人の女性がはっと息をのみ、「ラダクだわ! あなたたちラダクから来たんでしょう。どうやってその衣裳をとりよせたの?」と叫んだのだそうだ(写真3)。

写真 2　地蔵車までそろえたリチャードのラダク僧姿
（トゥーバ友の会提供）

写真3　パサデナの画家シルビア・ポズナーが，仮装パーティのときの写真をもとに描いた肖像画．背景になっているのは第二次大戦中，ファインマンがマンハッタン計画のため滞在したロスアラモスの風景である．開いた南京錠は，現実と象徴の二重の意味をもつ．右手に構えたのは，複雑な計算の真っ最中に，自分がどの部分をやっているのかを覚えておくための，一種の速記として彼が，発明した「ファインマン・ダイヤグラム」である．この一連の図式は，世界中の物理学者が自然の神秘の扉を開く鍵となった．（ここに描かれた図式は，時間と空間の中で2個の電子が進み得る進路の一つを示す．1個の電子が光子を放出し，もう1個の電子がそれを吸収する．）

この肖像画のカラー・ポスター（74×54cm）は1枚10ドルでwww.scs-intl.com/trader/posters.htmから入手可能．

　そのころ僕の方もまた、いささか見解をひろめる経験をした。日本人の友だちが、黒沢明監督による日ソ共同製作映画『デルス・ウザーラ』に連れていってくれたのだ。今までの黒沢の作品とまったく異なり、この映画は、第一にカラーで撮られ、第二にその背景も日本でなくシベリア東部で、第三に三船敏郎ならぬソ連の俳優が起用されていた。そして一九七五年度最優秀外国映画として、アカデミー賞をもらっている。

　二〇世紀はじめに地図作製のため、ロシアと中国の国境周辺で働いていた測量隊の話である。若く荒っぽいロシア兵たちが、デルスという見るからに小柄な猟師に出会い、その乱暴な行動をたしなめられる。中でも印象に残ったのは、ある夜、凍てついた湖上ですさまじい突風に襲われた測量隊の隊長の命をデルスが救う、手に汗にぎるシーンだった。

　僕はこうと思ったら最後、まったく頭の融通が利かなくなる人間だ。映画の中では「ゴルディ」族だということになっていたが、デルスはトゥーバ人だとひたすら信じて疑わなかった。*

＊　最近の地震の被害を被ったサンフランシスコ図書館で、いつかリチャードをとりこにしたあのゼンジノフの『忘却への道』を探すうち、その同じ「シベリア、説明と旅行」の部で、僕は黒沢のこの映画のもとになった、アルセニエフの『わな猟師デルス』(ロンドン、一九三九年版)に思いがけずめぐり会っている。

　このすばらしい映画を見てまもなく、メアリー・ジリンがケンブリッジ大学出版部の広告で見た『南シベリアの遊牧民』という本のことを知らせてくれた。『トゥーバ人の歴史的民族誌学』というロシア語の題から、セブヤン・ヴァインシュタインのこの本のテーマがトゥーバであることを、メアリーは知っていたのだ。僕たちはさっそくこの本を注文した。

いよいよ届けられたその本の表紙を見ると、衣をまとった若者が毛に斑点のある小さな馬のそばに立っている写真である。裏表紙は、ユールトのそばで著者が三人のトゥーバ人と並んで立っている。トゥーバ人の一人は羽のついた頭飾りをかぶり、たくさんのひもが下がった長い皮のケープをまとっていた。彼(いやひょっとすると彼女かもしれないが、とにかく顔の前にすだれのように下がっているひものせいで、顔がさっぱり見えないため、いずれとも言いがたい)は、皮に点々の塗ってある大きな一面の太鼓を片手に持ち、もう一方の手にバチを握っている(写真4)。写真の説明には何も書いてなかったが、それが本物のトゥーバのシャーマンだということが、僕たちにはすぐさまピンと来た。写真の日付は一九五九年となっている。

その本にはイギリスの人類学者カロライン・ハンフリー博士の書いた、博学な序文がついていたが、それは次のような文で始まっていた。

「アジア内陸の遊牧民の生活について、直接の体験を通して書かれた西欧の読者向け詳説は、ほとんど皆無といってよい。……したがってヴァインシュタインのこの本は、

写真4　セブヤン・ヴァインシュタイン著『南シベリアの遊牧民』(ケンブリッジ, 1980年)は, 1959年のトゥーバに, 少なくとも一人はシャーマンが生き残っていたことを示している. (セブヤン・ヴァインシュタイン博士提供)

この分野でも非常にユニークなものである……

事実トゥーバは、中央および北アジア遊牧民経済の規範を示すものである。トゥーバという国はエニセイ川上流の険しい峡谷の一群から成り、全周囲を山で囲まれているため、周辺のシベリアおよびモンゴル北西部から完全に隔離されている。この辺鄙な環境にさえぎられ、その住民は外部の人間の眼にほとんど触れることがなかった。しかしある程度までそれぞれ独自に仕事を進めたソ連の民族誌学者たちの現地調査の結果、内陸アジアの最も重要な三つの伝統的経済体系が、トゥーバで一堂に会しているのが明らかになったのである。

すなわちエニセイ川上流のこの比較的小さな地域は、生態学的に見ると他と大きく異なっており、(1)山岳地帯の森林におけるトナカイ放牧および狩猟経済、(2)高地の森林および牧草地帯における小規模な牧牛および牧馬ならびに狩猟経済、(3)南部および東部の乾燥したステップ(草原)地帯における五種以上の動物の複雑かつ本格的ステップ牧畜経済、を維持している。ここで重要なのは、これらの経済体系が、それぞれ政治的文化的言語的にまったく異なる内陸アジア社会の地域に見られることである。」

ヴァインシュタインの本は、独立一〇周年を記念して、一九三一年トゥーバ共和国が実施した人口調査をもとに、メンヒェン-ヘルフェンの訪れたあの切手のままのトゥーバを、詳しく描写したものだった。その人口調査は、世帯数、家族の構成人数、各家族の住居の種類、それが固定のものか移動式のものかなどという十数項目に分かれており、さらに経済上の活動、たとえば牧畜、狩猟、農業、鍛冶職、装飾品製作、石や木の彫刻などというようなことも記録されていた。*

* この一九三一年の人口調査によると、トゥーバ人の八二・二%が定まったルートを通って遊牧を営んでいる。一年ごとの移動頻度(四回が最も普通)や、そのたびに動いた距離も記録されていた(トナカイ牧夫の移動が最も長距離で、平均三十数キロメートルだが、トゥーバ人は宿営地から宿営地まで、だいたい一五キロメートル以下の移動距離である)。家畜にはヒツジ、ヤギ、牛

(牡牛は別に記録されている)、馬、ラクダ、ヤク、トナカイ(年齢別)があり、その頭数、飼料の量、各家庭の所有する農耕地面積の記録もあった。また家庭によって乳牛をよぶんに所有しているか、それの搾乳を他人に頼んでいるかなども記されている。狩猟については、何家庭がこれを営んでいるか、狩りに使われる道具類(ライフル銃など)、獲物の種類の記録などがあったが、その九〇%はリスで、そのほかウサギ、ノロジカ、キツネ、オオカミ、ジャコウジカ、そしてあの高価な毛皮をもつクロテンなどがある。狩猟に加え、漁労、採集(好んで植物の根を掘っている)もあり、漁労や採集に使う道具のデータも載っていた。

ハンフリー博士によれば、この一九三一年人口調査のおかげで、トゥーバはアジア諸地域の中で、ソ連領となる以前の状態が詳しく描写されている唯一の地域になったということだ。

そうしてみるとトゥーバが独立国だったということは、切手蒐集家だけでなく、(トゥーバ人自身はもちろんのこと)人類学者にも、大いに役立ったことになる。

ヴァインシュタインの本が一九三〇年代のトゥーバに焦点を当てている理由は、まだほかにもあるようだった。つまり一九四四年にトゥーバはソビエト連邦の仲間入りをしており、したがって理屈のうえではもはや伝統的な暮しからすっぱり足を洗ったことになる。本の最後のページに「ソ連領下のトゥーバは、大規模な集団農場および現代産業の共和国である」とヴァインシュタインは記している。「今や社会主義経済と文化とが、急速な成長を遂げている」と。

何という残念なことかと僕たちは思った。だがまだ望みなきにしもあらずである。ひょっとするとヴァインシュタインの本の裏表紙のシャーマンは、まだ生きているかもしれないではないか。

しかしヴァインシュタインの結びの言葉は、何となく不吉だった。

「この本を閉じるにあたり、ソ連邦下の他の共和国同様、トゥーバにおける社会主義発展の経験——遊牧生活から定着化した経済生活への推移の成功——は、一般的な歴史的重要性を帯びていることを強調したい。ことに現在なお、革命前の古いトゥーバと同じような社会経済的状況下で遊牧経済を続けている諸民族にとって、それは重大な意味を持っている。」

察するところこの文が言わんとしているのは、アジアであろうとアフリカやラテン・アメリカであろうと、世界中どこの社会も、ソビエト式の「社会主義」国家になるために、わざわざ資本主義的な段階を経る必要はない、ということらしい。だがこの本の中でこんな演説口調は、この最後の一節だけというところを見ると、おそらくソ連で本を出版しようと思ったら、いやでもこういったプロパガンダが必要なのにちがいない。

『南シベリアの遊牧民』を読んだあと、リチャードと僕は次にどんな行動をとるべきかを話し合った。そうだ、ヴァインシュタインに手紙を書こう。何しろトゥーバ訪問の努力を始めてから、もはや三年以上もたっているのだ。僕らはもうワラにもすがる気持だった。だからこの手紙は、特にキャルテクの公用便箋で、しかもリチャード一人の名前で書くべきだと僕は考えた。ヴァインシュタインに、何だ、また読者のファンレターかと思われては絶対に困る。何としてでもこの手紙を本気で読んでもらうため、念には念を入れる必要があるのだ。そこで、誰かリチャードの知っているソ連の科学者によろしく伝えてほしい、という一文を入れてはどうかと僕は提案した。そうすればこの手紙の差出人がどこの何者であるかを説明してもらえるかもしれないからだ。

僕たちはそれぞれ手紙に入れるべき事項を書きだしておいてそれをまとめ、分類し推敲したあげく、次のような手紙を作りあげた。

「親愛なるヴァインシュタイン博士

私は最近貴著の英訳『南シベリアの遊牧民』を読みました。この本の中で貴方は、私が一九三〇年代の子供のころ見た切手にあるようなトゥーバの姿を、余すところなく、しかも明確に描いておられます。

数年前、友人の地理教師と「世界の最果ての地」の話をしていたとき、私のトゥーバに対する興味は再びかきたてられました。アジアの中心トゥーバほど、この形容にぴったりのところがあるでしょうか！　そして首都キジルからたった一五〇キロメートル以内のところに、トナカイの住むタイガ森林地帯や山があり、一方には馬や牛、ヤクなどの群れるステップ地帯があるうえラクダの住む砂漠まであることを発見し、しかもその土地に、チュルク語を話し、シャーマンあるいは仏教徒で、「喉音」で歌を歌う友好的な人々が住んでいると知ったとき、私たちはぜひこの土地を訪問したいものだ！ と心に決めたのです。そしてそれ以来ずっとこの夢を実現すべく努力を続けてきました。」

ほんとうは首都キジルのとんでもない綴りが気に入って、トゥーバに行きたくなったのだなどと、ヴァインシュタインに告白する勇気はさすがになかった。そんなことを言おうものなら、てっきり頭がおかしいと思われるにちがいない！

さて僕たちの手紙にはまだ先があった。

「私たちの思ったとおり、トゥーバに到達するのは、ことにアメリカ人にとっては至難のわざで、インツーリストもモスクワ放送局も親切ではありましたが、このことについてはいっさい助けになりませんでした。モスクワには、いったいなぜ私たちがトゥーバ訪問を希望しているのか、わかる人は一人もいないもののようです。

トゥーバ語‐モンゴル語‐ロシア語対照熟語集を手に入れたのち、私たちはキジルの「トゥーバ言語・文学・歴史科学研究所」にトゥーバ語で手紙を書いたところ、『トゥーバの民話』（一九六八年）の著者オンダー・ダリマ氏から、たいへん親切な返事を受けとりました。さっそく返事を書きましたが、それ以来何の音沙汰もありません。

西欧の人間がトゥーバ訪問の許可を得るのは、ほんとにまれであることは私もよく承知しています。ただ貴方のようにたびたびトゥーバを訪れ、それがどんなに興味深いところかをご存じであれば、なぜ私たちがトゥーバを訪問したいと切望しているのか、きっとご理解いただけるものと信じるのです。

博士は私たちがどのようにすればトゥーバ自治共和国訪問の手はずを整えることができるか、ご存じないでしょうか？　これに関するご意見やご提案をいただければ幸いです。

モスクワ大学のV・B・ブラギンスキー教授およびレベデフ大学のV・L・ギンズバーグ博士にくれぐれもよろしくお伝えください。

世界で最も興味深い土地について非常に博学な著書を読ませていただいたことを、重ねてお礼申しあげます。

敬具

リチャード・ファインマン」

この手紙を出したあとになって、しまった、ブラギンスキーだのギンズバーグ博士だのによろしくなどと書かない方がよかったか、と僕は心配になってきた。ひょっとするところの二人の教授は、好意で、トゥーバ訪問とひきかえにリチャードがモスクワで講演をする、というような計画をたててくれかねない、と思ったのだ。（それこそこの目標を達するにあたり、リチャードが絶対に避けたいと思っていたその方法ではないか。）もしそんなことにでもなったら、せっかく一介のアメリカ人としてトゥーバを訪れる努力をしてきたのが、水の泡になってしまう。だから行きたいのはやまやまでも、その好意を涙をのんで辞退するほかはないという、まったくもってやっかいな立場になる。だが幸か不幸かそんなことは起りはしなかった。

五月になるとパサデナの北にある山中で、キャルテク物理学部の恒例のピクニックが催される。おやじがキャルテクで教えている関係で、僕はUCLAの学生になるまで、ほとんど毎年このピクニックに顔を出していた。今や大学を卒業してパサデナで教えているからには、古い友だちと旧交を暖めるのもよかろうと考えた僕は、この年のピクニックに参加することに決めた。友人の一人には、やはりキャルテク物理学部の教授の娘で、兄貴ともども僕が水泳コーチをしたことのあるティナ・コーワンもいた。

彼女としゃべっているうち、その兄貴グレンが、現在カリフォルニア大学バークレー校物理学部の大学院生で、しかもUCLA時代数年にわたってロシア語を勉強していたことがわかってきた。おまけにロシア語に磨きをかけるため、六週間レニングラードまで行ってきたという。「しめた！」と僕は小躍りした。それならあのバークレーの大研究図書館でいろいろ調べてもらえる。おまけに彼なら、トゥーバのことが書いてあるたくさんのロシア語の本が理解できるにちがいない。

その六月、グレンが短い休暇を過ごしにパサデナに帰省したとき、僕は勇んで会いに行った。ところがこっちが無理やり説得するまでもなく、彼は陽子にとびつく電子さながら、トゥーバの話にとびついてきたではないか。しかもありがたいことに、その夏彼はたまたまスタンフォード大学(この図書館も立派なものだ)とバークレー校で物理の仕事をすることになっていた。

ところで一九八一年七月には、レーガン大統領が、サンドラ・デイ・オコーナーを最高裁始まって以来初の女性判事として任命し、チャールズ皇太子はダイアナ・スペンサーを王室の一員に加えることを決定している。

八月初旬になるとアメリカの航空管制官たちが、職場の現状を不満としてストライキを始め、そのおかげを被って飛行機の旅は全米にわたり、はなはだしく停滞した。うんと前もってシアトル行きの航空券を買ってしまっていた僕は、今さら返すわけにもいかず、やむを得ずヒヤヒヤしながら出かけたが、なぜか何ごとも起らずあっけなくシアトルに着いた。

シアトルに住むおふくろのところにいる間、ワシントン大学図書館で面白いものを見つけた。それはモンゴルのオルホン川とトゥーバのエニセイ川の谷で発見されたという、ルーン文字風の碑文である。古代チュルク語で書かれたその「オルホン・エニセイ碑文」は、その何世紀かあとスカンジナビアに現われはじめたルーン文字に驚くほどよく似ていた。

それだけではない。この図書館にはセブヤン・ヴァインシュタインの、トゥーバ美術の本があった。表紙はきれいな石彫のラクダの写真、そして中にはスキタイ時代(紀元前八世紀)の体を丸めたヒョウを大青銅盤に彫ったもののほか、数点の歴史的美術の例が出ていた。おまけに本の終り二〇ページばかりにわたり、石彫のヤク、キツネ、馬、ヤギ、牡羊、トナカイなどの写真も載っていた。見たところ二〇世紀のトゥーバ美術は、このような石彫の動物が主らしい。

これに加え、トゥーバの祝祭日の本もあった。その祭日のいくつかは、モンゴルや中国の太陰暦にかかわりがあるのだが、トゥーバでは太陰暦の正月は「シャガー」、夏の大祭日は「ナーディム」と呼ばれているらしかった。トゥーバ独立は一九二一年八月一四日だから、まもなく独立六〇周年記念日もめぐってくる。ぎりぎりだったが、僕は何とか間にあわせてトゥーバ独立六〇周年記念のチラシを作りあげた。四隅をトゥーバ独得の模様で飾り、まわりをオルホン・エニセイ碑文で囲んだこのチラシの中味は次のようなものである。

「古い地球儀や切手コレクションの埃を払い、「トゥーバだって隅におけないぞ」と唱えてこの日を祝おうではないか！「トゥーバ友の会」に入会して、かのタンヌ・トゥーバ*がいったいどうなったのかを探り出そう。金は送る必要なし。ただ互いに挨拶を送ろう！」

＊ 当時は気がつかなかったが、僕はそのチラシによって、これから本気で活動することになりそ

うな団体を、何となく発足させたことになる。このトゥーバ友の会は現在も会員を募集中。読者もこぞって入会していただきたい。付録B参照。

トゥーバ独立記念日のおかげで、僕はアメリカの国務省にも手紙を書く気になった。わが政府がラトビア、リトアニア、エストニア三国のソ連併合を認めないことにかんがみ、同じく二つの世界大戦の間は独立国でありながら、先の三国と同じようにソ連に併合された第四の国としてトゥーバ共和国があることを指摘したのである。そして「アメリカはソ連のトゥーバ併合を合法的なものと認めますか？」と質問したわけだ。

だがけしからぬことに国務省からは何の返事もなかった。おそらく合衆国議会には、この男に返事を書かなければ今度の選挙に票を入れてやらないぞ、などと力む強力なトゥーバ・ロビー（院外運動団）などないのだろう。

そのころ以来僕は店などで、暇さえあれば地図や地球儀をためつすがめつする癖がついてしまった。Kマート（スーパーマーケット）の地球儀型の貯金箱の絵では、タンヌ・トゥーバは独立国になっていたが、高級浴室アクセサリーの店で見つけた世界地図柄のシャワー用カーテンでは、あわれトゥーバはモンゴルの一部となっており、しかもモンゴルそのものは中国の一地方ということになっていた。このいささかいいかげんな地図の出所は、台湾である。ちなみに台北で印刷された『中華民国参考の書』という本には、次のようなことが書いてある。

「中国はアジア大陸および近在の島々に位置しており……その最東の国境は東経一三五度のアムール川とウスリー川の合流点、西は東経七一度のパミール高原を国境としている。また最南端は北緯四度の南沙群島であり、最北の地点はタンヌ・トゥーバ北部、北緯五三度五七分のサヤン山脈中にある。」

これを見た僕はたちまち台湾政府宛てに、台北駐在トゥーバ代表の名前を問い合わせる手紙を書く気になった。それというのもモンゴルを含む旧中国の各地方代表は、まだ台北にいるはずだからだ。トゥーバ入国のビザをくれという言葉が喉元まで出かかっていたのだが、さしもの僕もこのときはぐっと我慢した。

数か月後、台湾政府からパンフレットが送られてきた。中国人の友だちにそれを見せたところ、その中で「タンヌ・ウリアンハイ(唐努烏梁海)」と呼ばれるトゥーバは、モンゴル国旗配下の「旗印」として最後のページに載っていたが、結局台北駐在トゥーバ代表の名はわからずじまいだった。そんな代表などどっちみちとっくの昔に死んでしまっていたのだろう。

僕がまだシアトルにいるうちに、グレンからスタンフォードやバークレーでやったトゥーバ資料調査の結果が届いた。見つかった本の題とそのあらましまで添えたリストである。グレンはその中で「これで気がついたのだが、トゥーバ関係の本といえば、ほとんどが中にS・I・ヴァインシュタインの名前がいやというほど出てくるものばかりと言っていい。

察するに彼はトゥーバ民族誌学研究では、ひとかどの権威なのにちがいないぞ」と言ってよこした。

グレンはその他にも、キジルのオンダー・ダリマの研究所が出版している『科学メモ』という本のシリーズを見つけたことを知らせてきたが、彼によるとこれには「トゥーバの生活、言語、音楽、民族誌学、地方経済についての非常に有用な記事が集めてあり、言うまでもなくトゥーバが自主的にソ連と合併した、まことに喜ばしいニュースも載っている」ということだ。

グレンの手紙は次のような文で終っていた。

「ロシアと関係のないトゥーバ情報は、後にも先にもサルチャク・トカが書いて、英訳もされた『羊飼いの話』という小説だけだ。これは自伝的三部作の一冊目だが、トカはトゥーバで最も有名な作家で、この本はおそらく彼の最も有名な作品なんだろう。文学的に見ればまったくひどいもので、きまりきったプロパガンダ路線通りなんだから、見えすいていてばかばかしいったらありゃしない。この本には一九〇一年に生れてから、内戦が始まるまでの、トゥーバのカーヘム地方での彼の生活が書いてある(かなり数多くの内戦があったらしく、この地方でもパルチザン活動が盛んだったようだ)。まず、白樺で葺いた粗末な「チューム」(インディアンの使う円錐形のテント、ティーピーみたいなものだろう)に住み、ことあるごとに裕福な領主どもにいじめられて暮す生活から、技術的にすぐれ、才能ゆたかでしかも親切なロシア農民に出会うまでの話で始まる。そしてさまざまな冒険を経たあげく、ついに赤系(共産主義系)のパルチザン隊に加わり、白系(保守系)を相手の決定的な戦いに参じている。その戦いのあと司令官は戦士たちを並ばせておいて「その真ん中に進みいで、手を高くあげた。〈同志諸君! 君たちはわが軍の任務を実に立派に果たした。シベリア革命軍事評議会に代って厚く礼を言いたい!〉 これに対してパルチザンたちは異口同音に〈われわれはソビエト軍のために力を尽くすのだ!〉と叫んだ。」

といった調子で一巻が終るんだが、読んでいるとなかなか面白く、トゥーバの生活や歴史(歴史の方はかなり割り引きして読む必要があるが)がいろいろ書いてあってためになる。そこで二巻三巻を探しているんだが、今のところそれがどうしてもみつからない。この『羊飼いの話』についての書評や何かはゴマンとあり、ソ連邦の二一もの民族語に訳されているというのに、まったくふしぎな話だ。もしまだ読んでいないんだったら、君もぜひこの本を読むように勧めたい。」

それからしばらくして僕は、いつかそのトカとかいう名前をどこかで見たのを思い出した。メンヒェン－ヘルフェンの『トゥーバ紀行』の第一章の中だ。そのトカと仲間の学生たちについて書かれた一節は、なかなか興味深いものがあった。

「「東部で働く者のためのヨシフ・スターリン共産党大学」(あんまり長ったらしくて、

一息ではとても言えないせいか、さすがにKUTVと略号がついている)は、一九二九年、トゥーバの経済状勢や将来性などを探る調査隊を編成した。モスクワのストラストナヤ広場にあるこの大学は、まことに奇妙なところである。広場の名はこの大学の前に立ちはだかる大きな赤い修道院から来ているのだが、そのうしろに隠れるようにひっそりと立つこの二階建のビルの中では、今や「人間爆弾」が作られつつあるのだ。そこでは何百人もの東洋人——ヤクート人、モンゴル人、トゥーバ人、ウズベク人、朝鮮人、アフガニスタン人、ペルシャ人——が、いずれそれぞれ故郷に帰って旧弊な考え方を「爆破」すべく、三年間にわたる猛訓練を受けているのである。つまり三年後にはシャーマン信奉者どもを、一人残らず無神論者に変え、仏を拝む者をトラクター崇拝者にしようというわけだ。石鹼、歯ブラシ、そして片言のロシア語に身を固め、スローガンや政治的キャッチフレーズを頭いっぱい詰めこんだこのたくましい若者たちは、それこそいやが応でも目的を果たそうと意気ごむ宣教師さながら、故国の同志たちを二〇世紀に向けてまっしぐらに押しまくることを夢見ているのだ。

ものの一か月もたたぬ間に(これについては後で述べるが)、私がトゥーバに同行したセディップ・オール、トカ、タピット、チンチグールと、小柄で賢いカモバら五人の学生は*、トゥーバ人民革命党員の三分の二を追放し、政府所有のラクダや羊、ヤギ、牛などの群れをつくるため、気でも違ったように大草原を駆けずりまわって、二〇頭以上の家畜をもつ遊牧民家族から、その余剰分を没収してまわったのだった。まず略農資産の公営化としては、すこぶる独創的な方法ではないか!」

＊ 僕たちの冒険が始まったときには、その五人のうち二人はまだ生きていた。セディップ・オールは一九八五年、カモバは一九八八年の末亡くなっている。

シアトルからパサデナに帰る途中、僕はグレンに会うためバークレーに立ちよった。話しているうちに、いっそのことサンフランシスコのソビエト領事館に押しかけてゆき、僕らのトゥーバ訪問計画について館員の意見を聞こうじゃないか、ということになった。およそ平凡なレンガ建てのソビエト領事館は、ゴールデンゲート橋から一・五キロメートルばかりのアメリカ陸軍基地に近い高級住宅地にあったが、その屋根にはまったくありとあらゆるかっこうのアンテナが十数本林立していた。門のベルを押すとブザーが鳴って門が開くしかけである。ロビーでアルメニア、グルジア、アゼルバイジャン地方などの旅行案内をパラパラめくって待つこと数分、僕たちは五〇がらみの愛想のよい館員に迎えられた。

ぜひトゥーバに行きたいのだと説明すると、あっぱれこのお役人はトゥーバがどこにあるのか、ちゃんと知っていた(ひょっとすると切手マニアかも?)。キジルにはインツーリストの事務所がないのだと言うと、それがなけりゃ旅行などできませんよ、とおきまりのお役所的返答をするかわり、意外にも

「そこに何か研究所のようなものがありませんか?」と聞く。

「ええ、ありますとも！」と僕は思わず叫んだ。

「TNIIYaLI'、つまりトゥーバ言語、文学および歴史科学研究所です」とグレンが、舌を嚙みそうなロシア名をすらすらと淀みなく言ってのけた。

「その会員の一人とすでに文通しています」と僕がつけ加えると、その館員は

「ああ、それなら問題ありませんよ。その研究所に招待状を送ってくれるように頼んではどうですか」とこともなげに言った。僕は耳を疑った。

「ええっ？　ただ研究所から手紙を一本もらうだけ、それだけでいいんですか？」

「そうです。必要なのはそれだけです。」

「でもモスクワから何かもらわなくても大丈夫でしょうか？」

「いや、キジルの研究所から私ども宛ての公式な手紙が来れば、それで充分です。その手紙を受け取り次第、そちらに連絡をとってビザを発行しましょう。」

「そいつはありがたい。さっそく手配します！　二か月ぐらいしたらまたお目にかかりましょう。」

僕らはその館員と握手をかわしたが、実は抱きつきたいぐらいのものだった。そして雲に乗った心地で領事館を出た。地に足がつかずとはまさにこのことである。

「この機会を金輪際逃がすもんか！」と車に乗り込みながら僕はグレンに言った。

「トゥーバ語を解読したり手紙を書いたりするのもいいが、連絡をとるにはどうもまど

ろっこしくて役に立たない。ロシア語で手紙を書けばもっとスムースに行くにちがいないよ。そうすれば研究所では僕らが何を必要としているのか、つまり領事館宛ての招待状が必要なのだということが、はっきりわかるだろうからね。」

僕らは一、二キロ離れたところにあるロシア専門の本屋に車をとばした。グレンはこの店でロシア語のビジネスレターの書き方の本を見つけだしたが、さて今度はロシア語のタイプライターがどうしても必要だ。ひょっとするとそれがありそうなところを、本屋で二、三聞きだしたのだが、結局はどれもだめなことがわかった。僕らはもうワラをもつかむ気持で、職業別電話帳をめくっていると、チャイナタウンに小さな店を持つアーチーとかいう男の名が見つかった。「まあ俺の店に来な、うーんとまけてやるから!」

なるほどグレンはたしかにうーんとまけてもらって、ウクライナ語のタイプライターを大枚二五ドルで買いこんだ。ウクライナ語なら、ロシア語と同じキリル字母で書くのだから、けっこう使いものになる。だが慣れないキーボードから、字をポツリポツリと拾いだすのは実にまどろっこしい話だ。結局手紙の下書きは、グレンが手書きでやることになった。

さてその手紙を英訳したものをパサデナに持って帰った僕は、それをリチャードに見せ、彼がこれでよしと言ったところでグレンに送り返した。グレンはロシア文の方をさっそく先に買いこんだタイプライターで打ち、これを送り出したのである。

そうこうするうちまた新学期(今年もやっぱり地理の授業はなかった)が始まったが、ファインマンと二人でドラムをたたき、彼の思い出話に耳を傾けるひとときは、あいかわらず続いていた。今度の計画がうまく行くかどうか、あまり期待をかけすぎぬよう用心はしていたが、二人とも今度こそは絶対にうまく行くはずだ、と堅く信じていたのだった。

ある日のこと、リチャードから電話がかかってきた。

「おい、すぐうちに来いよ。君に見せたいものがあるんだ。」

僕は息せき切ってファインマン家に駆けつけた。

見るとリチャードは手に『トゥーバのメロディ』というLPレコードを持っている。このレコードは、リチャードの知人であるブラギンスキー、ギンツブルクの二人の学者と密接に仕事をしていた、キップ・ソーンというキャルテクの物理学者が持ってきてくれたものだった。ソーンはつい最近モスクワから帰ってきたばかりなのだ。

カバーの裏にはロシア語で何やら書いてあったが、少なくともその中に僕らの名前があることは読みとれた。その献辞の内容は「深遠なる尊敬を捧げ、幸福を祈る。トゥーバの挨拶とともに、S・ヴァインシュタイン」というものだった。そして「RPF(リチャード・ファインマン)宛ての手紙はすでに投函したそうですが、モスクワの民族誌学研究所長の協力を得て、RPFのトゥーバ訪問が実現するよう、目下努力中とのことです」というソーン教授のメモもついていた。

僕らは天にも昇る心地であった。リチャードがレコードをおもむろにジャケットから取りだすと、僕はまずステレオの埃を払い、針をぬぐってターン・テーブルにレコードをそうっと置いた。そして深く息を吸いこむと、しばし手の震えが止まるのを待って、注意深く針をおろしたのである。

そのとき僕たちの耳にしたメロディはあまりにもすばらしかった。読者にもぜひ聴かせたいものだと思う。*

* トゥーバの喉音歌謡のコンパクトディスクは www.tuvatrader.com から入手できる。

4 酋長万歳！

僕たちは完全に茫然自失の状態にあった。アジアの中心の辺境トゥーバ、あの魅力ある切手の中の失われた里は、われわれのとてつもない夢どころかその極限をはるかに超越していたのだ。レコードから聞こえてくるその音は、まさに想像を絶していた。歌い手は一人だというのに、いったいどうすれば同時に二つの音を出せるのだろう？　はじめのうち高い方の「声音」は、まるでフルートそっくりの音色で、基調をなす低い声より数オクターブ高く、嫋々と響いていた。ところがそのうちもっと変てこな種類の「フーメイ（喉音歌唱）」が聞こえはじめたのである。それは言うなれば「うがい」スタイルで、それこそ息の長いカエルみたいな、何とも奇妙きてれつな声だった。

このショックから覚めるには数日かかった。僕はこのふしぎな音のテープをトゥーバ友の会会員に送りとどけたが、これをこのあたりの独立ラジオ局ＫＰＦＫの民族音楽番組担当者で、マリオ・カセッタというカリスマ的ＤＪに送るよう勧めてきたのはメアリー・ジリンである。

そこで僕はカセッタ氏に宛てて

「この音楽の正体と出所を当ててごらんなさい。ラルフ・レイトン五七七―八八八二」

（英語式ダイヤルだと八八八二はＴＵＶＡという綴りになる）とだけ書いて出した。

このチャレンジにカセッタ氏はすぐさま飛びついてきた。「どうも私の持っているモンゴル音楽の録音に似ているようですな。」（彼のレコードはたしかに西モンゴルの「フーメイ」だったが、その西モンゴルは数千人ものトゥーバ人が住んでいるところである。）

この世にもふしぎな妙音は、実は昔タンヌ・トゥーバとして知られていた土地から来たのだ、と僕は彼に打ちあけた。

「ええっ！　タンヌ・トゥーバだって？　あのきれいな切手の！」

何とマリオもまた、少年時代トゥーバのあの珍しい切手を集めていたのだ！

「こりゃぜひともひとつ特集をやらなくちゃ。とにかく屋根裏をひっかきまわしてあの切手を探し出すから、それまで待ってくれませんか？」

一方リチャードは一〇月末UCLAで検査を受けたところ、その結果は彼に言わせれば「なかなか面白い」ものだった。だが彼以外の者にとっては、それは面白いどころかまさに絶望的ニュースだったのだ。三年前すっかり取り除いたはずの癌は、今や小腸のまわりを取りまき、複雑に入り組んだ形で拡がっていたのである。

手術にはUCLAジョン・ウェイン癌センターのドナルド・モートン博士があたった。「癌のまわりの健全な組織を、必ず一インチは切りとっていくのが私の主義です」と博士は宣言した。

「たいていの場合、私は下の手術台が見えてくるまで切り進むのを止めませんよ。」

たずねた。

「そういった手術で助かる率ってのは、まずどのくらいのもんです？」とリチャードが

「そうですな。まあ私が手術した患者は一二、三人いるが、まだ誰にも死なれてはいませんよ。だがそうはいっても、私はまだ自分の限界を知りませんからね。」

手術にそなえてあらかじめ癌組織を柔らかくしておくため、リチャードはまず放射線療法を受けたが、そのあとが一〇時間以上かかる大手術となった。おまけに傷口を縫い合せている最中、心臓近くの動脈が破裂したのだ。結局すべてがおさまるまでに必要とした輸血量は、三・八リットルというおびただしい量である。ところが運悪くその日ＵＣＬＡでは、彼のほかに同じような処置を受けた患者が二人もいたため、血液銀行はあわや干あがる寸前となってしまった。その急報がキャルテクと関係機関のジェット推進研究所に伝わるや、ものの二時間もしないうちに、リチャード・ファインマンの血液銀行口座にパサデナから何百人もの献血者がつめかけて、長蛇の列をなすありさまとなった。

手術は延々一四時間の長さにわたり、回復は遅々たるものだったが、リチャードは不平一つこぼさなかった。彼はすでに限られた時を生きていたのだ。

一二月に入ると、僕の郵便受けに華やかな色の封筒が舞い込んだ。さては気の早いクリスマスカードか？と一瞬思ったが、次の瞬間その正体がピンときた。待ちに待ったダリマの返事なのだ！　僕はそれを持ってリチャードのところへ飛んでゆき、二人でいっしょ

に封を切った。そしてそれから一週間というもの、またもや楽しい解読に時を忘れたのである。さてわれわれの努力の結果は次のようなものだった。

「拝啓　友だち　ラルフ・レイトン　と　リチャード！

いかが　生活、仕事　ですか　あなた？　あなた-とともに　新しい　何　です？　私ども-により　秋　訪れ-ました。あなたの　送った　手紙-あなたの　受け取りました　私。送った　贈り物　また　受け取りました　私。大きい-とともに　(感謝)　いっぱい-です-私。

あなた-に　カルギラー、フーメイ、シギット　に-送る　約束　しかし　見つけた-なし　私。見つけた　あとで　送る-でしょう　私。(こうして見ると『トゥーバのメロディ』は、トゥーバ国内ではなかなか見つかりにくいものらしい。)

私　この　年　休暇　モンゴル-へ　行きました-私。面白い　でした。

あなた　ロシア語-トゥーバ語　辞書　見つけた　あなた　そして　翻訳、たいへん　けっこう。

あなた-に　何　必要、書く　あなた。

健康、幸福　持つ-に-あなた　祈る　私。

大きい-とともに　(感謝)　いっぱい-です-私。

私を-知る　友だち-あなたの-に　あいさつ-私の-溢れる-あなた。

（拝啓　ラルフ・レイトン様、リチャード様。

あなたの仕事や生活はいかがですか？　何か新しいことでも起りましたか？　トゥーバにはすでに秋がやってまいりました。あなたの出された手紙は受け取りました。またお送りいただいた贈り物も入手しました。私は感謝でいっぱいです。

カルギラー、フーメイ、シギットをお送りする約束をしましたが、まだ見つけることができずにいます。見つかりしだいお送りするつもりです。私は今年休暇でモンゴルを訪ねましたが、なかなか面白いところでした。

あなたはロシア語－トゥーバ語辞典を見つけて翻訳されているそうですが、たいへんけっこうなことと思います。

何か必要なものがありましたら、どうぞご一報ください。

ご健康と幸福をお祈りいたします。

どうもほんとうにありがとう。

私を知っている方たちに、よろしくお伝えください。）」

この翻訳の正確さを試したいと思った僕らは、このオンダーの手紙を二、三か月前の彼の手紙ともども、クリューガー教授に送り出した。さっそく来た返事は次のようなもので、

「スタイルはたいへん直接的で、単純です。ご了承いただければ、この手紙は両方とも教室で役立てたいと思います。これなら学生たちも、じき読めるようになるはずです」とあ

った。おそらくチュルク語専攻の学生にとっては、あんな手紙ぐらい朝飯前にちがいない。僕たちはオンダーに年賀状を書き、その中でグレン・コーワンを紹介して、彼の手紙が研究所に届いたかどうかを問い合わせた。またパサデナの気候は「暑さ一〇度」だと前置きして、キジルの気候をたずねた(ひょっとすると「寒さ一〇度」(氷点下一〇度)ぐらいか?)。そして「大きい　溢れる　私たち(感謝でいっぱいです)」といういつもの言葉で、手紙を結んだ。

あくる一九八二年一月、セブヤン・ヴァインシュタインからの年賀状が舞い込んだ。「今年こそ両君のトゥーバ訪問の夢が実現しますように」とある。さては彼とモスクワの民族誌学研究所長の肝いりで、トゥーバ旅行計画が着々と進められている、という意味にちがいないと僕らは確信した。そして心に浮かべたのが、キジルの劇場で二人してドラムをたたく光景である。

これと同時にもっと身近なプログラムの準備もあった。キャルテクの恒例のミュージカルだ。今年の演し物は『南太平洋』である。リチャードと僕はキャルテク・プロダクション監督、シャーリー・マーネウスの創り出す神秘の島バリ・ハイの特別場面で、その雰囲気をかもしだす役目を割り当てられていた。今にも落っこちそうなヤシの葉のスカートをつけたたおやかな腰を、癇癪を起こした洗濯機みたいに震わせる四人の踊り子の伴奏役である。

南洋音楽のレコードといえば、タヒチのドラムのものを一枚しか持っていないが、これとて葬式用の挽歌を除いては、どれもこれもリズムが速すぎて、逆立ちしたって僕らの手には負えそうもない。とうとうＫＰＦＫ放送局のマリオ・カセッタに泣きつき、何か少しましなのがないかと頼みこんだ。すると彼は言下に、

「それならジャック・キニアという男に会うに限る」と断言した。

そのキニア氏とは、自分でタヒチのドラム団を持っているという人物だが、その団員は主に白人の郊外族だという。たまたまそのとき彼はカーソン（ロサンゼルス郡の中でも、サモア人の人口の多い市）のポリネシア舞踊祭のための準備中だったので、僕たちはキニア氏宅で行なわれるリハーサルに招待されることになった。

さてその家に近づくと、もう探すまでもなかった。腹に響くようなドラムのリズムをたどっていくうち、おのずとある車庫に着いたのだ。横のドアを開けたとたん、僕たちはティキティキ、タカタカ、トゥーナタカ、ティキタカという鼓動にあおられて、壁にへばりついてしまった。そのときリチャードの顔には、実に嬉しそうな笑いが浮かんだ。「まったくロスってとこは、何でも必ず見つかるところだな！　この世は何とも愉快なところだよ」と彼は叫んだ。

休憩の間キニア氏とタヒチの話をしてみると、驚くなかれ彼はタヒチ語がしゃべれるのである。おかげでリチャードは「そら、ドラマーどもの出番だ！」「踊り子の出番だぞ」

などという台詞を、現代のタヒチ語で教えてもらった。

帰途の車の中で、リチャードは突然ゲラゲラ笑いだした。

「見物の中で僕のタヒチ語がわかる奴は、おそらくマレー・ゲルマン一人ぐらいのもんだぜ！」(訳者注―ゲルマンはやはりノーベル賞を受賞した博学な物理学者で、キャルテクの教授)

ゲルマンが僕らのミュージカルを見に来る、来ないは別として、リチャードがどんな役をやるにしてもできるだけ本式にやろうと、いつも努力するのを僕は知っていた。例の『象牙商人』のサンフランシスコ公演のときも、彼はキャルテクのアフリカ専門家のネッド・マンガーに教わって、西アフリカのエヴェ語で二言三言言えるようになっていたのである。

二月初旬のことだった。ある朝雷雨のやかましい音で目を覚ました僕は、無意識にラジオをひねっておいて、またうとうとまどろんだと思うと夢を見はじめた。ラジオでは一人の男がしきりと「フーメイ」の発声法を説明している。「倍音というものは、いわゆる「ユダヤ人のハープ(口琴)」と同じ方法で発せられますが、この場合はその声が基底をなす音色となっています。」そう言っておいてこの男はやおらそのテクニックを実演しはじめたのである。そのときまでは『トゥーバのメロディ』以外で聞いたこともなかった、あの世にも奇妙な音を、アメリカ人が出しているのだ！

夢はさらに続き、ラジオの男は「フーメイ」の起源を語りはじめた。「それはモンゴル西部にある、特に響きのよい峡谷に、とうとうと流れおちる滝から聞こえてくる、オーバートーン(倍音)に端を発したと言われています……」このあたりから僕は目を覚ましはじめた。いくら夢でも少し話がとっぴすぎるのではないか！　ラジオから流れてくる滝の音と重なって聞こえる外の雨にしばらく耳を傾けていると、「フーメイ」が聞えてくる。僕はわれとわが耳を疑った。と、ラジオの男が番組終了を告げた。「こちらはニューヨークのトム・ヴィターレです。」

僕はよもや忘れじとばかり「トム・ヴィターレ、トム・ヴィターレ」と念仏のように唱えながら、寝呆け眼でアパート中鉛筆と紙を探しまわった。

いったい今の変てこな夢がどこまで本当のことなのか、僕は知りたくてたまらなかったのだ。それから三〇分もたったろうか、メアリー・ジリンから電話がかかってきた。

「今のNPR(全国教育放送)の番組聞いた？」

「うん、聞いたようにも思うんだが、ほんとに誰かが「フーメイ」の解説をやっていたのかい？」

「そうよ。あの番組は二時間おきに繰り返すんだから、一時前にまた放送するでしょう。そのときテープに入れといてあげるわ。」

放課後、僕はメアリーのところに行って、トム・ヴィターレの番組のテープを聞かせてもらった。中で歌唱法の解説をしたデービッド・ハイクスという人間は、ニューヨークでハーモニック・コーラスというグループを作っており、ふだんは寺院などで歌っているのだという。わがアメリカとは何という妙な国だろうと僕は呆れた。*何はともあれこの男にはぜひ会いたいものだ。

＊　ところが僕は井の中の蛙だったのだ。ハーモニック(倍音)合唱団なら、イギリスにもドイツにもちゃんとあるのである。ハイクスと彼のハーモニック・コーラスの演奏は、すでに数々のレコードやテープ、コンパクト・ディスクになっており、のちには劇映画『デッドポエット・ソサエティ』のサウンドトラックにまで使われている。

さっそくながら全国教育放送局を通じて、ハイクスと連絡をとった。そしてリチャード、グレンと僕の三人が、トゥーバ旅行を実現しようとがんばっていることを打ちあけると、彼は「もう何年もの間、トゥーバに行こうとしているテッド・レビンという男がいますよ。彼に君の電話番号を教えておきましょう」というではないか。

そのレビンと話をしてみると、この夏モンゴルのホブドで、「フーメイ」の会議があることになっていると言う。僕はリチャードにこれを報告し、さっそく地図の上に頭を寄せた。アルタイ山脈に囲まれたホブド(以前のコブド)は、トゥーバから南へたった三〇〇キロメートルしか離れておらず、しかもトゥーバまでちゃんとした道が通っている。その会議とやらには、さぞかしトゥーバ代表が大勢やってくるにちがいない。そうすればホブドでわがペンフレンドのオンダー・ダリマにだって会えるかもしれないのだ。会議のあとキジルに戻るバスの中に身をひそめるのが無理なら、羊飼いの衣でもまとって、徒歩ででもトゥーバに潜りこもう。

インディアナのクリューガー教授に電話でこの会議のことを伝えると、何しろモンゴル語の専門家だけに大いに乗り気になり、ウラン・バートルにいる知りあいに問い合わせてくれることになった。

それから何となく話題がオットー・メンヒェン-ヘルフェンのことにふれたところ、クリューガーは一度バークレーで彼に会ったことがあると言った。「とにかくバークレーで美術史の教授をしていましたからね。彼はもう亡くなったが、奥さんはまだあのあたりに住んでいるかもしれませんよ。」

この話をグレンに伝えるや、彼はバークレーのさまざまな学部を、しらみつぶしに調べはじめた。探しはじめて二、三日目に、彼はメンヒェン-ヘルフェンの教室の大学院生だったことのある、近東研究の教授ギッティ・アザパイという人がいることをつきとめた。「ええ、アンナ・メンヒェン教授の方はまだご健在ですよ」と彼女は答えた。「しかもまだバークレーで精神分析の仕事を続けていらっしゃいます。」グレンはすぐさまそのメンヒェン博士と電話で連絡をとり、僕と二人で会いにいく約束までとりつけた。

そのメンヒェン博士は驚くべき女性で、ペテルスブルグで生まれ、ティーンエージャーのときにロシア革命を目のあたりにした人である。ボリシェビキが権力の座についた直後、家族とともにドイツに逃れた。

　アンナがオットーに出会ったのはベルリンである。信念とあれば遠慮なく表明する社会民主主義者のオットーを煙たがったナチは、一九三〇年代のはじめ、彼をベルリンから追い出した。アンナが精神分析を学んだのはウィーンだが、そこに留まること数年、二人は今度はナチの手を逃れて、はるばるアメリカにたどりついたというわけだ。

　メンヒェン博士は自分自身で経験したトゥーバの話をしてくれた。

「一九二九年の夏のこと、私はウィーンの近くのロダウンという避暑地にいましたが、七月の二六日は夫の誕生日なので、旅先の彼に電報を打とうと思ったんです。宛先はタンヌ・トゥーバ国、キジル・ホト市としてね。その小さな郵便局長はこの女、だいぶん頭がおかしいんじゃないか、という顔で私を見ると、宛先を調べに奥に入っていきました。そして戻ってくると大威張りで「キジル・ホトなんぞというところはありゃしないし、おまけにタンヌ・トゥーバなんて国は存在しないよ」と言うのです。それでも私はひっこまず、その電報はウィーンの中央郵便局から出してほしいと頼みました。すると次の日ウィーンから電報で、「そんな国は存在しない」って言ってきたんです。郵便局長は自分が正しかったのが証明できたんで得意満面でした。そこで私は「じゃあノボシビルスク経由と付け加えてください」と、モンゴルの北西にあるシベリアの都市の名を言ったわけです。

それから二か月ほどして、モンゴル馬に乗った夫の調査隊一行が、ラクダの隊商に出会いました。こうしためぐり合いは遊牧民の住む草原地帯ではまれなことなので、人なつかしさのあまりお互いに隊列を止めたところ、その隊商から夫宛ての電報を手渡されたのだそうです。その電報は一語も読み取れないほどよれよれになっていましたが、日付だけはかろうじて残っていたので、誕生日祝の電報だということは察しがついたのだそうです。*」

＊ これはアラン・レイトン訳『トゥーバ紀行』に、アンナ・メンヒェン博士が寄せた序文の一部である。

僕がサンフランシスコに行ったのは、そのほかにもう一つ、僕のガールフレンド、フィービー・クワンの家族といっしょに旧暦の正月を祝うためもあった。トゥーバの人々も太陰暦の正月を祝うということを、以前読んだことがあるのを思い出した僕は、グレンに電話をかけた。

「おいグレン、今夜オンダーに電話をかけてシャガー(新年)おめでとうと言ってやろうじゃないか。」

「おいおいラルフ、気でも違ったのかい?」

「うん、わかってる。とにかくトゥーバ語で何か読みあげて、オンダーに聞かせたいんだ。頼むからはじめにロシア語で話してくれよ。電話代は僕がもつから。」

「しょうがないな。じゃ、まあやるか。」

グレンのアパートの電話でまずゼロを二つ回して、国際電話の交換手を呼び出すと、これがピッツバーグだった。ソ連に電話をかけるには、二通りのやり方があると言う。第一は順番を待つ方法で、こっちの番が来れば交換手が連絡してくれる(待ち時間は三時間から九時間とのこと)。もう一つは二、三時間前に予約をとる、というものだった。そこで僕は翌晩の午後一〇時の予約をとった。それならキジルの午後一時か二時ごろである。

定刻に僕はグレンのアパートに出向いた。待つこと一時間、やっと電話が鳴って国際電話交換手が出た。グレンが受話器をとると、

「呼び出し先はどちらの市ですか?」と聞く。

「キジルです。」

「綴りを言っていただけませんか?」

「KYZYL。」

「少々お待ちください。」

数回カチカチいう音がしたあとは、しばらくシンと静まり返ってしまった。と、今度はロシア語の声が聞こえはじめた。モスクワの交換手だ。

「こちらはアメリカです。キジルに電話を入れたいのですが。」

「ええっ?　何という市ですって?」

「キジルです。」

「トゥーバ自治共和国のキジルです」とグレンが口をはさんだ。

「ははあなるほど、キジルね。」

またもやカチカチいう音が聞こえ、そのあと何の音もしなくなったが、やがて微かな声が受話器に伝わってきた。今度はキジルの交換手だ。

グレンがロシア語で「言語、文学および歴史科学研究所をお願いします」と言うと、向うはまたシンとなってしまった。

だがそのうちどこかで電話が鳴っている音が聞こえだし、間もなく誰かが受話器をとった様子だ。

「アロー、エータ　グレン・コーワン。ヤー　ズバニュウ　イズ　カリフォルニィ(こちらはグレン・コーワンです。カリフォルニアからかけているんですが)」とグレン。

相手の返事を聞いたとたん、彼は受話器を指さして、「オンダーだぞ！」と声を出さずに言った。

話が続く間中、僕の心の眼にはオンダーが地球を四分の一まわりほどしたところの一室、しかもその床が僕らの壁に平行になっている一室に座っている姿が浮かんできた。またグレンの声がキジルに届くまでに通っていきそうなルートも想像できた。まずオークランドから野を越え山を越えて、ピッツバーグへ、そしてそこから人工衛星めがけて上がってゆき、はね返って今度はヘルシンキに降りる(これは米ソ間ホットラインの行先だ)。そして何百キロもの電話線を通ってモスクワへ、それからはるばるウラル山脈を越えてシベリアを横切り、五〇〇〇キロの距離を伝わっていき、さらにノボシビルスク、アバカンを経て、やっとキジルに到達するのだが、そんな気の遠くなりそうな距離が、たったの半秒足らずでつながるのである！

グレンはオンダーに新年の挨拶をしたあと、サンフランシスコでもチャイナタウンの大パレードなどで新年を祝ったことを説明した。そして「トゥーバではシャガーをどのように祝うのですか？」とたずねると、

「ただ祝日というだけです」という答が返ってきた。

さっそく本題に入ったグレンは、オンダーの研究所に申請した招待状のことをたずねると、あれほど苦労してロシア語のタイプで打ったグレンの傑作が、まだ届いていないらしい。

そこで彼はオンダーにソ連領事館の宛先を口述し、旅行が実現した暁は、もちろんその費用は全部こちら持ちであることを受けあった。

オンダーはこの話を研究所長に伝えようと言ってくれた。次はいよいよ僕の出番である。僕は張りきって例のトゥーバ語-モンゴル語-ロシア語(そして今は英語)対照熟語集からとった文句を読みあげはじめた。

「エキイ!(こんにちは)」

「エキイ!」とオンダーも答えた。

「私はあなたに新年の祝を述べます。」

「はあはあ。」(これではオンダーに僕のめちゃくちゃトゥーバ語がわかったのか、それともおかしがって笑っているのか、どうもはっきりしない。)

「あなたの健康を祈って杯をあげよう!」

「はあはあ。」

僕はこの調子で五つ六つの文を述べたのだが、オンダーの答はあいかわらず「はあはあ」の一点張りだ。

とうとうしかたなく「バイアルリグ!(さよなら)」と言うと、向うも「バイアルリグ!」と答えた。

まあいいや、と僕は思った。少なくともトゥーバ語で「こんにちは」と「さよなら」が通じたんだから、もって銘すべしだ。それ以外のことはまったく通じなかったらしいから、いよいよトゥーバに行ってトゥーバ人に話をするときは、この伝で一語ですむ文を使うほかはあるまい。

パサデナに戻ってみると、ミュージカル『南太平洋』のリハーサルは、いよいよ追いこみに入っていた。学生たちは色も鮮やかな羽でできた頭飾りと、貝殻などのいっぱいぶら

写真5　「バリ・ハイの酋長」は熱烈なリズムのドラミングで，キャルテクの観衆を喜ばせた．（キャルテク提供）

さがった長いケープを作って、リチャードに着せたが、僕用の衣裳はフンドシ一本ときた。監督はリチャードのことをしきりに「酋長《チーフ》、酋長《チーフ》」と呼ぶ。それを聞いているうちに、僕までいつのまにか彼を「酋長《チーフ》」と呼ぶようになってしまった(写真5)。

いよいよ初日がやってきた。酋長の体はまだ弱く、ショウのほとんどを眠り通してバリ・ハイの場面のときだけ起きる、という調子だったが、いったん舞台に上がってタヒチ人の踊り子やドラマーを呼び出すときの彼の声は、しっかりと力強かった。たった二、三分とはいえ、力をこめた彼のドラム演奏ぶりを見ていると、もう全快したとしか思えなかったくらいだ。こうして人の前に立ったのは、三か月前の一四時間もかかった例の大手術のあと初めてのことだけに、観衆の感動もひとしおだった。ことに献血者たちの一団は、自分の血がこれほどまで役に立ったんだ、という大きな満足感に浸ったにちがいない。

このシーンで観客は総立ちとなり、万雷の拍手喝采が鳴りやまぬため、しばらくの間ショウが立ち往生するほどだった。

5　アジアの中心に現われた僕ら

二月の末になるとKPFKのマリオ・カセッタから電話がかかってきた。彼の切手コレクションがやっと見つかったのである。僕は例の『トゥーバのメロディ』のレコードと、ハーモニック・コーラスのテープ数本を持って、トゥーバ特集番組を作りに彼の放送局に押しかけた。その番組放送中、マリオは自分からトゥーバ友の会シルバーレーク支部長を買ってでてくれた。放送終了後KPFKの聴取者たちから、トゥーバ友の会入会申込みがぼつぼつ届き始めたのは、そのおかげである。おまけに彼がその特集を再放送するたびに(一年一度)、僕の当時の電話番号二四六―TUVAに、トゥーバ・ファンから挨拶の電話がかかってくるようになった。

＊ マリオの住んでいるシルバーレークはハリウッドの東にあり、ロサンゼルス内でも芸術的雰囲気の濃い一地区である。

この電話番号をせしめるには、いささかの策略と電話会社側の好意が必要だった。特別な電話番号を手に入れようという考えが浮かんだのは、どっちから読んでも同じ番号の七九八―八八九七が、偶然当たったときのことだ。その後違うところに引越したとき、僕はそのあたりで使える局番を電話会社に問い合わせ、そしてその局番に八八八二(TUVA)をつけて、片っぱしから試してみたのである。いろいろやったあげく、五七七―八八八二に来たとき、「この番号は現在使用されておりません」という録音テープが聞こえてきた。これこそ僕の探していた番号だ。つまり五七七—TUVAは誰も使っていない番号なのだ。電話会社の顧客係は、別に何の文句も言わず、この電話番号はあっさり僕のものになった。

それから二、三年してまたもや局番の違う近くの市に引越してみると、けしからぬことに新しい法律がまかり通っていて、言葉になるような電話番号をもらうには、特別料金を払わなくてはならない。たとえば自動車会社にFOR—CARSなどという電話番号を売りつける、といった市場があるのに気がついたのだろう。だからその特別料金をふんだくられまいと思えば、その数字が自分の名前に関係があることを示す必要がある。

「電話帳にトゥーバ、つまりタンヌ・トゥーバという名で記載してください」と僕は申し込んだ。

「トゥーバというのは苗字ですね。」

「そうです。そしてタンヌという名前なんですが。」

この計略はみごとに当たって、僕は二四六—八八八二という電話番号を、まんまとただでせしめたのである。これをリチャードに知らせると、なるほど八八八二はトゥーバの綴りだ、二四六も何かのスペルになるだろうな、と言った(「目標」という意味のAIMになる)。

さて新しい電話帳が出てみると、「タンヌ・トゥーバ」が確かに載っていた。そして間もなく「タンヌ・トゥーバ様」宛てに、まったく種々雑多なダイレクトメールが配達されはじめ、中にはロサンゼルス交響楽団の定期演奏会のシーズンチケット勧誘まで入っていた。

パサデナの教師仲間でトゥーバの友に転向した男は、たまたま局番のあとが八八八二という電話番号を持っていたのだが、それがTUVAという字を綴るのに気がつくと、大いに感激してしまった。「わっ！　こりゃすごい。今まで八八八二のよいところは有名な曲になるところだけだと思っていたよ！」(プッシュホンだと、ベートーベンの『運命』の始めのメロディになる)

その三月、クリューガー教授から電話があった。「モンゴルの政局に粛清が起りましたぞ。文化相は更迭されて、フーメイの会議は中止だそうです。」

この事件は僕らの夢にとって大打撃だった。今までに練りあげたトゥーバ訪問の三つの手段のうち、このモンゴル経由の道が一番面白そうな冒険だったからである。オンダーの研究所宛てのグレンの手紙が、どこか(たとえばFBIのファイルの中など)で行方不明になっているらしいのを考えに入れると、今や最も可能性のありそうなトゥーバ訪問のチャンスは、ひとえにモスクワのヴァインシュタインの研究所長の胸三寸ということになってしまった。

一九八二年四月、アルゼンチンはトゥーバとは正反対の位置に孤立している、フォークランド諸島に侵攻した。一方トゥーバ「前線」では、この春を通じて何ごとも起っていない。キジルからもモスクワからも、僕たちの待ちかねている招待状のことなど、うんともすんとも言ってこないのだ。二か月後、フォークランド諸島の戦いがやっと収まるころになって、またまたもう一つの戦いに火がついた。イスラエルが南レバノンに侵攻したのである。

この暗然たる世界情勢にすっかり気のめいった僕は、酋長をラスベガスに招き、一か月遅れで六四歳の誕生日を祝おうと思いついた。宿をとったのは膨大な数のカジノや、リチャードおなじみのフラミンゴ、エルランチョ、トロピカーナなどの有名ホテルの密集した、いわゆる「ストリップ」(ラスベガスのめぬき通り)のすぐ近くだ。

さてホテルに着くと、あちこちのテーブルで賭けのできるクーポン券などを綴った「ファンブック」をそれぞれもらったが、おそらく一冊一七ドル五〇セントぐらいの値打だろうと思われた。一七ドル五〇セントといえばこのホテルの一泊分ぐらいの額である。僕たちは勇躍下に降りていき、クーポンの賭券をすっかり使い果たしたあげく、五〇ドルほどの儲けをあげた(クーポン券以外の賭けはいっさいやっていない)。「おい、これこそ博奕の打ち方ってもんだぜ。何しろこっちの分がよいときだけ賭けをやるってんだからな!」とリチャードは勝ち誇った。

さてその次はショウである(もちろんクーポン券を使った)。演し物は「マンデイン・

ザ・グレート(退屈大王)」というコメディアンの芸だったが、言葉のあやを利用した洒落だらけで、僕たちは腹を抱えて笑いころげた。

二日経ってホテルを引き払おうとしていると、フロント係が「お預かりしていました鍵の保証金二ドルは、現金でお返ししましょうか、それとも賭博用のチップがよろしいですか?」と言う。

「ファンブックってのはどうです?」と言ってみたら、驚いたことにこの男、ファンブックをがっさり四冊も渡してよこしたものだ。僕たちは大喜びですぐさまクラップス(サイコロ博奕)のテーブルに行き、クーポンを二枚置いた。

そのテーブルで勝ち分をかき集めると、次はまた別のテーブルだ。そこでまたクーポン券を二枚使った。ところがまだ賭けもしないうちに、スーツをりゅうと着こんだ男がツカツカとやってくると、チップの山を守っている二人の男の間に腰をすえている猪首の大男に何やらささやいたではないか。するとその猪首氏が僕らに向かって「すみませんがこのテーブルから立ち退いていただきます」と言った。

これはちゃんとホテルからもらったれっきとしたクーポンだ、と抗議したものの、その猪首氏の目つきを見るや、やっぱりクラップスは遠慮した方が無難だと、僕らは思い直した。そこで「トウェンティワン」(トランプ賭博で、ブラックジャックのこと)のテーブルに移ると一回だけ賭け、次に大急ぎで「運命の輪」ゲームに河岸を変え、さっさとひきあげてきた。

クーポンを全部は使わなかったが、これで少なくとも「あんまり勝ちすぎたおかげでカジノのテーブルから追い立てられたぞ」と、友だちに威張ってみせることはできるようになったわけだ。

パサデナに戻ってみると、グレンの手紙が僕らを待ちうけていた。例のメンヒェンーヘルフェンの本の中に現われるふしぎなイギリスの旅人について、ロシア語の面白い情報を見つけたのだと言う。それはユーリ・プロンプトフ著の『アジア大陸の中央で』(一九五〇年、モスクワ)という本だった。

グレンの翻訳によると、その内容は次のようなものだった。

「世界最大の大陸アジアを見よ。そして北から南へ、東から西へ、それぞれの端の一番とび出た点を二本の直線で結んでみよう。するとその線は、洋々と流れるシベリアの大河、エニセイ川の上流域の深いくぼみに横たわる、小さな山国の中で交叉するはずである。この国、アジアの中心にあって北極に広がる極寒の大氷原からも、暖かいインド洋からも、また太古よりそびえたつウラル山脈からも、広漠たる紺碧の太平洋からも同じ距離だけ隔たったこの地こそ、トゥーバと呼ばれる国なのだ。

前世紀、胸躍る冒険を求めてこのトゥーバを訪れた一人の旅人があった。これに先だって、彼はすでにヨーロッパとアフリカの二大陸の中心に立つことに成功していたが、今度は大アジア大陸の中心に立ちたいという衝動に駆られた。そしてたいへんな労苦の末、道なき道の悪条件を克服して、シベリアのタイガ地域を横切り、サヤン山脈を越え、ついにエニセイ川の源流にたどりついた。彼は複雑な計算を重ねた結果、地図の上で目指す地点を決めており、エニセイの青い流れを見はるかすステップ高原の台地に、木の柱を建てたのである。その柱には「アジアの中心」という文字が彫りこんであった。こうして目的を果たし、この立派な地理学的記録を樹立した旅人は、せっかくこうしてたどりついた到達困難なこの国を、さらに深く知ろうとするでもなく、さっさと帰途についたのである。」

この話は、その旅人の建てた柱が木と石、すでにその中心に立ち得た大陸がヨーロッパと南北アメリカというちょっとした違いがあるほかは、だいたいのところメンヒェン-ヘルフェンの書いているくだりと同じである。ところがそれからしばらくのちアランが、これと似た話の載っている一九二七年版の本を見つけたと知らせてきた。* 僕はその夏これを調べてみようと思いたった。このイギリスの変人とは、いったい何者なのだろうか。

* ニコライ・I・レオノフ著『タンヌ・トゥーバ、うす青い河の国』(一九二七年、モスクワ)

三年前トゥーバ一般を調べていたとき、オットー・メンヒェン-ヘルフェンのふれているこの話について、ロンドンの王立地理学協会に手紙を書いたことがある。すると同協会の司書、G・S・ダグデイルという人から返事が来た。いわく

「当協会も『トゥーバ紀行』を所有しており、貴方のふれておられる箇所には私もたいへん興味を持っております。……私はもう二〇年以上この図書館で地理学上の問合せに答える仕事をしておりますが、この身元不明の英国人のことを聞かれたのは初めてです。何か見つかるとよいがと願っています。」

僕はUCLAで、一九世紀末から二〇世紀はじめごろロンドンで出版された、ウィッタカーの年鑑というものを見つけた。この時期はヨーロッパ人の探険旅行の全盛期で、まったくあらゆる毛並の連中が、世界の隅々まで出かけていったものだ。一八八一年(UCLA所蔵のこの年鑑の最初の年)から始めて一九〇〇年までのこの年鑑を、僕は年ごとにしらみつぶしに調べていった。一八八五年のアジアの部など、典型的な解説である。

「アジアにはまだまだ多くの旅行者の冒険の余地が残っている。四か月間ムスターグ・アータに滞在したのち、昨年一〇月カシュガルから帰還したスヴェン・ヘディン博士は、チベットを目的地として二月一七日再び出発した。タクラマカン砂漠を横切る旅の途中、彼は渇きのため危うく命を落とすところであった。同行者二人とラクダ六頭に死なれ、装備もほとんど失った博士は、カシュガルにひき返すを余儀なくされた。幸い博士の地図と日誌は無事だったという。リトルデール氏夫妻はもっと運がよく、一八八四年一一月、中央アジアに向けて二度目の旅に出たが、西チベット横断に成功し、一年後にカシミールに着いている。オルレアンのヘンリー王子は、すでにアジアを西から東に横断したが、今度は逆に東から西へ同様の旅を実行中である。同伴者はM・M・ブリファンドおよびルー。二月末、王子は東京《トンキン》湾の北岸を西にメコン川まで行き、北に方向を変えて五月二五日雲南省大理《ターリー》に到着した。また天山《テンシャン》探険はM・オブルチェフが果たしており、もう一人のロシア人探険家M・ロボロフスキーは、入念な観測の結果、中央アジアの中心吐魯番《トゥルファン》盆地が、驚くべき低さ（マイナス一一〇メートル）にあることを確認。西ゴビ砂漠を横切って莎車《シャチャ》に達し、今年の何か月かをクク・ノール方面の山丘地帯の探険に費やしている。」

こう読んでくると、山高帽をかぶったフィリアス・フォッグ氏なんぞというおよそ旧弊な連中が「改革派クラブ」（訳者注―ジュール・ヴェルヌ『八〇日間世界一周』でフィリアス・フォッグ氏が属する暇人クラブ）にのんびり腰を据え、ウィッタカーの年鑑を読んではリトルデール夫妻の最近のチベット旅行のニュースなど、あれこれしゃべっている光景が目に浮かんでくる。このぶんなら一九〇〇年にいきつくまでに、きっと「ウィトルスレー氏がウリアンハイの中国領で、またもや大陸のど真ん中に記念碑を建てるのに成功した」などというくだりが見つかるにちがいないと確信したが、いかんせん、その変人のイギリス人の正体は不明のまま一九〇〇年まで来てしまった。おそらく誰にも言わず旅に出るほどのけた外れな変人だっただけに、奇人だらけの探険家のバイブルたる年鑑にすら載らなかったというわけか。

そこで僕は鉾先を転じ、アジアの中心点決定問題*をとりあげた。その「アジアの各突端」から引いた線の交点を求めたというプロンプトフの方法は、いくらひいきめに見ても厳密ではない。そんなやり方より、アジアの地図を切り抜き、それを針の頭に乗せてつり合いを見る方がよっぽど理屈にあっていそうだ。例の正体不明のイギリス人も、そのやり方で中心を決めたのだろうか？

＊　リチャードはそのためいく通りかの算定方式をもちだしたが、その一つはサインやコサインだらけの数式だった。それをシンクレアZX81というコンピュータに入れておき、何百というアジア周辺の点の緯度と経度を入力してみると、この定義ではアジアの中心は、北緯四五度三一分、東経八六度五九分、ジュンガル盆地の砂丘の中になった。それもウルムチからほぼ一八五キロメートル北で、僕自身がいずれの大洋からも最も離れた地点だと考えた点から、東にたったの八〇キロメートルしか外れていなかった。ただし残念ながらキジルからは南西に八〇〇キロメートルも離れていた。

僕はUCLAの地図図書館に出かけ、歴史地図を何枚か見つけてコピーをとった。そして家に帰ると、それらを厚紙に貼りつけ、切紙細工師も顔まけの細心さでアジア大陸の輪郭を切り抜いたのである。グリーンランドが南アメリカ大陸なみに大きく見えるという悪名高きメルカトール図法だと、アジア大陸の「中心地点」はトゥーバの北東に当たる。その同じ地域を円錐図法で調べると、「中心」はずっと南寄りとなる。やっとのことで見つけたのがゴールの立体射影図法という一八五〇年代の地図で、これだとうまくいった。この方法によるとアジアの「中心」は、ちゃんとキジルのすぐそばの、エニセイ川の一地点となるのだ。

もちろん例の正体不明の旅人がこの方法を使ったかどうかは、もう一つ例を見つけるまではっきりしない。そこで今度はゴールの地図の北アメリカ大陸を厚紙に貼りつけて切り抜き、針の頭に乗せてつり合いをとってみるとどうだろう。地理上の中心点はサスカチェワン南部で、現在「中心」碑の建っているノースダコタ州ラグビーから北に外れた地点になったのである。

UCLA図書館を探すと『サスカチェワンの記念碑』という本が見つかった。この幸運に僕は有頂天になったが、読んでみると北アメリカ大陸中央に建っているはずのその碑については何ひとつ書いていない。それでもなおあきらめず、ムースジョー、レジナ、サスカトゥーンの大図書館を含め、サスカチェワンの図書館のいくつかに片っぱしから電話をかけ始めた。その一つにはジュリー・ハリスとブロック・シルバーサイズという二人の係員のいる地方歴史デスクというものがあるのがわかった。

電話に出たのはハリス嬢の方である。僕の話を聞くと、「この近くに以前、北アメリカの地理的中心地だと称していた小さな町があったように記憶しています。今はもうそんなことは言わなくなったようですが」と言う。

「それだ、……それにちがいありませんよ。」

だがハリス嬢が何週間もかけて探してくれたにもかかわらず、その町はとうとう見つからなかった。そしてその存在は今もまだ謎に包まれたままである。

いよいよ秋が近づいてきたというのに、モスクワからもキジルからもあいかわらず何の音沙汰もなかった。だがこっちがいくら逆立ちしたって、どうなることでもない。まさかヴァインシュタインやダリマに「ほら、あの招待状のことはどうなったんです？」などと手紙で責めたてるわけにもいかず、とにかくじっと辛抱して待つほかはなかった。

一〇月である。ポーランドの国会が「連帯」を非合法化した。レーガン大統領にならい、僕もポーランドの自由を願って窓にローソクを立てたが、よもやそれから七年たたないうちに、その連帯が東欧初の非共産党政権として登場するなどとは、夢にも思わなかった。しかしそれからたった一か月後、すでにその過程への第一歩が始まっていたのだ。

一一月のある朝、「レニー・ブレジネフが死んだぞ」とグレンから電話がかかってきた。「ゆうべ遅くマガダン放送を聴こうと思って短波ラジオをつけたんだ。ところがいつもの番組をやる代りに、おごそかな軍隊調の音楽が流れている。そして一時間おきにアナウンサーがこう言うんだ」と言うと、グレンはその放送のテープをかけて通訳してくれた。

「同志の皆さんに申しあげます。ソビエト連邦共産党中央委員会、ソビエト社会主義共和国連邦最高会議幹部会、およびソビエト連邦内閣は、全党員および全ソビエト国民に悲しみをこめて発表いたします。一九八二年一一月一〇日午前八時三〇分、ソビエト連邦共産党中央委員会書記長、ソビエト社会主義共和国連邦最高会議幹部であると同時に、共産党およびソビエト政府の偉大な人物であり、平和と共産主義の理想のため常に闘ってきた闘士レオニード・イリイッチ・ブレジネフが逝去しました。彼はソビエト国民および進歩的人類すべての心の中に永遠に生き続けるでありましょう。」

ロサンゼルスの地方放送局も、ぼつぼつこのニュースを報じはじめていた。一八年前ニキータ・フルシチョフの追放を企んだあの毛虫眉の男は今やこの世になく、数日後KGB議長ユーリ・アンドロポフがその後釜に座った。

その月も終りに近づくころ、リチャードと僕はカリフォルニア海岸沿いの町モンテレーの南にある「俗人の修道院」ことエセレン研究所に招待された。リチャードは正統派の科学を煙たがる人たちのために、「量子力学的に見た現実」というセミナーを一週間ほどやることになっており、僕はそのセミナーの物理学的思索で凝った頭をときほぐすため、皆にドラムを教えることになったのだ。

海岸沿いにドライブしてゆく道々、僕が車を停めては写真を撮るもので、酋長はしびれを切らし、一刻も早くめざすエセレンに行こうと、しきりにせかしはじめた。それもそのはず、着いてみてわかったのだが、カリフォルニア沿岸にエセレンほど美しいところはないといっていい。おまけにマッサージ台に寝そべって日光浴をしたり、崖のてっぺんにある温泉に浸ったりしているヌードの美人たちが、それにますます美観を添えているのだから推して知るべしだ。

一週間がたち、量子力学のセミナー*を終えたころ、リチャードは何となく借りられてきた猫みたいな気がすると言いはじめた。

「その気持はわかりますよ」と僕は慰めた。「たとえば本屋なんかでヨガの本やゲシュタルト心理学の本があるかと思えば、「ピラミッド・パワー」、「ロルフィング」とやらいうもの、おまけに『セックスと脳』なんて本までわんさと並んでいる。そのいささか眉唾ものの本の列のど真ん中に、R・P・ファインマン著『物理学的法則の特性**』が置いてあるってなもんでしょう。」

「うんまったくだな。この次のときはもっと違ったものでもやるか。」

「そら、いつもドラムをたたきながらいろんな話を聞かせてくれるでしょう? あの全体を考えると、ちょっとした哲学がある。うまい名前さえつければそれで立派に通用しますよ。」

* このセミナーの一部は、以下の本に収められている。"QED: The Strange Theory of Light and Matter" (Princeton University Press, 1985; paperback edition, 1989)、邦訳『光と物質のふしぎな理論——私の量子電磁力学』(釜江常好・大貫昌子訳、岩波書店、一九八七年)

** "The Character of Physical Law" (MIT Press, 1965; tenth printing, 1989)、邦訳『物理

法則はいかにして発見されたか』(江沢洋訳、岩波現代文庫、二〇〇一年)

リチャードはさまざまなトピックを挙げはじめ、僕はそれにつけられそうな題をあれこれ考えたり、メモをとったりしはじめた。豊かな創造力で酋長のエセレン体験を支えているフォースティン・ブレイが、これにエセレンのカタログに合いそうなうまい言葉をつけ加えた結果は次のような文だった。

「　特異なものの考え方

このセミナーは参加者がこの世の矛盾を楽しみ、かえって心の安らぎを得るようなユニークな人生観を助長するものである。

科学においては、新しく思いがけない観点からものを見るとき、どんな平凡なものについても新しい理解を深めることができる。この同じアプローチを個人的な問題に当てはめてみるとき、思いがけず有益な洞察が得られるものである。この考え方は二つの方法により説明することができるが、その一つは疑い、不安、自責、罪悪感、責任、威厳、自由などの個人的人間的なアイデアの話し合い。第二はこれらのアイデアを心にひめ、教師として自然を見ることである。セミナー中、話し合いのテーマとして参加者の考えも歓迎される。

このセミナーにおいて思索および体験の過程は、神秘的な技術や音楽、美術および楽しい憩いなどを織りまぜた中でかもしだされる。参加者にはリズム楽器を持参することをお勧めする。」

新年も間近なころ、僕はヴァインシュタインとダリマに出す年賀カードを買いこみ、クリスマス休暇で帰省中のグレンにそれを見せた。雪の中の丸太小屋に向かって、二本の轍の跡がついている絵のカードだ。

これを一目見たとたん、グレンはギョッとなって

「ラルフ！　こんなカードを送れるもんか。僕らにとっては何世代も昔の古い景色だから、ひなびていていいのかもしれないが、ソ連の連中にしてみれば、現在でも未開発なシベリアの生活状態を、わざわざ指摘されてるみたいな気がするんじゃないか。」

「ええ？　それはほんとかい？」

「ほんとだとも。」

結局僕らが送り出したのは、サンタクロースがサーフボードに乗っている絵のカードだった。

パサデナにいるうちにグレンは、一つの計画を持ちだしてきた。「僕たちの写真を『ツビンスカヤ・プラウダ』紙に送ろうよ。きっと紙面に載せてくれるにちがいないぜ。」

「まあ別に害はないだろうし、僕らがキジルの新聞に出れば、オンダーの研究所だってもうすこし本気になってくれるかもしれないものな」と僕は言った。「それにしてもいったいなぜ僕らの写真が『プラウダ』に載せてもらえると思うんだい？」

「僕が『プラウダ』をとっていることを忘れるなよ」と彼は言った。その『プラウダ』はごていねいにも毎日オークランドの彼のアパートまで、特急便で配達されてくるのだ。それも一週間分たったの五〇セントである。もちろん政府が助成金をたんまり出しているのは見えすいている。「ソビエト政府がプラウダ配達に使う一ルーブルごとに、国防費が一ルーブル倹約になるとでも思ってるんだろう」とグレンは笑った。「あんまり見えすいた記事ばっかりで、ばかばかしくなるよ。たとえばプリモルスキー地区のカバレロボ村の読者から投書があったなどと書いてある」と彼は例をあげた。「それも「今度中国では新しい経済開発五年計画が通ったそうだが、それについて聞かせてほしい」なんぞというんだから、まったくいいかげんにしてくれと言いたくなるよ。」

「トゥーバのシャガー(新年)も近づいていることだ。年賀状に僕らの写真も入れて送ろう」、とグレンが提案した。そこで(例の黒沢映画『デルス・ウザーラ』に連れていってくれた友だちの)大貫泰と息子の徹に頼み、酋長、グレン、僕の三人の写真を撮ってもらうことになった。トゥーバ訪問実現を期して僕たちがどんなに努力しているかを見せるため、僕の車をエイヤエイヤと押しているさまを撮ろうと言いだしたのはリチャードである。「この写真は「トゥーバ・オア・バスト!(トゥーバ行き、のるかそるか)」とかいう題でもつけるか」と酋長は笑い、泰がパチパチとシャッターを切った(写真6)。

『ツビンスカヤ・プラウダ』の連中には、そんな写真を載せるほどユーモアのセンスは

写真6 「トゥーバ・オア・バスト！」リチャードはラルフの車を，トゥーバに向かってわずか1,2メートルでも押し進めようと，力を振りしぼった．（大貫泰氏提供）

あるまい、というグレンの忠告を聞いて、結局送ることにしたのは僕たち三人が、「トゥーバ」というプレートのはっきり見える僕の車の横に立っている写真だった。これに添えてグレンが次のような短い記事を書いた。

「新年おめでとう。貴紙を通してわれわれ米国カリフォルニアの住人ラルフ・レイトン、リチャード・ファインマン、グレン・コーワンは、トゥーバ自治共和国の人々に、心からの挨拶を送ります。

アジアの中心にある貴共和国の自然の美しさ、豊富さと多様さに、われわれは驚嘆せざるを得ません。ことにトゥーバの民族誌学と音楽にはたいへん興味を持っており、モスクワのミクルコ・マクレー民族誌学研究所のS・I・ヴァインシュタイン博士から贈られたトゥーバ民族音楽「シギット」「カルギラー」および「フーメイ」のレコードを興味深く聴いております。

現在わが地球がこのように困難な時代に面しているとき、われわれの友好関係を祈り、かつ両国民間の平和と友好を念じる挨拶を送ることは、有意義なこととわれわれは信じます。ここに貴国民の幸福、健康、成功を祈ってやみません。

心からの尊敬とカリフォルニアからの挨拶をもって、リチャード・ファインマン、ラルフ・レイトン、グレン・コーワン。」

いくらグレンの語学力がすばらしくても、よもやキジルに僕らの顔が現われるなど、僕はぜんぜん当てにしていなかった。かくいう僕だって何年か前、『ツビンスカヤ・プラウダ』にトゥーバ語版を送ってくれという手紙を出したことがあるのだ。しかもトゥーバ人に金をかけさせまいと思って、わざわざ国際返信クーポンまで同封したのに、何の応答もなかった。

新年の挨拶を『ツビンスカヤ・プラウダ』に送り出して間もなく、ヴァインシュタインからの年賀状が届いた。だが彼とモスクワの研究所の所長が、われわれのトゥーバ訪問準備に成功したかどうかなど、どこにも書いてなかった。

一九八三年の春、「チャレンジャー」と名づけられた再使用可能の「スペースシャトル」が、初めて打ち上げられた。一方グレンは物理学の大学院生としてソ連に一年留学することを夢みて、IREX(国際研究交換会)という団体の面接を受けるためニューヨークに飛んだ。彼はその研究分野には実に詳しく、そのうえロシア語がペラペラときているんだから、まさに最適の候補者である。もちろんみごとパスして秋にはソ連高等教育省の決めた場所で研究するため、モスクワに行くことになった。

これで僕たちのゴールに達する最も有望な道が開かれたことになる。もう間もなくトゥーバ友の会の創立会員が、モスクワに駐在するのだ！　よく切れる頭とチャーミングな人柄にかてて加えてロシア語に堪能なグレンのことだ。わけなく僕たちの旅行計画を実現させてくれるだろう。もうすべては時の問題である！

ところでトゥーバ研究はあいかわらず続けられていた。アランはランドサット衛星から撮った北緯四九度から五四度まで、東経八八度から九九度までの陸地の写真リストを、政府機関に注文してくれた。数週間たって僕が受けとったリストというのが、二〇ページもあろうというコンピュータのプリントアウトで、位置、使用フィルターの種類、雲量(%)、撮影日付、全体の品質などが詳しく記入してある。このカタログによると、二五センチ角の写真一枚が一〇〇ドル以下で買えることになっているので、キジルが中央近くにあり、雲がまったくないものを一枚注文することにした。

その写真を手にするや、僕はファインマン家に駆けつけた。そしてでかい虫眼鏡を出してきたリチャードといっしょに陸地を調べはじめた。エニセイ川の二つの支流が一つになって、トゥーバ人が「ウルグ・ヘム」または「大いなる河」と呼ぶ大きな流れを形成しているのが、はっきり見て取れる。キジルの北方、森に包まれたサヤン山脈は、山頂の雪を除いては黒っぽい。南と西にある乾燥したステップ地帯は明るい色だ。トゥーバとシベリアを結ぶ主要道路ウシンスキー・トラクトも、細い糸のように見えている。トゥランのまわりのくぼ地も、ずいぶんはっきり見分けられたが、ここにも、そしてトゥーバ周辺の一ダースばかりの地域にも、ふしぎな線影が見える。これこそ大規模な共同農場だろうと、僕たちは察しをつけた。

僕はこの写真を額に入れ、狭い居間の壁にかけた。その向い側にかかっているのは、メーソナイト（建築用線維板）にはめこんだ国防総省地図製作局による大きな航行路図である。

六月、宇宙船チャレンジャー号第二回目の飛行で、サリー・ライドが宇宙に旅するアメリカ最初の女性として歴史に名を残すことになった。その一か月あと、今度はメイン州の小学生サマンサ・スミスが、アンドロポフ書記長に「核戦争を始めないで」という手紙を書いた結果、黒海で催されたピオネール（共産少年団）のキャンプに、書記長の賓客として参加するという、これまた歴史的な事件も起っている。

僕はこのことについてグレンと話し合った。

「僕もアンドロポフに直接手紙を書くべきかもしれないな。トゥーバにもピオネールのキャンプとかいうものがあるだろうか？」

「まさか！」とグレンはゲラゲラ笑いだした。

「君がやったってだめだよ。だいいち君はサマンサ・スミスみたいにかわいくないじゃないか！」

その夏の終り、大韓航空〇〇七便は突然海中に突っ込んで消息を絶った。はじめのうちソ連はこの旅客機を撃ち落しはしないと否定し続けていたが、そのうち今度はぴたりと口を閉ざしてしまった。その一日後のことである。シュルツ米国務長官が国連に姿を現わし、ソ連のジェット戦闘機のパイロットが、「標的に命中」と言っているのを録音したＣＩＡのテープを公表したのだった。

おかげでソ連は面子を失い、スーパーパワー間の関係は、いやがうえにも険悪となった。アメリカに着いたばかりのソ連側IREX交換生は、身の安全を危ぶまれたか、いち早く祖国に呼び戻される一方、ソ連の高等教育省は、未だにグレンの行先を決めていなかった。

グレンにからかわれたにもかかわらず、僕はとにかくサマンサ・スミス方式を試してみたくてしかたがなかった。まずアンドロポフを含めた政府首脳各位に手紙を書き、大韓航空の悲劇が、IREXのアメリカ側交換学生のモスクワ行きを阻むようなことにならぬよう、呼びかけるのだ。「政府幹部のたった一人が、ただの一本電話を入れるだけで、君の問題が解決するんだぜ」と僕は喰いさがった。「手紙をコピーして出すなんて、たいした金がかかるわけでもなし。」

グレンはしぶしぶ僕の手紙のロシア語訳をひきうけ、首脳連中が好意をもって読んでくれるよう、適切な美辞麗句までつけ加えた。しかし何週間かが過ぎるころ、グレンや他のIREX交換学生のモスクワ行きは、とうてい実現しそうもないことが、だんだんはっきりしてきたのである。

その秋ただ一つだけ明るいニュースがあった。それはセブヤン・ヴァインシュタインからの手紙である。彼は六月にトゥーバを訪れ、ある写真入りのカリフォルニアからの年賀の記事を、『ツビンスカヤ・プラウダ』紙上に発見してびっくり仰天したというのだ。彼の手紙にはその紙面のコピーが同封してあった。見ると僕らの写真がデカデカと一面を飾っている。なるほどグレンはモスクワに行きそこねたかもしれないが、今や彼のおかげで僕ら三人は「アジアの中心」に現われたんだぞと、大威張りで言えるようになったのである。

6 トゥーバに行った三人のアメリカ人

『ツビンスカヤ・プラウダ』に載ったわれとわが姿を見た僕たち三人は、痛快でしかたがなかった。それから間もなくアランが送ってよこしたのが、『ジオ』誌ヨーロッパ版の九月号である。その中には「シベリア――ヨーロッパの彼方の巨人」という記事が載っていた。リチャードといっしょに読もうと思って、さっそく彼を家に誘った。

まず一ページ目をめくると目に飛び込んできたのが、二ページ続きの航空写真である。短く黄色い草におおわれた一連の丘の左側には、馬に乗った二人の牧童が飼うヤクの群れ(黒いのが多いが、中には白いのも少し混ざっている)がおり、右側では何百頭もの羊が囲いの中でひしめいていた。またてっぺんが茶色の白いユールトも二つ立っていた。後ろのユールトは馬をつなぐ柱の横に立っていたが、前景のユールトの近くには小さな白い車が一台停めてある。数頭の牛がその辺りをぶらついており、豚も二、三匹いた。これぞまがいもなく「アール」つまり遊牧民の宿営なのだ。これがはじめて見るトゥーバのカラー写真だった。

ここで高校時代のドイツ語がまたもや役に立った。「何千もの顔を持つ地域」という題のこの写真には、次のような解説がついていた。

「周囲をウラル山脈、ヨーロッパとの国境、そしてはるか彼方の太平洋に囲まれ、巨大な地塊シベリアは横たわる。北は万年氷に閉ざされ、カムチャツカには火を噴く火山が、一方ツンドラには石油の試掘場、サヤノ・シュシェンスコエには世界最大の水力発電所があり、そしてタイガ地帯には原始のままの自然が息づいている。アジア大陸の中央に位置し、エニセイ川の源流、モンゴルの境にあって、トゥーバ遊牧民のシベリアは、アメリカ西部開拓者の入植地さながら、外界からまったく隔離されているかのようだ。だが高山地帯でヤクを遊牧するトゥーバ人たちは、ソ連全土にわたって愛されている副産品をもつ高度の酪農経済に潤っているのだ。すなわち彼らはミルクからウォツカを作るのである。*」

＊　このウォツカとは、実は馬乳を発酵させて作った酒、アラクのことである。軽く酔わせるこの酒は、何世紀もかかってユーラシアの遊牧民が作りあげてきたものだ。

二十数枚のシベリアの写真の中に、トゥーバのカラー写真はあと三枚あった。それを見てわかったのは、トゥーバの子供たちの頭が、前髪一房を残してくりくり坊主であること、トゥーバ娘の髪の色合は一色ではなく、非常に濃い色のところから薄茶色のところまであるということ、またトゥーバの畑は五メートル幅の縞模様に耕してあることなどだった。

リチャードはこの模様を見て、いつかのランドサット人工衛星から撮った写真のことを思い出した。そこでこの写真を取り出し、線影の部分を虫眼鏡でよくよく調べてみると、その一つは『ジオ』掲載の写真にある畑とまったく同じ部分だったのだ。

さてその記事の内容だが、これはロシア人が書いているだけに、シベリアの産業の偉大な進歩をしきりに強調している。だがそんなものより、ヤクやユールトの写っているこの二ページ続きの写真一枚が雄弁に語っていたのは、一九八三年の今でもまだ、昔の切手のままのトゥーバの姿が残っているという事実だった。

もうじきクリスマスというころ、僕はショッピングセンターで、クリスマスプレゼントのすばらしいアイデアに行き当たった。どんな写真からでもジグソーパズルを作って売っている男がいたのだ。僕は大急ぎで家にとんで帰り、いつかロサンゼルス図書館で見つけたある写真を持って戻った。さてそれから一週間後、「トゥーバ友の会」会員の面々は、例の変り者の旅人の「聖壇」たるキジルの「アジア中心」碑の写真のかけらを、しきりに組み合わせていた。

一九八四年一月、ついにサンフランシスコのソビエト領事館から一通の手紙が届けられた。さてはオンダーの研究所が、グレンの頼んだとおり僕たちを名ざす招待状を送ってきたのにちがいない。もしそうだとすれば、これはまさに奇蹟だ！

まず説明の手紙に目を通すと、こんなことが書いてあった。

「親愛なるレイトン君

貴君の書状に対するソビエト連邦共産党中央委員会の幹部、V・V・グリシンからの返事を転送することは、私の喜びとするところであります。」

当のグリシンの(ロシア語の)手紙は、僕が出した手紙みたいなコピーなんぞではなく、ちゃんとタイプしたオリジナルで、青インクの万年筆で本ものの署名までしてあった。わっ、こりゃすごい！と僕は胸を躍らせた。やっぱりサマンサ・スミス方式が当たったのだ。一目見ただけでも「CCCP」(ソ連邦の意)という字がのべつ書いてあるところを見ると、この手紙はたいへん立派なものである。さっそくグレンに電話で即刻荷作りを始めろ、と言ってやらなくては、と僕はわくわくしてページをめくった。するとこれは領事館がグリシンの手紙につけてくれた非公式な翻訳だった。ざっと目を通すと、まず

「親愛なるレイトン君

私は貴君の手紙を念入りに読みましたが、レーガン政権が音頭をとる反ソビエト運動に伴う米ソ関係の悪化を憂える貴君の気持には、私もまったく同感です。」

ここまで読めばもう見えすいている。がっかりした僕の念頭には、もはやグリシン氏のことなどありはしなかった。しかし手紙はまだ続く。

「われわれソ連人民は、国際情勢の緊迫を憂慮しています。ソ連を第一目標とする新型中距離ミサイルを西ヨーロッパに設置するアメリカの計画は、平和を脅かすもの……」

僕はミサイルのことなんかどこにも書いた覚えはない。こう見てくるとグリシン氏の返事は、たしかに骨董的タイプライターで打ってあり、政府首脳の一人がほんとうに署名し

てはいたが、型通りの既成文面であることは明らかだった。当然ながらグレンのことなどには一言も触れていない。

二月はじめ、慎重に改革路線を進めているかに見えたユーリ・アンドロポフが、権力の座についてたった一五か月というのに、ぽっくりこの世を去ってしまった。あとつぎはブレジネフの古い仲間の一人、コンスタンチン・チェルネンコである。

その月半ば、リチャードはエセレンで彼の「特異な考え方」のセミナーを始めることになっていたが、その直前僕と二人でパサデナ公会堂に、チベットのダライ・ラマの話を聞きに行った。科学によって顕わにされた自然の驚異を熱心に語るダライ・ラマの話を、酋長は大いに楽しんだ様子だった。ことに自称「ただの仏僧」ダライ・ラマが、しばしば自分をだしにしたユーモアを使って、話の要点をつくところが気に入ったようだ。ダライ・ラマのこのアプローチを見て、僕は「人間の理解の到達できる最高の形は、笑いと人間愛である」というリチャードの母親の言葉を思い出していた。

もし酋長とダライ・ラマがじかに会見できたら、どんなにすばらしいめぐり合いになるだろうか！　と僕は思った。だが迫っていたエセレンのセミナーのおかげで、そのような一対一の会見を(もちろん努力はしたが)実現できなかったのは返す返すも残念なことだった。

「特異な考え方」のセミナーは、そもそも自分でものを考えるための訓練である。参加者は初めのうちリチャードの一言一言にいちいち感心するだけだったが、そのうち彼は聴衆が、言われることを鵜呑みにせず、かえってそれにチャレンジできるようにしむけたので、そのあとはなかなか面白い討論になった。

「子供自慢の親」というセッションで酋長は、良い子供を育てるのに成功した親を賞めるのは正しいかどうか、という質問を投げかけた。そして「正しい」と答えた人々に対し、では「悪い」子を育てた責めを親が負うべきか、と反問している。ついでこの新米グールー(導師)は、いわゆる「専門家」が育児について勝手なご託を並べたおかげで、世の親たちが子育てにすっかり自信を失くすという事態が生じたことにふれ、「正しい教育法と同じことで、誰ひとりとして正しい子供の育て方なんてものを知る者はいはしないんだ」と言った。「とにかくベストを尽くすこと、それだけしかない。他人の意見や幸運なんかにあおられて、自信を失くさないように」と。

このセッションのあと、討論のときにはあまり発言しなかった内気そうな女性が、酋長に近づいてきた。「今の子育てのお話をうかがって、ほんとに気が楽になりました」と彼女は言った。「二歳のときもらってきて育てた私の息子は、それはむずかしい子で、結局一六歳のとき自殺してしまったんです」と。

エセレンでの僕の仕事といえば、ひたすらドラムをたたき、温泉に浸ることだったが、リチャードはまたまた新しい職業に精を出しはじめた。マッサージである。一週間が終るころにはまさにありとあらゆるかっこうとサイズの男性や女性(もちろん後者がお得意だったが)の体にオイルをぬりつけ、上から下へ、下から上へ満遍なくさすりまくっていた。いよいよパサデナに帰るという日の前夜、彼は僕らのキャビンのドアを勢いよく開けて飛びこんでくるなり、「おい、僕はほんもののマッスーズ(マッサージ師)だぜ!」と宣言した(この新職業をリチャードは「ムース(ヘラジカ)」に韻を合わせて発音したので、いよいよこっけいだった)。そしてその夜、自分のクラスの女性に施した長い特別マッサージを、微に入り細にわたって聞かせてくれたものだ。聞けばまず、あたかも交響楽団の楽器群を次々と演奏に加えていくように各筋肉群をもんでいきながら、次の筋肉群に移るごとにだんだん熱心さを増してゆっくりゆっくりもみほぐしていったところ、彼女はすっかり夢心地になり、大きなためいきをついて、こんなすばらしいマッサージは生れてはじめてだわ、と言ったのだそうだ。

さて現実の世界に戻ってみると、その春CIAが、こっそりニカラグアの港に爆弾をしかけているというニュースが入っていた。そのころ僕の頭に閃いた企みといえばたった一つしかないが、一九八四年という年に大いに関係がある。この年の一〇月になると、トゥーバがソビエト連邦の仲間入りをしてから、ちょうど四〇年目である。この「喜ばしい」日を記念して、さぞかしさまざまな行事が催されるにちがいない。キジルは政府のお偉方の訪問に備えて、新しくペンキの塗り直しでもすることだろう。行進だってあるはずだし、いざ行進となれば、必ず町の中心のあの役所前を通るに決まっている。そしてそのパレードのリーダーとしては、友だち二人と並んで『ツビンスカヤ・プラウダ』にデカデカと載った、例のあの男がぴったりではないか！　とにもかくにも僕たちは、今やトゥーバ中に顔を知られた有名人なのだ。

僕はタス通信に手紙を書いた。ソビエト・トゥーバ四〇年の歴史を書こうという人間に、興味を持ちそうな団体はタスぐらいだと思ったからだ。

夏が近づくにつれ、七月末ロサンゼルスで催されるオリンピックのことで、僕の頭はいっぱいになった。何しろトゥーバ人は名だたる弓術、レスリング、乗馬競技の名人である。レスリングの選手の中に「……オール」という語尾の名を見つけ、試合中「エキイ！」と声をかけて激励する……などという夢を、しきりと描いていたのだ(苗字に「……オール」がつくのは、欧米の……ソンと同じで、トゥーバではごくありふれた名前である)。だが五月になると、あろうことかソ連とその同盟国は、ロサンゼルス・オリンピックのボイコットを表明したのである。

しかし市民のオリンピック熱は盛んだった。僕などは悪友どもといっしょに、ロサンゼルス・オリンピック組織委員会のお歴々の前で、道化ダイビングをしてみせ、新築成ったオリンピック用高飛び込み台をテストしたぐらいだ。(だが少なくとも一九八四年には、道化ダイビングはオリンピックの公開競技として認められていないのは、いったいどういうわけか？）そして二週間後には、オリンピックの開会式に出かけていった。入場のときアメリカチームの次に盛んな拍手喝采を浴びたのは、ソ連のボイコットに挑戦して参加したルーマニアの選手団だった。開会式は、参加不参加を問わず世界各国（ソビエト連邦の主な共和国を含む）の民族衣裳をまとった、南カリフォルニア住民たち数千人の行進で幕を閉じた。これだけたくさんの人数だ。中に一人ぐらいトゥーバ人がいてもよさそうなものだと思ったが、期待はみごとに外れてしまった。

オリンピックはともかく無事に終ったが、とうとうその夏はキジルからもモスクワからもうんともすんとも言ってこず、トゥーバ前線にはまったく何の進展も見られなかった。ただ一つの事件は、僕自身が教師業を休職する直前、カリフォルニア州立ロサンゼルス大学で、情報教育学の修士号を取ったことぐらいだ。

その夏も終ろうとするころ、ジョン・ボスローという『ナショナル・ジオグラフィック』誌の記者が酋長をたずねてきた。聞けば「時間」についての記事を書くのだという。

「へえ、こりゃ驚いた。『ナショナル・ジオグラフィック』は、世界中の土地をもう書き尽くしてしまったってのかい？」とリチャードはからかった。

「いいえ、まあそういうわけでもないんですがね。」

酋長は時間についての記事などにいっかな興味を示さず、「話は違うがね」と水を向けた。「まだ『ナショナル・ジオグラフィック』がとりあげたことのないところが、世界の中にちゃんとあるんだぜ。」

「ええ？　ほんとですか？」
＊　結局ボスローは「時間」についての記事を書いて六年後に発表しており、冒頭にリチャード・ファインマンのことにふれている。

そこでリチャードは彼にトゥーバの話をして聞かせた。

「そりゃ面白そうですね」とボスローは乗り気になった。「まず今私に話されたことを九ページから一〇ページぐらいで私宛ての詳しい手紙にまとめ、それに添えて『ナショナル・ジオグラフィック』会長グロヴナー氏宛ての一、二ページの短い手紙を送ってくださいませんか？　次に何をとりあげようかという編集会議に、僕は必ず顔を出しますから、先生の詳しい手紙さえあれば、大いにそのアイデアのあと押しができるはずです。もしグロヴナー氏がオーケーすれば、トゥーバ行きなんか屁のかっぱですよ。うちの協会とソ連との間は、なかなか友好的なんですから。」

その夜ドラムをたたきに現われた酋長は、この話を聞かせてくれた。

「おっ、そりゃすごい！」と僕はたちまち興奮した。「今までじゃ最高の機会だ。何しろ相手はソ連の連中じゃなくて、アメリカの人間なんだから。」

僕たちはまず、その長い方の手紙を書くことにした。おのおの下書きを書いてくる。そしてどっちが言いたいことをうまく言い表しているかを見てから、僕が文をつなぎ合わせる。(もうその時分には僕も、のちに『ご冗談でしょう、ファインマンさん』の一部になるエピソードのいくつかを書き始めていたから、ものを書くことについてはかなりの修業を積んでいた。)この全過程にはおそらく数週間はかかるだろうが、そんなことは言っていられない。二人ともこのチャンスだけは、どうしても逃したくなかった。

下書きを見せ合ったあと、僕は長い方の草稿をものし、エセレンに持ちこんだ。酋長が「特異なものの考え方」の第二回セミナーで、またもやグールー振りを発揮することになったのだ。ある午後、グレンもバークレーからことの進行状態を見にやってきたが、もちろん温泉に浸ってはその合い間に草稿に目を通す、という仕事ぶりだった。

海を見降ろす崖っぷちの温泉で、心も体も静けさに浸りきっているとき、突然リチャードが「モートン博士、どうもありがとう!」と叫んだ。いや気がふれたのではない。酋長はすでに自分の命が借りものであることを決して忘れず、信心をする者が一日の恵を神に感謝するように、この生を可能にしてくれた医者に、たびたびこうして感謝を捧げるのだった。

エセレンでは僕らの夢をわかつ人びととよく語り合ったが、その一人が「努力すればするほど運が向いてくる」という、アーノルド・パーマーの言葉を口にのぼせた。これを聞いた僕らが、『ナショナル・ジオグラフィック』宛ての手紙を、とても断わりきれないほど魅力的なものにしようと、努力を新たにしたのはもちろんのことである。

その週の終りまで、僕はセミナー以外にリチャードとめったに顔を合わせる機会がなかった。とある夜、彼は部屋に帰ってくるや「僕は頭がおかしくなってきたよ！」と叫んだ。

「いったいどうしたんです？」

「カナダから来たっていう女の子に会ったんだが、これが絶世の美人でね……アーリーンにそっくりなんだ！」

それがまだ二〇代で亡くなったリチャードの最初の奥さんの名とはしばらくピンと来なかったほど、彼はアーリーンのことを話したことがない。だがその面影が未だにつきまとっているのは、これで明らかだった。*

* 一〇年の間にとぎれとぎれに聞いたアーリーンの物語は「人がどう思おうとかまわない！」という題で『困ります、ファインマンさん』にまとめられている。

パサデナに戻る途中を迂回して、僕らはワトソンビル近くの田舎にヴィクターとセーラ・ネアーを訪ねた。ヴィクターはキャルテクの物理学教授を退職して、もう八〇歳になるが、まだかくしゃくたるものだ。彼がそのとき研究していたのは、木の中で起っている物理現象の一つで、特に三〇メートルもある木のてっぺんまで、樹液はどのようにして上がっていくのだろうか、という問題だった。彼は自ら設計して作った記録装置で、木の幹の太さの変化や、中の樹液の圧力を毎日測っているのである。

「樹液は毛細管現象で上がっていくんじゃないんですか？」と僕が言うと、ネアーはニヤリとした。

「重力に抗して樹液を上げるのに、毛細管現象だけではほんの短距離しか上がっていかないんだよ。毛細管のてっぺんがたとえ真空だったとしても、樹液の上がっていく高さは一〇メートル止りだ。だから私はまだこの謎の答を追って探索中というわけさ。」見ると酋長は楽しそうにニコニコしている。彼はこのように一般にわかりきったこととして見過ごしにされている話題を聞くのが大好きなのだ。

お茶を飲みに室内に入ると、話は当然ながらトゥーバのことになった。夫妻は国際的理解と平和に到達する最善の方法は、国民同士の人と人とのふれあい外交である、と言ったアイゼンハワー大統領の言葉をあげ、僕らを暖かく励ましてくれた。そして見せてくれたのが、『ソビエト・ライフ』誌一〇月号である。これはアメリカの『ライフ』誌の兄弟分として、一九五〇年代の文化協定とりきめから生れた雑誌だが、セーラとヴィクターはこれを創刊号からずっととり続けていたのだ。「来月号はトゥーバ特集なのをご存じ？」とセーラが言った。

予告記事のページを見ると、なるほどトゥーバが一一月号の特集記事である。

パサデナに戻るや否や僕は、エセレンで練りに練ったボスロー氏宛ての一〇ページの手紙をタイプし、これを煮つめてグロヴナー氏に宛てた短い手紙を書きあげた。そして酋長がこれでよしと言ったところで、『ナショナル・ジオグラフィック』に送り出した。

レーガンが圧倒的にウォルター・モンデールを破って大統領再選となったのは、その一一月のことである。在任中にあれほどスキャンダルが表に出ているというのに、よくもまだ平気な顔で大統領をやっていられるもんだ、と酋長は呆れ返った。「だから僕にはどうもまだ人間というものがよくわからないんだよ」と、エセレンの臨時グールーは嘆いたものだ。

ついに『ソビエト・ライフ』一一月号が発行になった日、僕は外国の新聞雑誌などの売店にとんでいって、トゥーバ友の会会員のため五、六冊ほどこれを買い占めた。そしてリチャードがやってくると、二人でその特集記事を夢中で読みはじめた。

表紙はこの前ネアー家で見た一〇月号の予告記事ですでに目にした、トゥーバ女性の写真である。鉢巻をしたところは、まるでアメリカン・インディアンみたいだ。次をめくると「アジアの中心にある共和国トゥーバ」という題の、五ページにわたる長い記事が載っていた。驚いたことに全文英語で、しかもほんの二、三年前まで写真すら見つからなかった国の、最近の情報が詳しく載っている。僕らは急がず一語一語を味わいながら、ゆっくり読み進んだ。

「低い褐色の丘の点在する平らなステップ地帯が、はるか地平線に向かって伸び、そこここに羊の群れがのどかに草を食む。近代も、文明にむしばまれていないこの世界の一隅を通りこしてしまったかのようだ。ここではすべてが静かで、平和そのものである。

道はうねりながら果てしなく続いていく。そのうちわれわれはとうとうたった一個のユールトを前方に見つけた。訪れると年老いた羊飼いが、陽やけした顔に歓迎の微笑を浮べて出てきた。さえぎるものの何ひとつないステップ地帯に住む人はみなそうだが、このモングシ・チョラも心から暖かくわれわれを迎えてくれた。

自分の住みかたるユールトの前に立つトゥーバ人と会う……これこそ僕たちの夢である。「この共和国最初の集団農場作りに協力したのが、このチョラである。一九六一年に彼の雌羊は一七〇頭の仔羊を産むというめざましい成果をあげた。その一生を通じチョラは二万三〇〇〇頭もの羊を育てており、彼の刈った羊毛を測るなら、貨車数台分に相当するだろう。彼の六人の子供たちも、それぞれ農業に従事している。」

なるほどそうしてみると、僕らがトゥーバで会う羊飼いたちも、政府が念入りに選んでわざわざ旅行者の通り道に置いた「社会主義の英雄的労働者」なのにちがいない。

だが僕たちは再び夢に引き戻された。

「われわれはこの羊飼いのユールトの前でひとときを過した。別れのときが来ると、彼は歌を歌ってくれた。それがいちどきに声が二つあるように聞える歌い方なのだ。聞いていると、片方はトゥーバの弦楽器ホムスを思わせる音色、もう一方は春の暁、雌を呼ぶライチョウの声に似ていた。太古からトゥーバ人たちは、その心の奥底の感情を、低い喉音で表現してきたのである。羊飼いのその声は、ステップの上を漂ってゆき、やがてはるか高地全体に広がっていった。そのときほんの一瞬、私は古いトゥーバ民謡の意味がわかったような気がしたのだった。」

ユールトの前で「フーメイ」を歌うモングシ・チョラの写真はなかったが、そんなことはどうでもよかった。僕たちの心にはその光景が、はっきりと映っていたのである。ところが続く記事の中に、トゥーバ共産党中央委員会第一書記グリゴリ・シルシンの写真があり、その下にはシルシン氏の談話が載っている。「過去において遊牧民と猟師の土地だったこのトゥーバも、今や年々いやましにソビエト国家の経済に貢献する農工業の共和国となった。」そして続く次の二ページは、その「工業と農業の国」トゥーバ、巨大なアク・ドブラクのアスベスト鉱山、農場の農耕機具類、そしてキジル技術専門学校などの写真ばかりだった。

そのあと再び記事は「僕らの」トゥーバに戻ったが、これにはちょっと気になる含みがあった。

「この地の自然は、実に多くの思いがけないものを隠し持っている。塩水の湖もあれば真水の湖、治療に役だつ泉やうまい魚のウョウョしている清流もある。薬草としてユニークなコケモモは、そのあたり中にたくさん生えているし、そのジュースはわが宇宙飛行士の常食の一部となっている。

　シベリアによく見られる野生動物に加えて、このあたりの山岳地帯やステップ地帯の谷に独得の動物も住んでいる。モンゴルの砂漠から来たゼレンカモシカ、オオヤマネコの珍種、そしてアカオオカミなどがそれであるが、トゥーバには毛皮用の動物が豊富で、このあたりのクロテン、リス、シロテン、キツネなどの毛皮は、国際せり市で第一位となることがしばしばである。」

記事は「伝統と美」という題のもとに、なおも続いた。

「バイ・タイガ山脈は、古くから石切りの伝統で有名である。雲をまとって私の眼の前に現われた山々は、夕陽で青や紫に彩られ、トゥーバ西部を見た者が、一生決して忘れられぬ美しさで私の心を捉えたのだった。

　私は高原の牧場で、羊飼いでもあり有名な彫刻師でもあるサーヤ・ホーゲルと、彼の友人でその祖先もまた彫刻師だったというドンダク・ドイブハーに会った。ホーゲルの話によると、彫刻に使うアガルマトリット*という鉱物を見つけるのは、それに像を彫りつけるのと同じくらいむずかしいとのことである。このあたりではその鉱脈は、ある特定の山頂にしかなく、しかも地下数メートルのところに埋れているのだ。

「トゥーバの彫刻師は、登山家であると同時に、地質学者でなければね」とホーゲルは言った。「この石を探すだけでもたいへんな苦労ですが、見つかってもこれをそっと掘りおこしたあげく、傷をつけないように山から持って降りなければなりません。

〈チョナルダシ〉とは彫れる石という意味だが、秘密を持っていましてね。掘りおこしたばかりのときは柔らかいのに、しばらくすると鉄のように硬くなってしまう。そして金、銀、赤や灰色の斑点のある黒い石になることもあるのです。」

トゥーバではこの地方の民話のテーマを彫り込んだミニアチュアが、昔も今も盛んである。」

＊ 葉ロウ石のこと。マグネシウムの代りにアルミニウムが含まれているほかは、ロウ石とまったく同じ成分の石である。

この記事は次のような疑問を投げかけて終っていた。

「なぜトゥーバ人は、ソ連邦に加わったのだろうか？　サルチャク・トカの言葉を借りると、「われわれトゥーバ人に先立ち、ソビエト連邦に早くから加わっていた他の民族は、革命前には彼らの血族であるトゥーバ人とほとんど同レベルにあったはずなのに、今はわれわれより政治的にも経済的にもさらに文化的にも、ずっと進んでいる。」」

『ソビエト・ライフ』の第七ページ目には、セブヤン・ヴァインシュタインのインタビューが載っていた。彼が現在執筆中の『テレ・ホル湖の謎』という本についての話である。その中でヴァインシュタインは、次のようなことを言っている。

「本書のタイトルは、ソ連とモンゴル国境から遠くないトゥーバの、テレ・ホル湖中の島に保存されていた大昔の城塞の神秘的な廃墟の研究に関係があるのです。エニセイ川のずっと上流にある、この未知の石の都は、ピョートル大帝の時代から、シベリアの地図にちゃんと載っているにもかかわらず、一九五〇年代のはじめまで、まったく研究されていませんでした。その発掘はもう数年にわたって、私が監督してやっていますが、すでに背の高い柱や広大な階段、フレスコ画などのある大宮殿が現われてきています。この宮殿はウイグル・ハナテの強力な支配者、ハーン・モユンチュルが、八世紀半ばに建てたものです。しかしこの湖の真ん中にある島を、高さ一〇メートルもある壁ですっかり囲むぐらいの頑強な城塞が、どのようにして建てられたのか、そして何トンもの建材をどのようにして水路運搬したのかは、未だに謎なのです。伝説によると城塞が建ってから湖ができたということになっていますが。」

トゥーバとは何というとてつもないところだろう！　と僕は嬉しくなり、さっそく国防総省地図製作局の航行用地図をひっぱりだして、そのテレ・ホル湖を探してみた。ところがよく見ると湖は一つではなく、二〇〇キロメートルぐらい離れて二つもあり、おまけに両方ともテレ・ホルという名がついているではないか！　何かのまちがいだろうか？　UCLAで見つけてコピーした地図を見たが、やっぱり同じことである。その二つの湖の中間に住んでいる連中は、「テレ・ホル湖はどっちの方角です？」と聞かれたら、いったいどうするんだろう？　とにかく東よりの湖には中に島があるのを見つけた僕は、トゥーバで見物すべきところの一つとして、さっそくリストに書きこんだ。*

＊　それからずっとあとになって西側の湖のことを「トレ・ホル」としているソ連の地図を見つけている。チュルク語の「母音調和」の法則によると、この湖はトゥーバ語では「トゥーレ・ホール」と言うのかもしれない。

と突然酋長が

「おいラルフ、これを見ろよ！」と叫んだ。

「『トゥーバにおけるアメリカの植物学者』と書いてあるぞ！」

「まさか！」

典型的なファインマン式いたずらにひっかけられまいとして、僕は言い返した。

だがいたずらではなかった。たしかに太い字で「トゥーバにおけるアメリカの植物学者」と、ちゃんと印刷してあるのだ。そして説明には次のようなことが書いてあった。

「サヤン山中の米ソ合同植物探険隊員。アジア大陸中心碑前で撮影。左からスタンウィン・G・シェトラー、ヴァレリー・ネクラソフ、デービッド・マレー、トーマス・S・エライアスおよびユーリ・カラパチンスキー。」

写真を見ればもうまちがいはなかった。キジルの「最も聖なる神殿」たるあの碑に、三人のアメリカ人がたしかに到達しているのだ。だがその名はリチャード・ファインマン、ラルフ・レイトン、グレン・コーワンではなかったのである。

7　モスクワ会議

ショックから立ち直るにはかなりの時間がかかった。それにはドラムも役に立ったが、もっと薬になったのは、僕らの真の目標を思い出させてくれたリチャードの言葉である。

「おい、僕らは別に一番乗りしようというつもりじゃなかったんだぞ。われわれの目標はただトゥーバに行こうということ、それだけだろう？　そして今でもまだそう思ってるんじゃないか。少なくとも行けないことはないんだと、わかっただけでもありがたいよ。」

「じゃあこれからいったいどうすればいいんです？　植物学者にでもなるっていうんですか？」

「いやそんな必要はないさ。ただしトゥーバにどうしても行きたい理由を、もう少しっともらしくすれば実現しやすいんじゃないか。トゥーバの首都キジルの綴りが傑作だからなんていう理由でないのをね。」

「うん、それもそうだな」と僕はうなずいた。

「あっそうだ。まずあの植物学者の連中に連絡をとって、いったいぜんたいどうやってトゥーバに行けたのかを聞きだそう。」

UCLAでアメリカ中の大学の名簿を調べると、まずトーマス・エライアスという人物が、ニューヨーク州ポーキープシーの大学にいるのがわかった。一方デービッド・マレーの方は、フェアバンクスのアラスカ大学である。スタンウィン・シェトラーという男の名は、ついにどこにも見当たらなかった。さっそくエライアスとマレーに手紙を出すと、マレーからすぐ返事があり、エライアスはポモナのクレアモント・カレッジで、ランチョ・サンタアナ植物園長をしているという。ポモナといえば、パサデナから車でたった一時間足らずの道のりだ！

僕はいち早くエライアス博士に電話で面会を申し込み、ポモナに出かけていった。博士はものやわらかな抑揚のない声で、次のような話をしてくれた。

「われわれはニクソン政権時代の話し合いで決まった環境保護のための相互協定で、一年おきにソ連に行くことになっているんです。しかしあっちに着くまでは、今回はどこに行くのか、皆目わからないんですよ。どこそこに行きたい、などと特定の場所を指定したって何の役にも立ちません。だが毎回行くところは必ず観光客のいない辺鄙なところです。そういうところこそいい植物がありますからね。去年の夏は、たまたまそれがトゥーバだったというわけです。」

「というと、つまり偶然トゥーバに行かれた、ということですか？」

「まあそういうことになるでしょうな。この旅行はノボシビルスクで計画されていますからね。」エライアス博士はここでこの協定の交換面を強調した。「ソ連人はソ連国外で使える金は持っていないが旅行好きです。だから一年おきにこちらが彼らの滞在費もちで、どこかに案内することになっているわけです。ソ連でのわれわれの費用は、必ず向うが持ってくれますから。」

ついでトゥーバ旅行の実際面について質問すると、「いろいろ必要な備品類を積んだ大型トラックが何台か来るのがふつうですな。キャンプを張ったり、皆の夕食を作ったりするスタッフが十数人。なにしろソ連のテントや寝袋は重いカンバス地でできていますからね。もし行くなら自分の寝袋を持って行かれた方がいいでしょう。」

「トゥーバでは「喉音」式の歌を聞かれましたか？」とたずねると、

「ノー」という答が返ってきた。

「ユールトの中に入ってみたことは？」

「ノー。」

「では古いチュルク語のルーン文字の書いてある石盤を見たことは？」

「ノー。」

じゃあ面白い植物が見つかりましたか？と水を向けると、エライアス博士の顔が急に活き活きしてきた。「そりゃもちろんですとも！　まだ持って帰った標本を整理する暇がありませんがね。」

僕は本物のトゥーバ植物(ことに宇宙飛行士が食べるとかいうコケモモ)を見たくてむずむずしていたのだが、エライアス博士はあと二、三分で誰かと会う約束があるとかで、残念ながらとうとう見せてもらえなかった。それでも別れぎわに博士は「幸運を祈っていますよ」と言ってくれた。

　二月になるとボスロー氏から返事が来た。『ナショナル・ジオグラフィック』は、すでにモンゴル特集を決めてしまっていて、同工異曲になるからトゥーバはだめだというのである。ただしそのモンゴル特集記者は、できるだけ国境を越えて、トゥーバのことも報告する努力はしようということだった。

　あれだけ念には念を入れた手紙も、トゥーバ到達の最高のチャンスも、もうこれまでである。僕はグレンに電話して、ことの成行きを報告した。

ところがあきらめるかと思いきや、グレンはこりもせずに次のような案を持ちだしてきたのである。「とにかくソ連に行こうよ。今年は第二次大戦が終ってから四〇年目だろう？　四月末に行けば、メーデーの行進も見られるし、その八日後には戦勝記念日のパレードだって見物できるよ。」

　この案にリチャードが興味を示さないだろうということはわかっていた。しかもその頃はコンピュータ・サイエンスという講座を、たいへんに楽しんで教えていたのである。だが待てよ、トゥーバに行こうという僕らの懸命の努力を阻むけしからぬ組織「悪の帝国」の実体を、少なくともこの目でじかに見さだめることができるじゃないか。別に観光グループといっしょに行くわけじゃない。僕にはロシア語ペラペラの特別ガイドがついているんだ。この機会を逃すもんか、と僕は決心した。「よし、行くぞ！」

グレンはサンフランシスコのソ連旅行専門の旅行社が見せるロシア映画をよく見に行っていたから、僕らの旅行計画もその旅行社に頼むことにした。

旅行社によると五月はじめの二週間は、モスクワもレニングラードも予約がいっぱいで、よっぽどのお偉方ででもなければ、パレードなど見られるもんじゃないのだそうだ。

それじゃアバカンはどうだ、という言葉が喉元まで出かかったが、いったんそこまで行けば、どうしたってトゥーバに駆けこみたくなるのは人情というものだ。そんなことでもやろうものなら、二人とも監獄行きになりかねない。

「ボルゴグラードはどうだろう」とグレンが言った。「第二次大戦中のソビエト軍にとって、スターリングラード（スターリン時代にはそう呼ばれていた）の戦いは、決め手になった戦いだからね。しかもロシアのど真ん中のごく普通の都市がどんなものかを見るのも悪くないじゃないか。」

もうそのころには、ごく普通の都市だっていくらでも面白いところがあるのを悟っていた僕は、すぐさま賛成した。

「ボルゴグラードならホテルがとれますよ」と旅行社が言った。

「そのほかには、どこにいらっしゃいますか？」

「カフカス（コーカサス）はどうかな。」教えているクラスに、アルメニア人の生徒がいることから、僕はそのあたりに興味を持ちだしていたのだ。グレンも大いに賛成で、そこからモスクワに戻る途中、ちょっと「赤いリビエラ」(黒海の沿岸)で二、三日のんびりしてはどうかと、おつなことを提案した。

どこへ行くにも長距離なことはわかっていたが、汽車旅行に固執した。どんな事故が起っても、決して公にしないソ連当局のことだ。飛行機で旅行するなど危なっかしいことこの上ない。「おまけにソ連の汽車はなかなかイカすぜ」とグレンが言った。「いろんな人に会って話をするには、もってこいだからね。」

旅行社はタクシーが見つかりにくいことを理由に、あと五〇ドルよけいに出して送迎車のクーポン券を買うことを勧めた。それはいいとしても、ソ連行きの汽車に乗るヘルシンキまでの航空券がめっぽう高い。パサデナに戻るや僕はキャルテク図書館に行って、『ロンドン・タイムズ』をひっくり返し、ロンドンのヒースロー空港からヘルシンキまでの安売り航空券を見つけだした。さっそくクレジットカードでその切符の手配をすませると、ロンドンまではワールド・エアウェイズを予約することに決め、これで準備万端整った。

三月はじめ、今度は誰もが予期したとおり、コンスタンチン・チェルネンコが他界した。またもや赤の広場で国葬である。忠義なソ連国民の一人が、いちいちモスクワまで出かけるのに「こうたびたびでは定期券を使えないでしょうか?」とたずねたという冗談がモスクワでとんだそうだ。

その前の週からソ連首脳部で勢力争いが始まっているという噂がすでにたっていた。書記長の地位が、古い保守派のヴィクトル・グリシン（先年僕に手紙をよこしたあの男だ）に行くか、それとも若い保守派のグリゴリー・ロマノフ（クレムリンの雀たちによると、この人物が一番有力な候補とのことだった）か、それともアンドロポフの子分で実行派のミハイル・ゴルバチョフに行くか、というのである。いよいよチェルネンコの葬儀のとき、レーニン廟の上に並んだ政府首脳の顔ぶれを見た瞬間、誰が勝ったかは一目瞭然だった。ミハイル・ゴルバチョフだ。（ロマノフはそのあと四か月の間、首脳部の一人として残っており、グリシンは一九八六年一月、ボリス・エリツィンにとって代られるまで頑張っている。）

リチャードはグレンと僕のロシア旅行の助けにと、本棚からヘドリック・スミス著の『ロシア人』という本を取り出し、「きっと面白いと思うはずだよ」と言って貸してくれた。あの政治嫌いの酋長が、こんな本を持っているとは、と僕は意外だった。

ところがさまざまな面白い情報はもちろんのこと、この本には科学者や作家がおおぜい葬られているモスクワの墓地のことまで詳しく書いてある（この墓地は特別観光団か、そこに葬られている連中の家族を除いては、誰も見ることはできない）。フルシチョフはなぜかこの墓地に葬られていたが、レーニン、スターリンやブレジネフが葬られているのは赤の広場である。モスクワで見物したい場所の一つとして、そのノボデビチ墓地をリストのてっぺんに書きこみながら、僕は高校時代『ライフ』誌から切り抜いた、マリアン・ムーアの詩を思い出していた。

「　たぶん、いやきっと、いやいやどうしても
なぜ柵がとても越えられぬように見えるのか
それさえ教えてくだされば
なぜやりさえすれば越えられると考えるのか
今度は逆に私が教えてあげましょう」

四月の末グレンと僕は、それぞれオークランドとロサンゼルスを出発し、翌日雪の降りしきるヘルシンキに着いた。雪を見るのは生れてはじめてというグレンは大喜びである。そのうち青空がのぞいたので、僕たち二人はゆうゆうと沈んでゆく太陽の光の中で、ヘルシンキの町を歩きまわった。ここはもうソ連に足を踏み入れた感じである。黄土色の美しい建物に囲まれた石畳の広場は、かつてフィンランドからアラスカまで支配していたロシア皇帝アレクサンドル二世の銅像に圧倒されんばかりだし、近郊の丘には玉ネギ型のドームをもち、曲がったテレビのアンテナみたいなかっこうの金の十字架がまぶしい、ロシア正教会堂がそびえていたのだ。

翌朝はレニングラード行きの切符を買い、ソ連へと伸びる広軌の鉄道に乗りこんだ。グレンによれば、スイスに追放されていたレーニンは、おそらくこの線路を通る貨車に潜ん

で、帝政ロシアにしのびこんだのである。何時間か走ったのち、汽車はぴたりと止まった。いよいよ国境手前だ。ここでフィンランドの機関車が切り離され、赤い星のついたソ連の機関車が近づいてくるのが見えた。これをカメラに収めずにおられようか。夢中でシャッターを切ろうとしたとたん、「ラルフ!」とグレンが大あわてで叫んだ。

「ソ連の汽車は撮影禁止だぜ!」

「だが僕らはまだフィンランドにいるんじゃないか」と僕が抗議すると、

「しかしそのフィルムをソ連に持ちこむんだろう」とやり返された。

だが僕は我慢できず、しゃにむにシャッターを切ると、急いでカメラをしまいこんだ。そうでもしなければ、他の乗客たちがこっそりカメラに収めている国境の柵の列を、撮らずにはいられそうもなかったからだ。

やがて国境警備兵が二人乗り込んできて、僕らの車室に踏みこみ、荷物の検査を始めた。中でももっとも彼らの興味を惹いたのが、出たばかりの『ご冗談でしょう、ファインマンさん』の本二冊だった。一冊はヴァインシュタインへのプレゼント、もう一冊はこの「悪名」(?)高い本を、ロシア語で出しそうな出版社に渡すためである。グレンが「ファインマン、フィジカ」とか「ノーベル」とか言って説明につとめた。

と、年とった方の兵隊が、僕の訪問希望地のリストを見つけた。中でたった一つだけはっきり読みとれるのは、舌を嚙まずにはとても発言できそうにない、例の立入禁止のモスクワ墓地ノボデビチである。

それを指さした兵隊は「なぜだ?」という顔をして僕の方に目を向けた。グレンがあわてて説明する前に、僕は間髪入れず「フルシチョフ」と言った。するとと兵隊の顔は真っ赤になったが、その目にはなぜか理解と同情の色さえ浮かんでいるようだった。彼は紙片を僕に返すと、若い方の兵隊に検問はこれで終りという身振りをして、さっさと出て行った。

荷作りし直すと僕らはほっとして足を伸ばした。グレンは腕時計の針を六〇分進めたが、窓外の景色はこれとあべこべに、まるで六〇年昔に後戻りしたみたいだ。白樺林のあちこちに、込みいった形の屋根と白い窓枠を持った鮮やかな色(ほとんどが青)のダーチャ(別荘)が点在しており、その一つ一つに滑車とロープとバケツのついた井戸がついている。

僕たちの車輛の係の娘が、なかなかうまいグルジア茶をコップに入れて持ってきてくれた。飲んだあとコップを返すとすぐに、グレンが「バイキン浴」と仇名をつけたぬるま湯の中をさっとくぐらせ、ビショビショのコップにそのまま次の人に出す茶を注ぎ入れた。これでは二、三日後に喉が痛くなったのも、まったく驚くには当たるまい。

さてレニングラード駅に着いてみると、乗り換えのためインツーリストの送迎車が待っていた。その送迎車に連れていかれたのは、何と郊外の大きなモーテルである。見たところバスいっぱいのフィンランド人客を連れてきては、安もののウォツカを飲ませ、田舎ダンスをさせるのが主な目的のモーテルらしい。夕食をすませると市営バスで、レニングラード市内見物に出かけた。ところが夜になったというのに、この人口五〇〇万の大都市は、電灯をつけ忘れたとでもいうのか、まっ暗だ。レニングラードはまだ戦時中の灯火管制下にあるのだろうか。人も車もほとんど通らず、何もかもがひっそりと静まり返って暗い。その中を彷徨する影にふさわしく、いつの間にか僕たちまでが声をひそめていた。その静けさを破るのは、ときたま通る電車のガタガタいう音だけだ。

　翌朝目を覚ましてみると、快晴のよい天気だった。僕たちは元気よく有名な運河沿いに歩いていったが、「一〇月革命」が始まったその場所という、歴史的なアーチをくぐりぬけたときは、アンナ・メンヒェン博士のことを思い出さずにはいられなかった。アーチをくぐると広場があり、一ブロックの長さを青いエルミタージュ美術館が占めている(あんまり見るものがたくさんありすぎるので、中に入るのはやめにした)。その外壁はハンマーと鎌の印のついた大きな赤旗でおおわれ、マルクス、エンゲルス、レーニンの三人の肖像が飾られている。高さ一〇メートルもあっただろうか。メーデーが間近なのだ。

　ネバ川の岸に下りていってみると、スポーツ熱心な連中が水泳パンツ姿でバレーボールをやっている。なるほど陽は照っていたかもしれないが、気温はやっと〇度ぐらいである。僕らがジャック・ラレンスキー*と呼ぶことにした男は、砂の上で腕立て伏せの儀式をやったあと、ゆうゆうと冷たい川の水に入っていったと思うと、ガチャガチャぶつかりあう大きな氷片の中を泳いでいった。

＊ ジャック・ラレーンは南カリフォルニアの、ボディビル狂の元祖である。

その夕方モーテルに食事をしに帰ると、例の送迎車であれよあれよという間にさっさと駅に連れていかれ、駅前に下ろされてしまった。しかたなく二時間あまりを駅の中で群衆にまぎれて歩きまわったあと、やっとモスクワ行きの夜行に乗りこもうとすると、突然どこからともなく一人の男が現われ、「コーワンさんですか？　レイトンさんですか？」と聞く。

「ダー、ダー（はい）」とグレンが答えると「この汽車にお乗りください。車室にお連れしましょう」と言って、その車輛付きの車掌に紹介してくれ、また夜の中に忽然と姿を消した。

これにはいささかぎょっとしたが、グレンの解釈によると、この男はおそらく「送迎車」が僕らを駅前におっことしたとき、そこに待っていて汽車に案内してくれるはずだったのだ。ところが送迎車の運転手が僕らを早いところ片付けたがって、予定よりうんと早く駅に連れてきてしまった。おかげで彼は僕らに会いそこなったのにちがいない。

僕らは午前八時にモスクワに着いた。出迎えてくれた送迎車は、今度はソ連の役人の公用車と同じ黒い「チャイカ」である。民間人の車の色はわざわざ黒以外の色にしてあるから、誰が天下御免で大通りの真ん中の特別急行車線を通れるかが、すぐに見て取れるという寸法だ。僕らもレニングラード行きの駅から、町の真ん中のホテル・メトロポールまで、あっという間に連れていかれ、モスクワ見物きっかり五時間を許可された（メーデーが四八時間後に迫っている今、僕らのような無名無力の人間どもは、モスクワには泊れないのだ）。

「共産党は全世界に打ち勝つ」という、今では恐ろしいよりこっけいな看板のそばを通り過ぎた僕らは、赤の広場に足を踏み入れた。左手のＧＵＭ（モスクワの公営百貨店）は、スローガンや紋章がところ狭しと並んだ、ばかでかい赤いカンバスで飾りたてられていたが、それすら三〇メートルもある巨大なレーニンの旗のそばでは、比べものにならないほど小さく見えた。右側はレーニン廟、その背後にはクレムリンの壁がそそり立っている。広場の反対の端には、あの特徴あるドームの並び立つワシリー寺院がそびえていた。

高い演壇の上で、テレビ技師たちがしきりと機具類をテストしているのを見ているうち、僕たちは映画の大セットの中に足を踏み込んでしまったような気がしてきた。石畳の上に立っていると、労働者の隊列が行進するのをゴルバチョフ以下首脳部の面々が、レーニン廟の上にずらりと並んで見下ろしているところが、手にとるように想像できる。

と、観光バスから一団の観光客が下りてくるのが目に入った。見れば男たちは、ヴァインシュタインのトゥーバ美術の本そっくりの模様のついた独特の帽子をかぶっている。僕はすっかり興奮してしまった。「グレン！」と彼らを指さして僕はどなった。「トゥーバ人だ！」

必死に走ってやっとその一団がワシリー寺院に入る直前に追いついた僕は、一人の男と目が合ったとき、「エキイ！」と挨拶の言葉を投げかけた。

彼はびっくりした様子だったが、何も言わない。この挨拶だけはいつかオークランドからキジルに電話したとき、あんなに雑音だらけだったのにもかかわらず、オンダーにわかってもらえたんだから、こっちのトゥーバ語の発言がまちがっているとは思えない。だが万一まちがっていたときのことを考え、今度は「トゥーバ、キジル？」と言ってみた。と、その男はにっこりと笑ったではないか。僕の胸はドキドキしはじめた。すると彼は「キルギス*」と誇らしげに言った。

＊　キルギスはチュルク人で、その祖先は何百年もの間トゥーバに住んでいた。今日彼らはトゥーバの南西、一六〇〇キロメートルも離れたパミール高原とその周辺に住んでいるが、その名キルギスは今でも一氏族の名前として、トゥーバに残っている。

それはよかったのだが、今度はいきなり僕に向かってロシア語で何ごとかを盛んにしゃべりはじめたのである。通訳してもらおうとグレンを探したが、いかんせん影も形も見えず、せっかくのやりとりもこれまでとなった。

決められた時間にホテル・メトロポールに戻ってみると、リムジンが待っていた。それに乗ってKGB本部と悪名高いルビヤンカ刑務所のそばを通り抜け、連れていかれたところはカザン駅である。今度はリレーのバトンがうまく渡ったと見え、インツーリストのガイドがちゃんと待ち受けていて、車室まで案内してくれた。

その二六時間後、僕たちはボルゴグラードに着いた。天気はしごく温暖なのに、駅のそばの木はまだ春のきざしすら見せていない。ボルゴグラードでは、インツーリストの係が僕には見向きもせず、グレンをつかまえていきなりロシア語でしゃべりはじめた。

「なぜ僕がロシア語ができるのを知ってるんです？」とグレンが驚くと、

「モスクワから電報で、背の高い方はロシア語をしゃべるが、もう片方はだめだと言ってきたんですよ」とガイドはすまして答えた。

ここの送迎車ぐらいばかばかしい話は聞いたことがない。何しろホテルは広場をはさんで一〇〇メートルもない駅の真向いだというのに、ごていねいにもわれわれのために準備されたインツーリストのバスにわざわざ乗せられて運ばれたのだ。

四階の部屋に通されてみると、何やら窓の外で賑やかな声がする。身を乗りだして見ると、労働者が何人か隣のバルコニーに大きな赤い旗をとりつけている。下の広場では威勢のよい一団が、飾り立てられてぐねぐねと進行中のでかい山車《だし》の列を押したり引いたりしていた。そしてラウドスピーカーが、その連中に向かってしきりに号令をかけているのだ。広場には政府首脳の肖像がずらりと並んでいたが、もちろん真ん中は額に目立つあざこそ描いてなかったが、ゴルバチョフだった。

その夕方ボルゴグラードの町をぶらつきながら、僕はロシアの中心地域がユーラシアの草原地帯の西端にあることに気がついた。カルムイク自治共和国はたったの五〇キロメートル、カザフ共和国は一五〇キロメートルたらずのところだけに、ここいらのロシア人の顔には、モンゴル人やチュルク人の特徴が目立つ。ボルゴグラードの女性のエキゾチックな美しさを僕に忘れさせるものがあるとすれば、それはボルゴグラードのまた別な美人しかない、といえるほどさまざまなタイプの美人がいる。

さてメーデーは曇りがちで風が強く、降ったり止んだりの小雨模様だった。こんな日のパレード見物は、僕らの部屋のバルコニーに限ると思ったのだが、無念や部屋係に階下へと追いやられてしまった。しかたなく外に出た僕たちは、広場に集まる三本の通りにピオネール団をはじめとし、各種労働者団体が集結するのを見物することにした。見ていると一〇〇メートルばかりの通りに目白押しに並んだのは、主に党のお偉方で、見物より行進参加者の方がよっぽど大勢だ。

いよいよメーデーの行進が始まるころになって、僕たちは警察官のまうしろに、かっこうな見物場所を見つけた。ラウドスピーカーが一つ一つの団体を呼びあげる。そしてそのあとは「共産党とともに未来へ行進！」などという勇ましいスローガンが続く。

するとこれに呼応して団体は「ウラー！」と叫ぶ。これが一〇〇回も繰り返されたろうか。

そこへガールフレンドを連れた若いソ連人が近づいてきて、二言三言英語で話しかけてきた。グレンがロシア語で受け答えをしているので、僕はそのそばにいた若い娘と話を始めた。一目でロシア人でないのが知れるこの娘は、マダガスカルからの交換留学生で、マダガスカル語はもちろんのこと、英語もフランス語も話せるという。ボルゴグラードでロシア語の勉強を始めてもう三年目だが、もうあと二年は休暇中にすら帰省を許してもらえないのだそうだ。

雨がいよいよひどくなってきたので、コーヒー店にとびこむと、ソビエトの医学生が何人か入ってきて、こっちのテーブルに加わったのはいいが、さっそく火をつけたのが鼻をつくようなにおいのソ連の煙草である。そうこうしているうち雨が止んだが、そのころにはちょうど行進も終ってしまっていた。そこで僕たちはボルガ川岸におりていき、メーデーにうかれる人びとを眺めることにした。見たところ彼らの行楽とは、酒とダンスが主らしかった。

あくる朝、朝食に下りていくと、ホテルの食堂にソビエトとアメリカの国旗を飾った、長テーブルが用意してある。そのうち両国代表が入ってきて席についた。ソビエト側は年老いた退役軍人風が一二、三人、軍服の胸に所狭しと勲章をつけているが、アメリカ人の方は若者が多く、服装も軍服などではなく、中には核兵器禁止を唱えるマークをつけたデニムのジャンパーなどをはおっている者もいた。朝食がすむと、インツーリストのガイドが来て、外にバスが待っていますと言う。僕たちもこの連中についていってよいかと聞くと、案外あっさりとオーケーしてくれた。

この連中の正体だが、アメリカとソ連の軍隊が四〇年前ドイツのエルベ川で邂逅したのを記念する式に参加した、両国の退役軍人たちのツアーだったのだ。アメリカ人の一人は、その昔の『タイム』誌の記事を持っていて、見せてくれた。

ソ連側ではレーガンが、この機会にゴルバチョフと会見してくれないものかと期待していたらしいが、レーガンはノルマンディ上陸を記念するため英仏両国を訪問中だった。しかもあろうことか、ヒットラー時代の若い憲兵二人が葬られているドイツのビットブルク墓地に詣でたというのだから呆れる。そのときの演説の中でレーガンは、第二次大戦中のソ連の働きのことなど、いっさい口に出していない。

ソビエトの戦勝記念碑見学という、いささか気の重い経験のあと、僕たちは続いて近くの公園に行き、二人の代表が、アイゼンハワー大統領の故郷カンサス州から送られた、友情の木を植える儀式を眺めた。

次の日はいよいよバクーへ向って出発である。最も理にかなったルートなら、西へ三〇〇キロメートルばかり行ったロストフ経由だ。ところがそのロストフ直行の鉄道は「インツーリストのルート」ではないとかいう理由で、モスクワまで延々九〇〇キロメートルを戻ったうえ、そこで乗り換えてまたもやロストフまで一〇〇〇キロメートルという、もってまわった行き方をしなくてはならないことになった。これだと全部で一六〇〇キロメートルもよけいな行程となる。

それはしかたがないとしても、ボルゴグラードに来たときの汽車は、六時間も遅れているのだ。今度だってモスクワ駅での乗り換え時間が五時間しかないのに、もしまた僕らの汽車が遅れでもしたら、いったいどうなるんだ？　インツーリストにそう言ってくいさがると、

「心配ご無用ですよ」と答えた。「遅れるのはモスクワ発の汽車だけで、モスクワ行きの汽車は絶対遅れないことになっていますから。」あとで聞いたことだが、この種の見えすいた嘘には「水の中から乾いて出てくる式の話」という名前までちゃんとついているのだそうだ。

インツーリストの規則によると、僕たちは発車一時間前に駅に行っていなくてはならない。ところがその駅はホテルのほんの目と鼻の先なのだ。たかが一〇〇メートルばかりのことだから、勝手に歩いていきます、インツーリストの運転手には休みでもやってください、と申し出たが、答は「ニェット！」だった。ホテルのボーイがうやうやしく荷物をミニバスに積みこむと、僕らは駅まで一分そこそこの道のりを、バスで運ばれていった。プラットフォームで汽車を待つ間も、インツーリストのガイドは決して離れようとしない。僕らを無事汽車に乗せてしまうまでは、とても放ってはおけないものと見えた。

ボロネジ
カザフ共和国
ウラル川
ボルゴグラード
ボルガ川
ロストフ
カルムイク自治共和国
カスピ海
ソチ
カフカス山脈
ダゲスタン自治共和国
黒海
グルジア共和国
トビリシ
バトゥーミ
スムガイト
レニナカン
キロバカン
キロババート
バクー
アジャール自治共和国
エレバン
アルメニア共和国
アララト山
アゼルバイジャン共和国
アラス川
エラースー
トルコ
イラン

モスクワまでの二〇時間もの汽車旅行はまず快適だったが、同室のロシア人たちが気前よく分けてくれた、塩からい干魚のにおいにはまいった。グレンはロシア語にいやがうえにも磨きをかけ、僕は僕で隠し撮りの腕に大いに磨きをかけるうち、汽車はモスクワ駅にすべりこんだ。

インツーリストは、僕たちをカザン駅からキエフ駅まで連れてゆき、僕らが乗る汽車まで案内してくれるという周到さである。プラットフォームを歩いているうち、ソビエトの社会経済をつぶさに学びとる機会に恵まれた。ハリコフおよびロストフ(それぞれウクライナ共和国、ロシア共和国西部の都市)行きの列車は新しくてきれいなのに、バクー(アゼルバイジャン共和国の首都)行きの列車は古ぼけて、いかにも汚らしいのだ。

車室の仲間はバクーで石油掘削技術を学ぶベトナム人学生と、アゼルバイジャン人の兵士である。この兵士のおかげで、グレンは教科書なんぞに載っていないようなロシア語の表現を、しこたま仕入れたが、三六時間の長旅の間、意外なできごとはたった一回あっただけだった。チョビひげを生やした聾啞者の男が、突如として現われたと思うと、白黒写真を乗客に配って買わせようとしたのである。六種類ぐらいある中には、胸の豊かなインドの女神もあったが、もっとも人気があったのは何とヨシフ・スターリンの写真だった。

汽車はヨーロッパの最後の前哨地点スムガイトを通り過ぎて、いよいよアジアへの門戸であり、世界一の石油宝庫たるバクーに着いた。* この町は暑くるしくスモッグがひどいうえ、モスクワやレニングラードと比べてぐんと交通量が多く、道という道は交通が渋滞している。僕はまるでふるさとロサンゼルスに帰った心持になった。

＊　悲しいことにこれらの都市は、一九八八年から一九九〇年にかけておきた、アゼルバイジャン人やソ連軍のアルメニア人大虐殺事件で有名になっている。

着いてみるとホテルは一六階建のモダンなビルで、僕らの部屋は九階にあった。さぞ窓からの景色がよかろうと思いきや、横は六室分、縦は八階分にわたる巨大なカンバス地でできたレーニンの肖像のおかげで、何も見えはしない。スモッグ越しでも町の景色の方がよっぽどましだと思ったから、すぐに部屋を変えてもらった。窓の下の大広場では戦勝記念日の行事のため、パレード用楽隊がしきりと練習をしている。

午後になって気温がやっと下がりはじめるころ、僕たちは曲りくねった古い町並を歩きまわった。子供たちが狭い通路でサッカーをやっている。アルメニア語が聞こえてきたとき、僕ははっと思い出した。このバクーこそは、アルメニア一の有名人で、若くしてチェスの世界チャンピオンになったあのゲリー・カスパロフ(アルメニア名はガロ・カスパリアン)の故郷だったのだ。

五月八日(欧米ではこの日が戦勝記念日だが、ソ連では九日が戦勝記念日とされている)の午後、僕たちはトビリシ行きの夜行に乗るため、またもや別の駅に連れていかれた。いよいよ隣のグルジア共和国に入ったと気がついたのは、役所の壁にかかっている見慣れた肖像を目にしたときのことだ。それはグルジア生れの有名人ヨツェフ・ジュガシビリ、またの名はヨシフ・スターリン（アメリカ流に言えばジョー・スティールとなる）の肖像だった。

トビリシに着くと、インツーリストの送迎車が通行止めだらけの道のりを、さんざん苦労してホテルまで連れていってくれた。このホテルもまた、広場のど真ん中にある。すでに戦勝記念日のパレードは進行中だった。ピオネール、陸軍の新兵たち、労働者団体のほかこのパレードには、鮮やかな民族衣裳をまとい、グルジア地方の民謡を歌いながらカフカスの民族舞踊を踊る優雅な女性たちや、刀を振り回して飛んだり跳ねたりする男たちの民族団体が混じっている。広場を見わたすバルコニーに並んで、それを見物している高官たちの中で、最も目立ったのはグルジア共和国共産党のエドワルド・シェワルナゼ第一書記だった。

翌日僕は郵便局に行って、リチャード宛てに電報を打った。五月一一日は彼の誕生日なのだ。グレンは流感らしきものでホテルに寝こんでいるので、僕は一人で旧市街を歩きまわった。バクーがむし暑くスモッグがひどかったのに比べ、トビリシは暑いことは暑かったが、湿気がなく空があくまでも澄みきっているのは、町中に工場がないせいか。その真っ青な空を背景に、十二面体のアルメニアやグルジアの教会が二〇ほど誇らしげに建っていた。

その午後遅くユダヤ教会堂のそばを通りかかり、何気なく中をのぞくと、ちょうど真っ黒な着物をまとった老若男女が何百人か、お祈りの真っ最中だ(たまたまその日は金曜日だった)。ところがお祈りを唱え終るや、全員がまるで競歩みたいにドアに急ぐのが見えた。いまだにわけは知らないが何とも異様な見ものだった。

落日の最後の光が町並を照らしだす中を、ひげもじゃでのっぽの若者が話しかけてきた。エストニアから来たルター派の神学生で、英会話の練習がしたいという。「われわれエストニア人はロシア語などより、英語の方が好きなんです」と彼は断言した。この二か月もの間、ソ連中を汽車でまわって歩いているのだそうで、「なあに、ホテルに泊りさえしなけりゃ、身分証明など見せる必要はありませんからね。」そういうわけで彼は汽車で寝るか、どこかに一泊したいときは、民間人の家に泊めてもらってきたのだそうだ。

その日曜日グレンと僕は、ケーブルカーでスターリン公園に出かけた。それはトビリシの旧市街を見下ろす高い丘にあり、きれいな庭園や、老若の恋人たちがそぞろ歩く木陰の道もついていた。おまけに遊園地や、景色のすばらしい料亭があるうえ、そこいら中に串焼肉の屋台が出ている。ふと見るとアイスクリーム屋もあった。涎をたらさんばかりの僕をしたがえ、グレンがみごとなロシア語で、どんな種類のアイスクリームがあるかとたずねたところ、店の女は典型的ソ連流儀でグレンを無視し、相棒と何ごとかをしゃべりはじめた。そして話し終えると今度は、あいかわらず知らん顔のまま洗いものをやっている。

僕は笑顔を作って進み出た。そして大げさな身振りをしながら「ハロー。僕たちアイスクリームが欲しいんですが」と英語で言ったうえ、グレンを指さし「アメリカ人」とやった。すると彼女はたちまち笑顔になり、愛想よくアイスクリームを売ってくれたではないか！

その夕方僕たちは、アルメニアはエレバン行きの夜行に乗り込んだ。一夜あけて陽が昇ったのは、汽車がアルパ川に沿ってガタゴト進むころだった。もとはアルメニア東部の中央を走るアラス川の、見すぼらしい支流に過ぎなかったこの川は、今やトルコおよびNATO(北大西洋条約機構)との国境となっている。

ホテルが広場の真ん中でないのはここが初めてだったが、その代り今度は町外れのスラム街のど真ん中だ。一九一五年のあのアルメニア人大虐殺の心痛む記念碑を見学したあとは、ホテルに戻って落日を眺めることにした。母親が屋根のない台所で夕食を作っている間、子供たちは窓の下の埃っぽい小路で、元気よく遊んでいるのが見える。そのうち国境からややトルコ寄りの荒地にかかった連日の酷暑のもやの中から、標高五一六五メートルのアララト山の山頂が二つ、みごとな姿を現わした。

あくる朝僕たちは、近くのエチミアジン行きの観光団に加わった。エチミアジンは、アルメニアの宗教の中心といわれているが、そこで正式な僧服を着こみ、長いひげを垂らした僧を見たとたん、アルメニアは世界で初めてキリスト教を国教とした国であることを僕は思い出した(伝説ではグルジアとエチオピアが第二番目だということだ)。観光団が教会を見にいっている間、グレンと僕は近くの墓地に入っていった。墓石には肖像が彫りこんであるものが多い。その中に一九八〇年初頭を命日とする、軍服姿の若者の肖像がいくつか、すぐに目にとまった。おそらくアフガニスタンで戦死した兵隊にちがいない。

その日の午後、僕たちはさんざん探したあげく、やっとエレバン交響楽団の変人バイオリニスト、エドワルド・カザリアンの絵を見つけた。いつかアメリカを巡回していたソ連の科学技術展で、彼の絵が数点展示されたことがあったのである。何時間も行列をしたあげく、人々が強力な虫眼鏡を通して見たのは、カザリアンの精巧な細密画芸術だった。その中には針のメドの中に立っているチャップリンの像もあり、たった一本の髪の毛にサーカスの動物の行列を描いたものもあった。彼の絵筆はただ一本のモヘア。一筆一筆心臓の鼓動の合い間に描いていくのだという。いうなればカザリアンは、細密宗教画を描いたかどで迫害されたキリスト教徒の伝統をさらに延べ伝えていたことになる。

エレバンで見つけたカザリアンの細密画の中には、一本の麦の穂先に描いた風景画があった。この驚くべき芸術作品を「保存」するためのガラスケースは、背の高い本箱の端で埃をかぶっていたが、次の地震がくればひとたまりもなく床に落ちて、粉々に砕けるにちがいなかった。

その夜は、グレンがバークレーで会ったという物理学者の家族を訪問することになった。訪問といっても、向うが「タクシー」を迎えによこしたのだ。私用車がホテルに入ってくるのを見て気がついたのだが、エレバンにはいわゆるプロのタクシーというものがほとんどない。思うに個人の車はみないつでもタクシーに早変りする可能性をもっているのではないか。（そのデータは二日後に集めた。手を上げるか上げないかのうちに、ふつうの車がキーッと音を立てて止まり、僕らを乗せるのだ。）料金を払おうとすると、僕の金に放射能でもあるかのように身を縮める。その手ぶり足ぶりから察すると、客はルーブル貨を一つ二つ何気なく床に落とすのが礼儀らしかった。

グレンの知人一家のもてなしぶりはとどまることを知らず、ほとんどがダーチャ（別荘）で栽培した野菜を使った六コースもの料理が、次から次へと運びだされ、そのコースごとにアルメニア製コニャックで乾杯するのである。男性は乾杯のたびに立ち上がるのが地方の習慣らしく、それも文字どおり一滴残さず飲み干すのが、礼儀である。グレンはアル中になりやすい家系だなどと言いはって、うまく逃げおおせた。乾杯の音頭をとる番がまわってきたとき、僕はアルメニア語とロシア語で次のような短いスピーチをぶった。「グラニーツァ、ヒスーン　キロメター！(国境までたったの五〇キロ！)」そしてアララト山がアルメニアに返還されることを祈って杯をあげたのだった。

あくる日その一家の友人というのが、はるか遠くの谷に面した断崖絶壁の上に建つ修道院に、車で連れていってくれた。あたりの藪には山の精への捧げ物として、たくさんの白いハンカチや布切れが結んである。これを見ると昔のしきたりは、キリスト教どころか、マルクス主義革命の火の下までかいくぐって、未だに残っているもののようだ。

翌朝僕たちはトビリシに帰る汽車に乗り込み、帰途さまざまな市や町を通り過ぎたが、レニナカン、スピタク、キロバカンなど、どれもこれも三年半後には大地震で莫大な被害を蒙ることになった地名ばかりである。

午前六時、僕らは「赤いリビエラ」たるリゾート、ソチに着いた。インツーリストの送迎車が待っていなかったのは、今度が初めてである。僕たちは大喜びでタクシーを呼び、町にくりこんだ。

見ればソチの町中あちこちに新しい建物が建築中だ。まるでトランプ札でできた巨大な家みたいに、次々とプレハブのコンクリート板が一七階もの高さに積み重ねられてゆく。まったく危ない話だ。その心配はグレンがコンクリートミキサー車を指さしたとき、いよいよ高まった。そのドラムは全然回っていなかったのである。

ホテルに着いた僕たちの顔を見るや、デスク係はあわてふためいた。「ご到着は午後六時だと思っていました！」試しに車代を払い戻してくれと言ってみると、そんなことはできませんと言う。僕たちを待っていたはずの「送迎車」代は、（少なくともわれわれに対しては）換金できないクーポンで支払われているのだそうだ。

黒海沿岸はソ連人に人気のある休暇用リゾートである。しかも彼らは家族と行くのではなく、同僚といっしょに行くのだ（嫌がる者もあれば心はずむ者もいるだろう）。いささか剣呑な話だと思ったが、果たせるかなホテルの食堂で何組かのソ連女性から流し目を送られるにおよんで、いよいよその「休暇」の実感が迫ってきた。

ソチをあちこち見て歩いて気がついたのだが、この赤いリビエラとは大きなサマーキャンプ(林間学校、臨海学校のようなもの)だと思えばよい。はっきりとした散歩道の要所要所に、「行程の難易」を示す数字板が立ち、レクリエーション省のでかい看板が「正しい散歩のしかた」を指示している。「腕をこのように前後に振り(と、ごていねいにも挿し絵入りだ)、姿勢を正して深呼吸をせよ……」といった調子である。

ふと見るとがら空きのレストランがあった。ありがたいことにそのあたりには観光バスの気配もないので、そこに入って昼食をとることにした。これまでの三週間の旅行で、もうソ連のレストランのあしらい方はがっちり心得ている。それをひとつ列記してみよう。

(1) まるで工事現場の若い者みたいながっしりした給仕が三、四人もいながら、一〇分経っても一人として腰を上げる者がいなくても決してびっくりしてはいけない。今度は誰が「そのテーブルは使えません」と言いにいく番かを決めるのに忙しくて、客どころではないのだ。

(2) さて別なテーブルに移されたあと、なおも給仕たちがこちらには知らん顔で、三〇人分用意された向うの長いテーブルの、濡れてもいないワイングラスを拭き直すのが目下の重大事といった顔つきをしていても、決して腹を立ててはいけない。

(3)　そんなにまで無視してもなお客が出ていかず、かえって楽しんでいる気配すら見えてくると、彼らはしかたなくこちらに注意を向けはじめるであろう。

(4)　さてやっとのことでメニューが来ても、これを本気にして涎などたらしてはいけない。けっこうな料理の名がたくさん並んでいたところで、どうせその中の一つしかありはしないのだ。「今日の特別料理はどれですか？」と聞くだけでよい。

(5)　食事には必ず毎食ジャガイモがつくものと覚悟すること。生野菜については、小カブとキュウリが好物でない人は憐れむべしである。

(6)　出てくる料理の量はまことにケチくさいから、食べ足りなかったらパンをよけいに注文すること。

(7)　バター一切れごとに金を取られるものと観念すること。だが安いから、そう心配することはない。ヨーロッパ経済共同体の援助によるバターの山のほんの一部を味わっているだけだ。

(8)　紙ナプキンは、四角い二重の紙ナプキンの上の層をはがして、それをまた斜め半分に切ったペラペラの三角紙一枚と覚しめせ。一度口を拭いたらもうだめになるから、どうしても四枚は要る。ということはつまり元のナプキン一枚分ということだ。

(9)　どういうわけか支払いの直前、レジに釣銭がいっさいなくなるという、摩訶不思議な現象が必ず起るから、ありとあらゆる金額の紙幣や硬貨を用意していくこと。

さて翌日はまたもや汽車である。今度はモスクワまで三〇時間の長旅だ。汽車ではうまい食事ができるのが楽しみだった。何時間も、いやひょっとすると何日間もぐつぐつ煮込んだアツアツのスープが、パンといっしょに出てくる。これが実にうまかった。

モスクワのホテルに着いてみると、セブヤン・ヴァインシュタインと、レフ・オクンの二人からのはがきが待っていた。オクンは有名な物理学者で、その著書の『レプトンとクォーク』という本を、グレンは大学院で使ったという。二人とも電話番号を書いておいてくれたから、さっそくかけてみるとオクンとはすぐ連絡がとれ、翌朝会う約束ができた。

オクンは最近出版されたファインマンの『光と物質のふしぎな理論』と『ご冗談でしょう、ファインマンさん』をロシア語に訳して出したいのだと打ちあけ、「わがソ連国民も、ファインマン精神に触れる必要が、大いにありますからね」と言った。

ところがファインマンの野放図なユーモアをソ連に持ちこむというのは、そう簡単にはいかないものと見え、オクンがこの話を持ちこんだ出版社は片っ端から断わってきた。「ラルフ君、迷惑でなかったらミール出版社に行ってみてください。きっと喜んで会ってくれると思いますよ」と彼は提案した。

なるほどそのとおり、ミール出版社は二つ返事で、その日の午後三時に会いたいと言う。オクンは同行を遠慮した。出版社にしてみれば、そばに高名な物理学者がいたのでは、気が散ってせっかくの外国人との会見の意味が薄れるだろう、という思いやりからである。

僕たちは地下鉄とタクシーを乗り継いで、もとは豪壮な住宅地だったというあたりにあるミール出版社を訪問した。着いてみると上役の編集者たち二人が待ちかねていて、まず衿につけるバッジをくれ、秘書が茶を入れてくれた。話によると『ファインマン物理学』は、ミールで最も成功した本で、過去二〇年の間に一〇〇万部以上売れたのだそうだ。

この二、三年のうちにファインマン教授がソ連を訪ねるかもしれない、と言うと（ミール出版社がわれわれほどトゥーバに熱をあげていない場合を考え、トゥーバを口にのぼせることは控えた）、印税を払う義務はもちろんないが、*それでもお礼としてルーブルを用意して渡すことができると受けあった。

＊『ファインマン物理学』のロシア語版は、ソ連が国際著作権条約に参加する前に出版されている。

さていよいよ『ご冗談でしょう』を持ちだす段である。コピーを渡すと編集者たちは、読むのにはたいへん興味があるけれども、出版となると結局「われわれは技術的な本しか出しませんので」と言って渋るだけだった。

ミール出版社との会見のあと、僕たちはノボデビチ修道院に出かけた。修道院の方は公開されているのだ。そのあとひょっとするとフルシチョフの墓が見られるのではないかと思って、墓地の門のところまで行ってみた。一団の人々が入れてもらっているので、それにまぎれて入りこもうとしたが、やっぱり守衛に止められてだめだった。

がっかりした僕たちは、しかたがない、この際もう少し目標を格下げしようではないか、ということになった。ソ連第一日目からずっと、僕たちはミネラルウォーターの自動販売機のところで、同じコップで次々と人が水を飲むのを見て、怖気をふるっていたのである。だが今や汽車の中で汚いコップの茶をさんざん飲んできたツワモノである。自動販売機を試す心準備は充分すぎるほどだ。僕は生れつきのモスクワっ子みたいな顔をして、見たこともない男のうしろに並ぶと、辛抱強く順番を待った。水を飲み終えたその男は、コップを逆さにすると棚のようなものにぎゅうと押しつける。すると下からピュッと水が出て、一応コップをゆすぐしかけだ。彼が行ったあと、僕は販売機の前に進んで三コペイカ貨を入れた。そしてためらいもせず、少し泡立って塩気のある水をぐっと飲み干し、コップを棚に戻した。かくてこの目標はぶじ達成したわけだ。

僕は販売機から離れながら考えた。ひょっとするとあのように一つのコップを共用することが、かえって人の免疫性を強めるのかもしれない。何回か喉が痛くはなるかもしれないが、それさえ我慢すればもう慣れて、冬の風邪や流感にはびくともしなくなるのではないか(その証拠に、次の週になっても僕の喉はチクリともせず、まったく何ごとも起らなかった)。

さて次の日赤の広場近くの公衆電話で、やっとヴァインシュタインと連絡がとれ、彼の提案で地下鉄のアカデミア駅で会うことになった。

指定の時間にヴァインシュタインと落ちあってみると、暖い微笑をたたえ、目がいたずらそうにキラリと光るところは、リチャードにそっくりだ。またあとでわかったことだが、似ているところはそれだけではなかった。二人ともユダヤの家系だが信者ではなく、夫人もユダヤ系ではない。ヴァインシュタインはリガの旧家の出、ファインマンの祖父母はミンスク出身である。

ヴァインシュタインは、角を曲って一ブロックばかりのところにある彼の務め先、民族誌学研究所に連れていってくれた。古い私立中学校みたいな四階建の木造ビルは、中が薄暗く、歩くと床がミシミシ軋む。ここにいる民族誌学者の大多数はロシア人だったが、中にはカザフ人やキルギス人その他のアジア系の所員も数人混っていた。僕たち「アメリカから来た仲間」を皆に紹介してまわったあと(なぜか所長室には連れていってくれなかったが)、ヴァインシュタインは、シベリアのケート人をテーマに学位論文を書いたという学生の、学位論文審査の口頭試験に立ち会わないかと誘ってくれた。

さてヴァインシュタインがグレンに渡したその論文のコピーを見て驚いた。何しろ古い鉄製のタイプライターで、しかも何枚かコピーをとるのに使い古しのカーボンを使ってあるので、とうてい読めたものではないのだ。とにかくそのあわれな候補者は、並いる教授たちに、たった三〇〇人しかいない民族の研究意義を手きびしく問われ、さんざん絞りあげられた。少数民族が歴史の秘密を解き明かす鍵を握ることがあると、多少同情的な意見を出したのはヴァインシュタインぐらいである(結局この学生は気の毒にも試験にパスしなかったらしい)。口頭試験がすむと、ヴァインシュタインは次の日の晩彼のアパートに夕食に来いと招待してくれた。

翌日午後五時ごろ、僕たちはまたもや民族誌学研究所で落ちあった。不案内なアメリカ人では、とても彼のアパートを探すのはむりだと思ったらしい。地下鉄のアカデミア駅に入っていきながら、ヴァインシュタインはカリフォルニアの地下鉄の料金をたずねた。サンフランシスコの交通事情に詳しいグレンが「行先によりますが、だいたい二、三ドルぐらいでしょう」と答えると、ヴァインシュタインは、五コペイカ貨を三つ改札口の回転棒の穴に入れ、僕らを通しながら「ここじゃ開通以来、未だに同じ値段ですよ」と誇らしげに言った。

それほどモスクワの地下鉄料金が安いのは、それを利用することもない地方の民衆が血税でそれを補助しているからでしょう、と言いたかったのだが、いかんせん僕の高校式ドイツ語では通じかね、訳してもらおうにもグレンはいっかなとりあってくれなかった。

騒然とした地下鉄に乗ること約一時間、あまりのやかましさに、考えがまとまらないぐらいだ。だがグレンは愉快そうにヴァインシュタインとしゃべっており、冗談までちゃんとわかっている様子だった。

最終駅で降り、外に出ると今度は一五分ぐらいバスに揺られ、やっとのことでたどりついたのは五階建の平凡なアパート街である。そして三階にあるヴァインシュタインのアパートに着いたときは午後七時になっていた。

僕たち二人はヴァインシュタインといっしょに住む彼の母と夫人とに紹介された。一人娘は今モスクワから離れた大学に在学中で、不在だ。

まず彼の書斎に通され、トゥーバの数々の品を見せてもらったが、その中には石の彫刻のコレクションもあった。壁にはサヤン山の落日を描いた、目にも鮮やかな絵がかかっている。ヴァインシュタイン自らの筆になる絵である。「トゥーバはそれは美しい《シェーン》ところなのです」と彼は、アメリカのウェスタン歌手ウェイン・ニュートンが「ダンキュー・シェイン……」と歌うときの「シェイン」そっくりの発音のドイツ語で強調した。

ヴァインシュタインに言われなくても、僕たちはトゥーバの美しさをよく承知しているつもりだ。研究所長と彼とが努力してくれているはずの、ファインマンのトゥーバ訪問はどうなっているのか、喉元までその質問が出かかっていたが、何か進展があれば彼の方からとっくにその話題を持ちだしているはずだから、おそらくだめになってしまったのだろうと察しをつけた。今さらそれを聞いたところで死んだ馬に鞭をあてるようなものではないか。

と、ヴァインシュタインは本箱から、美術館のカタログを一冊取り出した。見ると日本語と英語で印刷してある。「これをファインマン教授に送ったんですが、着いたでしょうか?」と彼はドイツ語で質問した。

「いや、まだのようですが……」

するとた彼はまた別な博物館のカタログを引っぱりだしてきたが、今度はフィンランド語と英語だ。

「これもファインマン教授に送ったんですが、受け取られたでしょうかね?」

こっちの答はまたもや「ノー」だ。

ヴァインシュタインの説明によると、これはソビエト科学アカデミーが組織した『シルクロードにて』という展覧会のカタログで、日本では一九八二年、一九八五年初頭にはフィンランドで展示されたのだという。この展覧会には何百もの出土品が出品されており、その多くはヴァインシュタイン自ら掘り出したものなのだ。

夕食の時間が来た。

食堂に入っていくと僕たちのほかに、三人の客がいる。二人の若い女性のうち一人はロシア人、もう一人はモンゴル系の人の住むバイカル湖近くの地区、ブリヤートから来たアジア系だ。そのブリヤートの女性は、ヴァインシュタインの指導で、博士課程の研究を終えたばかりだったのである。その夕食は実は彼女が主賓だというのに、ヴァインシュタインは今の今まで彼女をぜんぜん無視して、僕らとばかり話をしていたとは呆れ返った!

運よくヴァインシュタインの研究所の同僚のハンサムで愛想のいいロシア男が、ファインマンもどきの話で、女性たちをもてなしてくれたので助かったが、その話というのが自分の船員時代の思い出や、オーストラリア、南洋、イギリス、日本などでの経験談だった。

食卓には所狭しとばかり一口サイズのごちそうが並んでいる。三種類ものキャビア、技巧をこらしたキュウリ細工、ソーセージやトマトの薄切り、一口パイ、ライスプディング、カスタードプリン、ビスケットなどなど、おまけに何種類ものウォツカやコニャックが添えてある。

話はロシア語、ドイツ語、英語の三か国語ではずんだが、ときどき男どもの乾杯スピーチの合いの手が入る。まずヴァインシュタインが、ファインマンに敬意を表して乾杯したのを皮切りに、しばらくまた話をしたあと、今度はグレンがヴァインシュタイン夫人のごちそうに感謝して杯をあげた。

と、ヴァインシュタインが面白い話をきりだした。彼が昔キジル博物館長をしていたころ、たまたま教師としてトゥーバに送られてきた若いロシア人の女性に会ったのだそうだ。ある日のこと、彼女が「あと三日ほどで私の誕生日なの。家で小さなパーティをするんだけど、いらっしゃらない？」と誘ってくれた。

いよいよその日が来たので、バースデーケーキを買うつもりで近所の菓子屋にいってみたところ、ケーキはたった一つしかなかった。しかもそれはその夕方ある娘にプロポーズしに行くという若者が注文していったのだという。「もし閉店までにその客が取りにこなかったら、あなたに売ってあげましょう」と店主は約束した。

閉店の時間に行ってみると、ケーキはまだそのまま残っている。

「デコレーションを「ハッピー・バースデー」に変えましょうか？」と菓子屋がたずねた。

「ああ頼む」とヴァインシュタインは答えたが、

「いや気が変わった。そのままでいいよ。彼女にプロポーズするのも悪くないからな！」

「というわけで、それ以来私はこの人にとっつかれちゃったんですよ」と奥さんが笑いながら、何度も聞かされたにちがいないこの話にオチをつけた。

またしばらくあれこれ珍味を味わったあと、いよいよ僕が乾杯の音頭をとる番だ。この会はヴァインシュタインの学生を祝う会だというのに、僕とグレンばかりが中心になっているようで、僕は申しわけなくてしかたがなかった。そう思っているうちに、以前『マッド・マガジン』という諷刺雑誌で見たジョークをひょいと思い出したのである。「バーグから見た景色」の欄に、ある子供が「君はまるで手にできたマメみたいなもんだよ。こっちがさんざん苦労した後になって、ひょいと顔をだすんだからな！」とぼやく。

ところがこの冗談をドイツ語に直すのが問題だった。グレンにこれをロシア語に訳してくれと頼みこんだが、「だめだよ、ラルフ。ばかげた冗談なんだから」と耳うちするだけで取り合ってくれない。「言ったってどうせわかりゃしないよ。」

しかしこっちはいくら首をひねっても、乾杯のスピーチに言いたいことが浮かんでこない。困りはてた僕はグレンにしつこく頼んだ。彼はとうとうウンと言ったが、ヴァインシュタインの同僚で英語のうまい男に、「マメ」とはロシア語で何と言うのか、と聞いている。ところがその彼もそんな言葉は知らないと言うだけだ。しかたなく僕がヴァインシュタインにドイツ語で説明してみた。彼は僕が何を言わんとしているかはわかったらしいが、それをロシア語で何というのかはわからないと言いはった。学者にとってその言葉はタブーなのだろうか？「マメ」などという言葉を知っているということは、つまり手を使って労働したことのある過去をさらけだすようなものなのか？

僕はその冗談をうまく説明しようと努力したにもかかわらず、やっぱりグレンが言ったとおり、ソ連人たちはさっぱりピンと来ないようだった。

それからまた三か国語の歓談しばし、今度はヴァインシュタインの同僚が乾杯する番である。彼は女性の徳をたたえてとうとうたる演説をぶった。すると女性たちは顔を真っ赤にし、男どもは腹を抱えて笑いこけている。彼の長弁舌を聞いているうちに、いったいこの男は何ものだろう？と僕はふしぎに思いはじめた。学者にしてはどうも伊達で話がうますぎる。聞くところによると、外国人との接触を持ったソ連人は必ずKGBに報告しなくてはならないのだそうだ。ひょっとするとヴァインシュタインはあとになって疑われることのないよう、この夕食にKGBを招いたのだろうか。

この伊達男のスピーチが終るころには、僕の酔いはすっかりさめてしまい、もう一杯やらなくては落着いていられないありさまとなっていた。そこで皆といっしょに勢よく杯をあげ、グイと一口で飲み干したのである。

夕食が終ると、僕は『ご冗談でしょう、ファインマンさん!』を取り出し、ヴァインシュタインに贈呈した。そしてミール出版社での話を聞かせると、彼は「ファインマン教授はわが国ではたいへんよく知られていましてね」と、次のような話をしてくれた。最近彼がトゥーバ西部を旅行中、あるユールトの外に座っている若いトゥーバ女性を見かけた。聞けば名前をマルクス・キルギスと言う。おそらく彼女の両親は、マルクス、マルクス、と耳にタコができるほど聞かされたので、娘にこの白人の偉人の名をつけたのだろう。自由の身になったアメリカの奴隷たちが、やれリンカーンだワシントンだと白人の大統領の名をつけたようなものだ。このマルクス嬢は教師になる勉強をしているのだそうだったが、彼女がそのとき読んでいた本は、他でもない『ファインマン物理学』だったのだ!

「酋長がこの話を聞いたら、さぞかし喜ぶだろうな」と僕はグレンにささやいて、リチャードに敬意を表し皆といっしょに乾杯したのだった。

さらに続く歓談の中で、僕はヴァインシュタインがテレ・ホル湖中の島にある、ウイグルの城塞について本を書いているそうだが、とたずねた。

「ええ書いていますよ。だがいったいどうしてご存じなんです?」

僕は持ってきた『ソビエト・ライフ』を取り出し、例の記事を彼に見せた。

「ほう。しかしその雑誌の人と話をした覚えはありませんね」とヴァインシュタインはふしぎがった。「そんな記者など名前を聞いたこともないが、まあ書いてあることはだいたい正しいようだ。」その記者は、ヴァインシュタインとほかの出版社の記者との間のインタビュー記事を見て、『ライフ』の記事を書いたのだろう、というのが彼の解釈だった。

次いでヴァインシュタインは『シルクロードにて』のフィンランド版カタログをくれ、「この展覧会は来年二月にスウェーデンのエーテボリに行くことになっていますよ」と言った。

『ソビエト・ライフ』をもう一度眺めると、トゥーバに行ったアメリカの植物学者の記事が目に飛び込んできた。そしてそのとき、どうしてもトゥーバに行かなくてはならない理由(その首都がKYZYLという綴りだという以外の)を考えろ、という酋長の忠告を思い出したのである。僕の頭にぱっと閃めくものがあった。ヴァインシュタインはたった今、その「理由」を手渡してくれたのだ。僕は心の中で次のような宣言をすると、杯をあげた。

「その展覧会はスウェーデンのあとアメリカに行くのだ。そして主催側の博物館のメンバーとして、リチャード・ファインマン、ラルフ・レイトン、グレン・コーワンの三人は、セブヤン・ヴァインシュタインとともに、トゥーバを訪問するであろう」と。

8

素人外交官

グレンはバークレーに発ち、僕は弟のアランとその女房のリンダを訪ねるため、ドイツのボーフム行きの列車に乗りこんだ。アランはボーフム市オーケストラの第一ホルン奏者なのだ。さてボーフムの次は、二〇年も前に「外国生活経験」プログラムの学生として、わが家に泊ったことのある物理学者を訪ねて、スウェーデンのエーテボリに向った。

六月はじめの天気は実にうららかだった。澄みきった空に陽はさんさんと輝き、気温は二七度という暖かさである。アラスカ半島あたりと同じ緯度の、この岩だらけの海岸町に住む人々は老若男女こぞって日光浴に夢中だった。見渡すかぎりトップレスの女性だらけだ。あんまりトップレスを見たせいで、お堅い北アメリカからの新参者たる僕も、そのうちちっとも驚かなくなった。

スウェーデンの春の暖かさと、めくるめくような晴天に目がくらんだものか、八か月後に例のシルクロード展が開かれるという、エーテボリ歴史博物館に行ってみようという気には、とてもなれなかった。どだい巡回展覧会なんぞというものは、ドサまわりのサーカスみたいなもので、週半ばごろ町にやってきたと思うと、金曜日までには準備万端整い、週末にはもう見物が来るという式のものだろうと、たかをくくっていたのだ。そのとき博物館運営のことをちょっとでも知っていたら、シルクロード展の準備がとっくに始まっていることぐらい、よーく察しがついていたはずなのだが。

パサデナに戻ると、さっそく酋長にシルクロード展をアメリカに持ってくる計画を打ちあけ、ヴァインシュタインが送ったのと同じ展覧会のカタログを見せた。そして「話は違うけど、僕がトビリシから打った誕生祝の電報は着きましたか？」とたずねると、

「いや電報なんか何も来なかったよ。」

「はがきも二通出したんですが……」

「それも受け取っていないね。」

「おかしいな」と僕は首をひねった。

「ほかにはがきを出した連中を調べたんですが、みな受け取ったと言っている。するとヴァインシュタインの年賀状が、キャルテクに着いたのは奇蹟みたいなもんですね。ほかにだって届かなかったものが、どれだけあるか知れたもんじゃない。」

一九八五年の夏いっぱい、いや教師業に戻ったその秋になってすら、僕はトゥーバやシルクロード展のことは何一つする気にならなかった。ひょっとするとグレンと二人で耐えたソ連での長い長い汽車旅行や「乗り換え」やふくれっつらの給仕たちに、いささかうんざりしていたのかもしれない。その一一月、レーガンとゴルバチョフがジュネーブで初会見した結果、フランス印象派の絵画四〇点の展覧会を、アメリカで開くという文化協定が成立したと発表されたときでさえ、ヴァインシュタインのくれたカタログの埃を払おうな

どとは、思ってもみなかった。

あけて一九八六年の正月が来たというのに、トゥーバ友の会には何ひとつ新しいことは起っていなかった。議会が再開準備に入る一方、レーガンの演説を書く連中は合衆国大統領年頭演説の準備におおわらわだった。前年の演説では大統領は教師を民間人宇宙飛行士の第一号にすると宣言し、教育に肩を入れる姿勢を見せる人心懐柔工作に出ている。年頭演説をあと二、三日後に控え、公約通り教師クリスタ・マコーリフを宇宙軌道に乗せるためのシャトルは、今や発射前の秒読みに入っていた。大統領の演説中に、彼女が宇宙から議会に挨拶を送ったとしたら、どんなに劇的な効果があることだろう！

一月二八日、シャトルは打上げ直後大爆発を起して木端微塵に砕け散った。その惨状は夕方のニュースで繰り返し放映され、レーガン大統領はせっかくの演説を延期して、国のため生命を落とした英雄に、弔辞を述べなくてはならぬはめとなったのである。チャレンジャー号爆発事件を調査するための委員会がさっそく結成され、リチャードはその委員をおおせつかることになった。

二月に入るやさすがの僕も、エーテボリで開かれたばかりのはずのシルクロード展を思い出した。日曜にアランに電話して「スウェーデンに行って展覧会を見てきてくれないか？　ヴァインシュタインにも会えるし、どんな展覧会かもわかるだろう？」と言うと、

「そりゃもちろん行ってもいいが、兄さんも行ったらどうだい？　最近オーケストラ仲

間のヴァイオリニストが、サンフランシスコから「国民急行」とかでブリュッセルまで飛んできたが、たったの九九ドルだったそうだよ。」

「ええ？　ほんとかい？　だがきっと何かからくりがあるにちがいないよ。たとえば帰りの便は九九九ドルかかるとか……」

それでも「国民急行」に電話してみると、その新しいルートを宣伝するため、水曜ごとに本当に片道九九ドルで、サンフランシスコ・ブリュッセル間直行便を運行しているのだという。

「切符を手に入れるのにはどうすればいいんです？　空港で二日間キャンプでもしなくちゃならないのでは？」

「いえいえ、今電話で予約をおとりしますが。」

「ええっ？　まだそんな切符が残ってるんですか？」

「はい、ございますよ。」

「そりゃありがたい。名前はリチャード・ファインマン、ラルフ・レイトンとグレン・コーワン。二月六日にブリュッセルに行き、二〇日にサンフランシスコに戻ることにします。」

「明日旅行社で切符を買っていただければ、お席は確保いたします。」

僕はすぐさまアランに「行くぞ！」と電話をかけた。昨年エーテボリに訪ねた物理学者のマッツ・ヨーンソンにも電話をかけ、アメリカ人が大勢押しかけてもかまわないか？とたずねると「どうぞどうぞ、いつでも歓迎しますよ」と言う。

そのうえあつかましくも、エーテボリ歴史博物館で、ソ連代表と会わせてくれないかとも頼みこんだ。

この計画を酋長に話すと、彼はすでに火曜日にはジェット推進力研究所に、シャトルのことを教えてもらいに行く予定だし、水曜日からはもうずっとワシントンにカンヅメだと言った。

「だいいち何でスウェーデンに行くんだい？　去年の夏帰ってきてから、その展覧会をアメリカに持ってくるについて、何もやってないじゃないか。今度の話だってすこしおかしいぜ。」

「うん、わかってますよ」と僕は認めた。「行くつもりはなかったんだけど、こんな安い飛行機を利用しない手はないですよ。しかもスウェーデンの宿代はただだし。ただその展覧会をこの目で見たいだけの話で、ソ連側に何も約束するつもりはないんです。」

次はグレンだ。「この水曜日、何か予定があるかい？」

「例によって例のごとしさ。サンフランシスコに来る気でもあるのか？」

「うん、まあね。スウェーデンに行く途中でね。」

「ええっ？　スウェーデンだって？」

事情を説明すると、呆れたことにグレンは僕のこの無分別な計画につきあうと言う。「じゃ三日後に会おうな」ということになった。

マッツに電話してソ連側との会見計画の首尾をたずねると、「実は面白い偶然がありましてね」と答えた。「博物館に連絡をとってみたところが、その展覧会の責任者というのが、ほとんど毎週顔を合わせてる男なんです。娘たちが同じバレーのレッスンに通っている関係でね。君たちが来たらソ連代表者と会えるようにしてくれると、喜んで引き受けてくれましたよ。」

「そりゃありがたい。乗る汽車がわかったら、ボーフムから電話しますよ。どうもありがとう！」

水曜日になるとまずサンフランシスコに飛び、空港でグレンと落ちあった。ブリュッセルへの快適な旅のあいだ、グレンはUCLA時代にやったことのあるスウェーデン語講座のテープを、何時間も聞き続けていたが、ときどきだしぬけにスウェーデン語で、何ごとかを口走る。その抑揚のある調子を聞いていると、ヨーロッパの言葉というより、むしろ中国語のように聞こえた。

ボーフムに着いたのは木曜の夜である。アランとリンダが迎えにきていて、車で彼らのアパートに連れていってくれた。翌日僕たちはアランがグラフィックアーチストのリンダと二人でデザインしたTシャツを、デュッセルドルフまで取りに出かけた。一つは

「ТЫВА」(トゥーバをキリル文字で表わしたもの)という文字が、トゥーバの国の形になるように書いてある。もう一つは白地に「Кызылга♥Мен」(キジル♥私)が黒い文字と赤いハート型で染めぬいてあった。

「おいアラン。いったいどこでトゥーバ語の表現を習ったんだい?」

「クリューガー教授に電話したのさ」とアランは笑った。「その教え代として「アイ♥コペンハーゲン」というステッカーを、スウェーデンからの帰りに探してきてくれと言っていたよ。」

その夜遅く僕たちはコペンハーゲン行きの汽車に乗り、そこでヘルシンゴール行きに乗り換えた。ヘルシンゴールからはフェリーボートで八キロメートルばかり行けばスウェーデンだ。大きな氷片でおおわれている港の水を見て、僕ら南カリフォルニアの人間どもは、この氷片が雨や雪などが非常に冷たい水面に当たって凍った真水だけでできているのか、それとも塩水が凍ったものか、という談義にひとしきり花を咲かせた。

スウェーデンの汽車に乗り換えた僕たち一行は、午後エーテボリについた。駅にはマッツと四歳になる娘のエンマが出迎えてくれたが、これからまっすぐエーテボリ歴史博物館に行くのだと言う。

「しかしまあ僕らのかっこうを見てくださいよ」と僕は抗議した。「長旅で服はしわくちゃだし、ひげもそってないし……」

「そんなことはちっともかまいませんよ」とマッツは平気だ。「とにかくソ連の連中はみなとても君たちに会いたがっているんですから。」

脇の戸口から博物館に入り、二階に上って行くと、館長室があった。館長のクリスチャン・アクセルーニルソンは赤ら顔の豪放そうな男で、シェリー酒の栓を抜いてわれわれを歓迎してくれた。次に紹介されたのは、マッツが娘のバレー・レッスンを通して知りあったという当博物館の民族誌学者シロウ博士である。

グレンは流暢なスウェーデン語でみなをあっと言わせたが、こうして賑やかにしゃべっているうちに背後のドアがすっと開き、入って来たのはいつかヴァインシュタインのアパートで会った、あのハンサムな男ではないか！

「ラルフ・レイトン君、ごきげんよう！」彼はぱっと踵をそろえ、手を差し出しながら頭を下げた。「またお会いできるとは嬉しいですね。」

「あっ、こんにちは、えーと……」

「バシロフ博士」とグレンが危ういところで助け舟を出した。

「これはグレン・コーワン君。お久しぶりです」とバシロフ博士はしたたるばかりの魅力を発散しながら会釈をした。グレンはロシア語で愛想よく返事をしている。

こうして四方山話を交わしながら、僕はこの第一級のもてなしに感じ入ってしまった。こっちは顔もろくろく洗っていないがさつなアメリカ人だというのに、この洗練されたスウェーデンとソ連の教養人たちは、下にも置かない応待をしてくれているのだから驚くほかはない。

小さなエンマがチーズパンをかじったり逆立ちしたりしている横で、僕たちはいよいよアメリカでは、どの博物館に展覧会を持ちこもうかという話し合いに入った。アクセル＝ニルソンは、ワシントンのスミソニアン博物館が一番よいのではないかという意見を出したが、バシロフはスミソニアンがすでに『クロスロード』というベーリング海峡両岸の民族文化をテーマにした米ソ合同展覧会を準備中だといって、ちょっと渋った。

再びひとわたりシェリーが注がれ、話し合いがしばらく続くうち、また背後にノックが聞こえ、入ってきたのはセブヤン・ヴァインシュタインである。彼がなかなか現われないので、いったいいつになったら来るのかと待ち遠しかったのだが、グレンの解釈では、おそらくヴァインシュタインの地位が自分より低いことを示す、バシロフのさしがねだろうということだった。

展覧会の案内を申し出たヴァインシュタインについて会場に行ってみると、何百人もの人々がつめかけて展示ケースをとりまいている。その飾りけのない白いケースの中には、金、銀、青銅、赤銅をはじめ、木、皮、布などを使って作られたさまざまな展示品が、いっぱい詰まっていた。木、皮、布などの腐りやすい材料も、シベリアやモンゴルの凍土の氷の中で保存されていたのだ。ヴァインシュタインは、トゥーバで自分が発掘した数多い出土品に重点を置いて案内してくれたが、その中にはイノシシが狩人に嚙みつき、犬がそのイノシシと戦っている姿をかたどった、スキタイ時代(紀元前八〇〇年—二〇〇年)の黄金の出土品があった。

「あっ! これのことなら読んだことがあるぞ!」と僕は思わず叫んだ。そしてリチャードが『ロサンゼルス・タイムズ』にこの彫刻の記事を見つけたときのことを皆に話し、酋長に持って帰って見せようと、この彫刻をカメラに収めたのだった(写真7)。

写真7 狩人(上部で体を曲げている)を襲うイノシシに,犬(右に頭が見えている)が嚙みついているありさまを型どった,スキタイ時代の黄金の彫刻がトゥーバで発見されたという記事を,リチャードが目にしたのは1982年である.その彫刻は1986年『シルクロードにて』という展覧会の一部として,スウェーデンにやってきた.(レニングラード,オーロラ出版社提供)

ヴァインシュタインは、さらに彼のトゥーバ美術の本に特記されている、身を丸めたヒョウの彫ってある大きな銅盤や、先端に穴が開けてあって、射るとヒューヒュー音を立てるという妙なかっこうのフン時代(紀元一年—五〇〇年)の矢だの、会場のど真ん中にすえられた、古代チュルク時代(五五〇年—一二〇〇年)の等身大の「石の人」(これはメンヒェン—ヘルフェンの本で見た像そっくりだった)など、驚くべきトゥーバの出土品の数々を見せてくれた。

彼はトゥーバに重点を置いていたが、僕はそばにある「黄金人間」と呼ばれる眩しいばかりの衣裳の複製に、目をうばわれずにはいられなかった。現在カザフスタンと呼ばれる土地に住んでいたスキタイ貴族の墓から出たものである。もとの金箔片は脆くなっていて、もう衣裳として展示することができないため、そばのケースの中に収められていた。これらの品はスキタイのいわゆる「アニマル・スタイル」美術の見事な例で、馬、ヘラジカ、様式化した角をもつ牡鹿など、すべて体内に溢れる力と動きとをあますところなくとらえている。この黄金人間の高さ六〇センチもある頭飾りは、中空を指して立つ長い矢、翼を生やした双頭の奇獣、歯をむいた一対の雪ヒョウなどで飾られていた。

展示品を見て歩いたあとマッツに、その夜彼の家でソ連の連中との話し合いを続けさせてもらえないだろうか、と頼むと、ついでに夕食にどうだということになってしまった。ヴァインシュタインは行きましょうと言ったが、バシロフを見つけて招待したところ、彼は「他に約束があるから」といって辞退した。

皆とひとわたり握手をすませた僕たちは、マッツとエンマに連れられて、彼の家に行った。マッツは今夜の夕食にヴァインシュタインも来るかもしれない、と奥さんのエリザベスに打ちあけたが、そう言っておきながら「でもひょっとすると来ないかもしれないな」と言う。「シロウ博士によるとソ連の連中は、来ると言っておいて現われないことがよくあるそうだからね。」

夕食の時間が近づくころ、僕とグレンはマッツについてスリークラウン・ホテルに、ヴァインシュタインを探しにいった。彼はちゃんと玄関に立っていたからすぐ見つかったが、何とほかにもう二人ソ連人を引き連れている。「この連中もいっしょに行っていいですか?」と聞かれて、まさか「いやだめです」などと言えたものではない。ではどうぞということになった。

そこで一同は、マッツのフォルクスワーゲン・ダッシャーにすし詰めとなり、何とかヨーンソン家に戻ったが、思いがけぬ客の急増にも、エリザベスは顔色一つ変えなかった。ヴァインシュタインの連れは、二人ともロシア語一点張りである。トルストイの兄貴みたいな風態のヴァディム・クリロフは、レニングラードから来ている民族誌学者、ノボシビルスクの歴史学者ウラジーミル・ラミンは、グロムイコの弟みたいな面構えだ。

エリザベスのごちそうはスウェーデン風ピザパイだった。薄い層からなる「フィロ」皮の上に、スウェーデンのチーズ、ソーセージ、ピーマンなどが色も鮮やかに並んでおり、見た目といい味といい実にすばらしい。ソ連の連中がアルメニアのコニャックを持参したので、またもや例の乾杯が始まった。ヴァインシュタインはモスクワのときと同様、リチャード・ファインマンに敬意を表する言葉をながながと述べ、彼に会えないことをしきりと残念がった。そしてリチャードに何となく惹きつけられるところがあるが、思うに引力でも働いているのにちがいない。ついては今、引力の法則を訂正して「ファインマン効果」というものを考えに入れることを提案する、と言って杯をあげた。グレンはスウェーデン語で、すばらしい夕食を用意してくれたマッツの奥さんに乾杯し、僕はたまたまその夜にあたるトゥーバの正月「シャガー」を祝って杯を干した。

ヨーンソン家の食堂にほのめくロウソクの明りの中で、僕たちはグレンの通訳してくれるヴァインシュタインのトゥーバ探険談に耳を傾けた。彼の一行がテレ・ホル湖中の島にあるウイグルの城塞を掘っていたところ、一人の漁師が通りかかって、シャーマンに会う気はないかと言う。彼らは喜んで作業を中止し、まるで神話にあるとおり、その漁師の小舟に乗って湖水を渡り、彼方の世界に足を踏み入れたのである。

岸に着いてみるとユールトがあり、ションチュルという名のシャーマンが、妻と弟といっしょに住んでいるのを見つけた。いったいどんないきさつからシャーマンになったのか、とたずねると、ションチュルは次のような返事をした。彼は一四歳のとき難病にかかり、森の中に駆けこんでしばらく出てこなかった。そして出てきたときも、その病気はまだ直ってはいなかった。いや直るどころかもっとひどくなっていて、ほとんど歩くことさえできなかったのである。いったい森の中で何が起ったのかと両親が聞きただしても、とんと記憶がない。そこで親たちは息子のこの不思議な病気を治してもらおうと、そのあたりのシャーマンを呼んだ。

ところがそのシャーマンは意外なことを言った。ションチュルには、その祖父(おそらくシャーマンだったのだろう)の魂が入ったのだ。だから彼自身シャーマンになる運命にあるのだ、と言うのである。

ションチュルはシャーマンになるなどまっぴらだったが、そのような難病では嫌も応もあるまい、と言いきかされた。それ以来彼は長年の間トゥーバ東部で、トナカイを飼いながら霊媒を務めてきたのだ。その間妻ももらった。

その妻に死なれたとき、ションチュルはテレ・ホル湖にいる弟を訪ね、一人の牛飼いの女に出会った。彼はその女を後妻に迎えて弟の村に落ちつき、ずっとシャーマンとして生きてきたのである。そしてついには大祈禱師「ウルグ・ハム」になったのだった。

祈禱の儀式をしてみせてくれまいか、とヴァインシュタインが頼むと、ションチュルは暗くなるまで待てと言った。夕暮を待つ間ヴァインシュタインは、彼が衣裳をつけるのを手伝った。羽のついた頭飾り、皮のズボン、そして体の各部分や彼を助ける霊魂などを表すたくさんの鉄製の飾りのついた、重さ二〇キロもありそうなケープなどである。ヴァインシュタインの同僚が、この姿をカメラに収めたが、これこそ『南シベリアの遊牧民』の裏表紙を飾ったあの写真である(五九ページ参照)。

いよいよ夕方が来た。ションチュルはユールトの前で火を焚き、太鼓を乾かしはじめた。(僕はここで友だちのトーマス・ルーティスハウザーのことを思い出した。彼はよくメキシコ製ボンゴドラムの皮をロウソクの炎にかざして乾かしたものである。)ついで霊魂の世界に早く入れるよう、そのあたりで取れる薬草を火の中に投げ入れ、立ち昇る香り高い煙を胸深く吸いこんだ。そして彼の「馬」の餌として、乳を火の中にふりまいたが、こうして太鼓を馬に、バチを鞭に見立てるのは、シベリアのほとんどのシャーマンのならいである。

はじめからずっとユールトの中にいたションチュルは、このときヴァインシュタインらに背を向けて座り直した。そして太鼓を軽く打ちながら、何ごとかをつぶやきはじめたのだ。そのつぶやきがしだいに言葉になっても、トゥーバの古語だったため、意味は非常に聞きとりにくかった。それでもだんだんはっきりしてきたのは、彼がその守り神と手伝いの霊魂たちを呼びよせているのだということである。

はじめのうちションチュルの体は微かに動くだけだったが、太鼓をしだいに強く打つにしたがってその動きも激しくなり、とうとう頭飾りがずり落ちて、すっぽり頭を隠してしまった。シャーマンは忘我の境に入ったのだ。

しばらく彼の「馬」をリズミカルにたたいているうち、ついにションチュルは恍惚の絶頂に達した。汗が顔を流れくだり、あまり快い見ものとは言いがたい。彼は太鼓を打ちながら悪霊を追ってユールトの中を駆け回ったと思うと、大声でわめいてその悪霊どもを外に追い出した。

そして今度はその悪霊どもを太鼓に追い込む作業にとりかかったが、ときたま飛び出る奴がある。すると彼はこれにとびかかって、「おまえを殺して動脈を切り裂き、血を飲んでやろうぞ！」とおめきながら組み伏せるのだ。

やっとのことで悪霊どもを全部集め、退治してしまうと、ションチュルはユールトの中によろめきこんでばったり倒れてしまった。ヴァインシュタインは、もしや彼が死んだのではないかとはらはらしたが、ややあってシャーマンは眼を開き、にっこりして見せた。儀式はこうして終り、ヴァインシュタインはその衣裳を脱ぐのを手伝ってやったのだった。彼はそのとき、もう年で体が思うようにならないと嘆くションチュルを、医者に診せる手筈を整えて帰ったが、その二、三年後、トゥーバ最後のこの大シャーマンはこの世を去ったのである。

夕食後ヨーンソン家の居間に移ってからも話は尽きなかった。ヴァインシュタインはまたファインマンのことにふれ、ソ連であれほど『ファインマン物理学』が広く称賛されているというのに、なぜ彼はソ連を訪ねたことがないのか、と率直な質問をぶっつけてきた。その理由ならリチャードは、ずっと前に話してくれたことがある。「僕はソ連政府が国民、ことに科学者たちを扱うやり方が気にくわないんだ」と。サハロフ博士がハンストをやっている最中も、リチャードは博士のことはもちろん、ソ連の科学者全部が共産党の介入なしに仕事ができないのを深く愁えていたのだ。「人間の心に対する専制には、それがどのような形であろうと永遠の敵意をもって対することを、私は神かけて誓ったのだ」というトーマス・ジェファーソンの言葉を、酋長はよく口にしたものである。しかしソ連の生活に満足しているらしいヴァインシュタインに、いくら何でもこれをすっかり話して聞かせる勇気も、ドイツ語で話す能力もなかったので、もう一つ理由をつけ加えることにした。「ノーベル賞をもらってからは、人がうるさくついてまわるようになったからでしょう。ファインマン教授は、人に知れないようにこっそりとトゥーバを訪問したいんですよ。」

なるほど、スウェーデン国王と同じことだ、とヴァインシュタインはうなずいた。王も鳴りもの入りでなく一市民としてエーテボリのシルクロード展を見たいと言っているのに、やっぱりそうもいかないのだ。(だが首相が警備員を連れずに、一市民として平気でよく劇場に行くぐらいだから、もうちょっとで王にもそれができそうなお国柄である。)

歓談がなおも続くうち、僕は皆に見せてびっくりさせようと、僕の車から外して持ってきたTOUVAというナンバー・プレートを取り出した。喜んだヴァインシュタインは、さっそく同僚たちに、『ツビンスカヤ・プラウダ』紙上でこの写真を見た話をして聞かせた。

トゥーバの衛星写真も持ってきてあったが、これを一目見たとたんヴァインシュタインの目は、今にも飛び出さんばかりとなった。「このような衛星写真は、いつでも自由に政府機関から買えるんですよ」と説明したあと、それをヴァインシュタインに贈呈すると、彼はしんから驚き厚く礼を言って受け取ったのだった。

夜がふけてそろそろこの歓談のときも終るころ、ソ連の連中はモスクワから持ってきた磁器の茶器セットを、エリザベスに贈った。彼女がさっそくそれを飾り棚の中に収めたのを見て、彼らは贈り物がよい場所に落ちついたのを、しごく満足に思ったようすだった。最後に今度はアランが、リンダと二人でデザインした「キジル♥私」のシャツを皆に一枚ずつ贈って、有終の美を飾った。そのあと、僕たちは完全にのびてベッドに倒れこみ、マッツはご苦労にもソ連人の一行をホテルに送っていったのである。

日曜の朝、アランとリンダは汽車でボーフムに帰っていった。たまたまその時期はスウェーデンの一週間の冬休みのはじまりだったので、ヨーンソン一家はエリザベスの母を訪ねるため二、三日家を空けることになり、僕とグレンは電車で町までソ連人たちに会いに行った。彼らの「ユールト」は、博物館三階にもらった事務室である。室内にはまぎれもないあの鼻をつくようなソビエト煙草のにおいが、重く漂っていた。バシロフ博士は例の優雅なおじぎをして僕たちを迎え、彼の著書をプレゼントしてくれた。イスラムのシャーマニズムの本である。そしてクリロフのいれたグルジア茶をすすめたと思うと、藪から棒にどうすればこの展覧会をアメリカ大衆に受けるようなものとして売りこめるか、というさまざまな案を挙げはじめた。まず最初に持ちだしたのは、ユーラシアの遊牧民の常食に欠かせない馬乳の醸造酒クミスを、会場で売ることだった。「もちろんカザフの娘たちを連れてきて、乳しぼりを実演させましょう。」

「悪くないですな」と僕たちは笑った。

ところが彼はそのアイデアをもっと広げ、「そうだ、ユールトもいくつか持ってきて、博物館の前にすえるというのはどうですか？　一つたったの二〇〇〇ルーブルですからね。そのそばで、カザフやトルクメンの女たちに、フェルトを木槌でたたいたり、敷物を織ったりさせておいて、直売すればよろしい。」

「なかなかいい考えじゃありませんか」と僕は言った。

「それにラクダも連れていけますよ。遊牧民もラクダを使いますからね。客の子供をラクダに乗せるというのはどうですかな？　もちろんなにがしかの料金を取ってね。そうそう、ウズベクの女性にピラフや地方独得のパンを作らせることもできます。」

バシロフはこんなに金もうけのアイデアを、次から次へと考えだす自分の知恵にわれながら大いに満足したものと見え、同僚たちに自分は資本主義者になるべきだなどと冗談をとばした。

一方ヴァインシュタインは、このシルクロード展を僕たちがどう思ったかを聞きたがった。グレンの絶賛も効を奏さず、物足りなげなので、とうとう僕は思ったとおりを率直に言うことにした。『『シルクロードにて』という題は誤解されやすいのじゃないかな。シルクロードと聞くと、ついマルコ・ポーロと中国のイメージが浮かんでくるでしょう？　だがこの展覧会は、ほんとうはシルクロードの北に住んでいた遊牧民のことじゃないんですか？」

バシロフはこれを聞いて喜んだようだった。「ご存じのようにロシアではこの展覧会を『ユーラシアの遊牧民』と呼んでいましたが、この題をそのまま使ってはどうでしょう？あんまり学問的すぎますかな？」

「「遊牧民《ノーマッド》」というのはたいへんよいと思いますね」と僕は答えた。「ことにカリフォルニアじゃ、絶えず動いているというイメージが好きですからね。シボレー・ノーマッドなどという名の自動車があったくらいですよ。サーファーの間ですごく人気のあった車です。」

「日本人が見たがるのは黄金ばかりでしてね」とバシロフはこぼした。「遊牧民の生活には黄金なんかより、鞍とか鐙《あぶみ》とか、そんなごく地味なものの方が、よっぽど大切なんですがね。」

「カリフォルニアの人間は馬に目がないんですよ」と僕が言った。「カタログの表紙には馬の横っ腹を見せて、鐙にかかる騎手の足だけってのはどうかな。」

「ウンダバー!(そりゃすばらしい)」とヴァインシュタインが叫んだ。彼は同僚と共著で、鐙の起源について論文を書いているほどだから、喜んだわけである。*

＊「鞍と鐙」と題するその論文(ソビエト民族誌学ジャーナル、第六巻、一九八四年、一一四―一三〇ページ)は、ヴァインシュタインとM・V・クリュコフの共著で、鐙の最初の使用目的は馬に乗るときの踏み台の役だった(そのころの鐙は左側にしかついていない)という考古学的証拠があると述べている。

次いでバシロフは官僚組織の説明にとりかかった。

「ソビエト科学アカデミー会長は、A・P・アレクサンドロフという学者で、展覧会の責任者の役人は、副会長のA・P・カピッツァです。まず第一にすべきことは、この二人に匹敵するようなアメリカ側の要人が、科学アカデミー会長アレクサンドロフに手紙を書き、その公式コピーをカピッツァに、非公式コピーを私に送ることですな。そうすれば私がコピーを受け取った時点で、カピッツァを促してアレクサンドロフをつつかせることができますからね。」

僕はグレンに片目をつぶって見せた。彼もとっくにバシロフの言ったこととの重要さを悟っていたようだ。つまりトゥーバ友の会は、今やソビエト科学アカデミーの奥深くに潜入

する、「モグラ」的同志を得たことになるのだ！（訳者注――「モグラ」とは敵の情報組織の一員になりすました味方のスパイ）

バシロフは続いて今度はソビエト科学アカデミーに対応する、アメリカ側の組織や人間などをあげはじめた。「あなたの国の学士院はもちろんのこと、あの有名な上院議員のテッド・ケネディなどもいいでしょう。」

東部にほとんど知人のない僕たちにとっては、どうもあまりぞっとしない提案だ。するとバシロフは「カリフォルニアに一つ研究所がありましてね、たしかエセレンとかという名だが、聞いたことがありますか？」と言いだしたではないか！

「もちろん聞いたことがありますよ」と、グレンがニヤリとして答えた。

僕もさっそく絶景の温泉に浸るヌードのことを持ちだそうとしたのだが、そのときエセレンにも米ソ関係の改善に努力しているこの研究所の共同創始者マイケル・マーフィと、彼のひきいる地味な一団がいることを思い出した。彼らの最も有名な計画「宇宙の橋」は、米ソを人工衛星でつなぐという運動だったのだ。* そこで僕は「実はファインマン教授も、あの研究所でセミナーをやっていますよ」と言った。

＊　ずっと後の一九八九年、エセレン研究所はボリス・エリツィンをアメリカに招いた。滞米中エリツィンは、ブッシュ大統領や議会の指導者たちと会見している。

ヴァインシュタインは、ファインマン一人でも、科学アカデミー会長アレクサンドロフに充分匹敵するのではないかと言いだし、僕たちはその考えに心から同意のほどを示した。バシロフはいささか心許なげだったが、それでもこの線でいくことに同意してくれた。

ここでバシロフはある警告を発している。アレクサンドロフはあまり健康がすぐれないから、後継者決定のゴタゴタで科学アカデミーは、他のことなど見向きもしなくなるおそれがある。だからファインマンはそうなる前に、急いでアレクサンドロフ宛ての手紙を書く必要がある、と言うのだ。僕はわが酋長が、チャレンジャー爆発事件の大統領調査委員会の仕事で忙しくしてはいるけれども、ことトゥーバに関することなら、必ずや時間を見つけて、手紙を書くであろうとうけあった。

昼食の時間がくると、ソ連の連中は缶詰めの馬肉を載せたカーシャ(雑炊)といっしょに、はるばるソ連から持ってきたらしいパンを勧めてくれた。それを見たとたん、グレンは卑怯にも急に菜食主義者に転向、とにかく僕たちはこのごちそうを、多量のグルジア茶で飲みくだしたのだった。

その午後も僕たちはひき続き、ファインマンが、アレクサンドロフに出すべき手紙の下書きに精を出した。バシロフは、科学アカデミーのお偉方に受けのよさそうな文句まで提案してくれた。この種の型にはまった表現のことを、彼は「ソ連の曲を奏でる」と称したが、グレンは例の『ツビンスカヤ・プラウダ』に僕たちの写真を載せることに成功したぐらいだから、その曲をいやというほど心得ている。こうして皆で書きあげた手紙は、次のようなものだった。

「親愛なるアレクサンドロフ会長

私はソビエト科学アカデミーの組織による『シルクロードにて』という最近の展覧会に関して、この手紙をしたためております。

私がこの展覧会を発見したのは、実はトゥーバと呼ばれるシベリア南部の地域に対する、私の深い興味を通してなのです。この展覧会のカタログの序に貴方が書いておられる「文化の進歩は知識の交換の増加によってこそ促進されるものである。そういう意味で、ユーラシアの遊牧民の役割は大きな歴史的重要性を持つものなのだ」という考え方に、私は心から賛同するものです。その同じ信念をもって私は、この『シルクロードにて』展がアメリカに来ることを心から願っております。

私の友人ラルフ・レイトンとグレン・コーワンの二人は、自ら「遊牧民」の役を買って出、目下スウェーデンにその展覧会を見に行っております(残念ながら私自身が行くことはできませんでしたが)。その会場でレイトン、コーワン両氏は、ソビエト側の専門家に会ったのです。そのときの話し合いの報告を聞き、私はこの展覧会を当地で開催すれば、非常な成功を博すであろうことを確信するにいたりました。

つきましては、この『シルクロードにて』展をアメリカで開催するため、貴君のご助力をぜひ得たいと考えます。貴君にご異議がないことを信じ、レイトン、コーワン両氏と私は、この展覧会を主催できそうな米国内の適切な団体や博物館に、連絡をとりつつあります。」

この話し合いは大成功だったので、ソ連人たちはホテルの夕食にまで、僕たち二人を招待してくれることになった。「ソビエト側が、アメリカ側をおもてなしするときが来たようです」とバシロフが、わざと控えめな外交用語でおごそかに宣言した。

「アメリカ側は喜んでそれをお受けします」とグレンが、相手そっくりの鮮やかさで答え、僕たちは満面の笑みとともに握手をかわして別れたのである。

博物館から出る前に、アクセル＝ニルソンのオフィスに立ち寄ったところ、彼は翌朝九時、展覧会の話し合いをするために集まろうと提案した。

マッツの家に帰りながら、僕たちは天にも登る心地だった。「まったくたいしたもんだな。僕たちはホンモノの外交官なんだぜ」と僕は叫び、外交関係の記者団に向かっているところを想像しておごそかに言った。「ソビエト側とアメリカ側の会談は、友好と相互間の尊敬とをもって進められました。」そして二人で心ゆくまで笑ったのである。それこそゴルバチョフとレーガンのため、協定の詳細を検討し終ったような気持だった。

グレンは「いったい何だってソ連の連中がカリフォルニア出の田舎者とかかわりあって時間を無駄にしているのかと、アクセル＝ニルソンはさぞかしふしぎに思っただろうな」と言って笑った。「もし彼らがほんとうにアメリカに展覧会を持っていきたいのなら、なぜ自分たちでアメリカ学士院なり、テッド・ケネディなりに手紙を出さないんだろう？とかね。」

「それにエセレンにもだぜ。」ここで二人はますます腹を抱えて笑い合った。

「ひょっとするとソビエト科学アカデミーも、ミール出版社やトビリシのアイスクリーム屋とたいして変りはないのかもしれないぞ」と僕が言った。「ソ連人が何か欲しがっても知らん顔をするが、外国人が欲しがればすぐ言うことをきくというやつさ。」

「ソ連側の損はこっちの得というもんだよ」とグレンが答えた。「トゥーバに行きたいだけの素人三人が、スーパーパワーの間の文化交流などを交渉するとはね！」

「酋長がさぞ喜ぶだろうな！」と僕は思わず叫んだ。「物理学教授が、国際的展覧会の世界の大立者になろうってんだからね！」

9 道化師か詐欺師か

何時間かマッツの家で休んだあと、ソビエトの連中と夕食をするため、僕たちはスリークラウン・ホテルに出かけていった。まずヴァインシュタインの部屋に顔を出し、彼についてあとの連中を集めてまわる。

このホテルはソ連からの四人の客以外は、まるで誰ひとりいないかのようにすっからかんだ。エーテボリが旅行シーズンのまっただ中でないことぐらいわかっていたが、いくら季節外れにしてもがら空きすぎる。「ソビエト側」バシロフ、ヴァインシュタイン、クリロフとラミンが連れていってくれた食堂も人気がなく、閑散としていた。

給仕はそれでも一応礼儀正しく「今晩は、いらっしゃいませ」とロシア語で挨拶はしたものの、別にメニューを持ってくる様子もない。ところがバシロフは別に憤慨もせず、落着きはらってクーポンを六枚取り出し、給仕に渡した。一方ラミンが上着のポケットからウォツカの小びんをひっぱりだすと、給仕は心得たもので、皆にグラスを配って歩いた。ややあって給仕がチキンとピラフの皿を持って現われたが、どの皿も中味はまったく同じだ。

食事中アメリカとソ連の生活が話題になった。バシロフはソ連最大を誇るモスクワのレーニン図書館の話をしてくれた。「書庫には誰一人入れないようになっていましてね。本を見つけてもらっても、家に持って帰るわけにはいかないのです。みな図書館の中で読まなくてはならないんですよ。」

「それならアメリカの国会図書館と同じだ」と僕が口をはさんだ。「だがあとになって自分の家の近くの図書館を通して借りることはできますよ。」

今度はグレンが世界最大の図書館の一つである、バークレーのドウ学術図書館を説明しはじめた。

「教授や大学院生なら書庫に入れますが、学部生と一般人は見たい本をカードに記入して提出することになっています。バークレーの学生と教授は二、三週間から二、三か月借りていられますが、一般人はやっぱり図書館の中で読まなくちゃなりません。」

「でもそんなことをしたら、本の中のページがなくなるようなことになりませんか？」とバシロフがたずねた。

僕は質問の意味がさっぱりわからなかったが、グレンはすぐにピンと来たらしく「そんな問題は公衆電話ボックスだけですよ。たいてい電話帳のモーテルとかレストランのページがちぎり取られています。だがコピーしたければ、図書館にはたいていコピー機がありますからね。」

僕はどこかでソ連にはコピー機というものがほとんど存在しない、というのを読んだことがある。そんなものがざらにあったら最後、自主的な、つまりソ連にしてみれば反動的な思想が、たちまち広められることは必定と、支配者たちは恐れているのだろう。

「われわれの問題はすこぶる重大なのです」とバシロフが言った。

「私は学者ですから、ぜひとも研究をしなくてはなりません。ところがやっと重要な本を読む許可が下りたと思うと、大事なページが抜けている。自分で内容を写し取るのもめんどうだ、という怠け者の大ばか野郎が、破り取ってしまっているんですからね。」バシロフの顔は真剣そのものだった。「そういう大罪人は大衆の面前で、司書たちが袋だたきにすべきです！」

そのうち話題は結局トゥーバのことになった。グレンは僕たちが長い間キジルに行こうと苦心惨憺している話を、クリロフとラミンにして聞かせたが、ヴァインシュタインは、なぜモスクワの民族誌学研究所が、僕らの訪問を何とか手配できないのかについては一言も言わない。バシロフも珍しく黙りこくって、まるでブルドーザーみたいな勢いで夕食を平らげている。

僕とグレンがやっとのことでそれに追いつくと、バシロフは夕食がうまかったかとたずねた。

「ええ、もちろんです。」

「ではその楽しみをもう一度繰り返すとしますかな」と彼は、やおらポケットからまたクーポンを六枚取り出した。

ところが給仕は、料理人がピラフを六人分しか作らなかったから、あと二〇分待ってくれと言う。ソ連の規準からすれば、二〇分など早い方なのだろう。典型的なソ連の給仕が、そのテーブルは使えませんと言ってくるまでの時間の、たった二倍ではないか。

一同が夕食第二号を待つ間、いつもはむっつりしているラミンが、僕に向かって何ごとかをしゃべりはじめた。グレンに訳してもらうと、僕らのうち一人か、あるいは僕らが夫婦だったら(?)二人ともノボシビルスクに招くことができる。そしてそこからトゥーバ訪問を手配できよう、と言ったらしい。

僕はグレンに頼んで、ラミンに次のような返事をした。「あなたのお招きはたいへんありがたいが、僕たちは三銃士のようなもので、三人一体なんですよ。ファインマン教授、グレンと僕の三人で、いっしょにトゥーバに行きたいんです。」

さて夕食第二号のあと、ソ連人たちは部屋に戻って茶を入れるから来ないか、と招いてくれた。一同は一番大きいというバシロフの部屋で落ちあったが、見るとラミンはいつの間にか背広を脱ぎすて、Tシャツとよくなじんだジーパン姿である。

クリロフが茶の支度をしている間、バシロフはグルジア人に関する冗談をとばした。だが冗談といってもグルジア民族をばかにするというより、かえって羨望と賞讃の混じった口調だ。察するにグルジア男は、特にロシア男と比べて精力が盛んだということになっているらしい。(赤いリビエラに休暇で来るロシア女たちは、そのあたりの男を相手に冒険せんものと、鵜の目たかの目なのだそうだ。しかもグルジア男が夏の出稼ぎに他の地方に出かけていくと、退屈しきって何か面白いことはないかと物色中の女たちは、きそってその男らしいよそ者の相手になるという。)

バシロフの冗談の一つは次のようなものだった。フランスから来た美しい娘が、グルジアで飛行機を下りた。すると長い列をなしたグルジア男どもが、彼女にしきりと色目を使う。とうとうそれを避けきれなくなった彼女は、一人の男に向かい、いかにもおぼこ娘みたいな口調で「パルレ　ヴー　フランセー?(あなたフランス語できる?)」と聞いた。「いつでもござれだ!」一人の男が生粋のグルジア訛りで答え、まわりの男どもがどっと喝采を浴びせた。

こんな冗談が出てくるのも、皆が互いに打ちとけてきた証拠だ。そう思った僕はバシロフに、エセレンの温泉の湯舟のこと、マッサージ台のこと、そこに集まる人間どもが悟りを開くための、さまざまな方法のことなどを打ちあけた。「わざわざ金を払ってまでシャーマニズムの話なんぞを聞きにくるんです。それも学問的な意味というより、魂や体の病いをいやすことのできる信仰のようなものとしてね。中央アジアのシャーマンが、どのようにして病気を治したかというテーマで、あなたがエセレンのセミナーをやったら、きっと始末におえないほど大勢の女性や男性が、足許に集まってきますよ。これは僕が保証します。」

と、バシロフは「現代のように力と権威の規準が崩れかかっている時代の社会では、人は魂の充実を求めるとき、かえって原始的なものに立ち帰るものなのでしょう」と答えた。

「まったくその通りですよ」と僕が笑うと、バシロフは恨めしげな目付をした。

「実は二、三年前、エセレンに招待されたんですがね。邪魔が入ってとうとう行けなかったんです。まったく残念なことをしましたよ！」

「でもロサンゼルスに展覧会が来れば、エセレンに必ず行けるよう取りはからいますよ。」

夜も更けて来たので、グレンと僕はソ連人たちに別れを告げ、マッツの家まで星空の下を歩いて帰った。寝仕度をしていると、グレンが突然、明日朝のアクセル–ニルソンとの会談を思い出した。「いったい彼に何を言うつもりだい？」

「それがさっぱりわからないんだ。今はくたくただから、何も浮かんで来ないや。眠ってる間に何かよい考えが浮かぶかもしれないよ。」

それからまだ一時間しか眠っていない感じなのだが、もう目覚しが鳴って僕たちは起されてしまった。真っ暗闇だというのに午前八時である。あわててパンとチーズでそそくさと朝飯をすませ、曙の光の中を電車乗り場に急いだ。やっと電車に乗り込んで市内に向う途中、アクセル–ニルソンに何を言うつもりか考えたか、とまたグレンが気にしはじめた。

「いやまだなんだ。今となってはもうしかたがない。向うにしゃべらせておいて、彼が自分で自分の質問に答えるよう仕向けるしかないな。」

「まったく困ったな」とグレンはぼやいた。「いよいよ僕らの化けの皮がはがれるぞ。アクセルーニルソンがきっと思っていたとおり、われわれはカリフォルニアくんだりからやってきた田舎者に過ぎないってことがね。」

「実は僕もそう思ってたんだ。何もかもがだんだんばれてくるんじゃないかという気がしてきたよ。とにかくこの二、三日は少し強烈すぎたな！」

九時ちょっと前に博物館に着くと、アクセルーニルソンはさっそくオフィスに招き入れてくれた。「コーヒーはいかがです？」

よもやま話などしていると、館長は、カリフォルニアから出てきた二人のアメリカ人が（階級制度などの束縛のないせいもあろうが）、何の公的紹介も受けずによくぞソ連側と交渉をするもんだ、と感心しているのだと言う。彼がはじめこの展覧会を見たのはフィンランドだが、そのときはソビエト科学アカデミーに顔の広い、とあるフィンランド人にソ連側とひき合わせてもらったのだそうだ。

と、アクセルーニルソンは突然こわい顔になり、重々しく片目をすがめたと思うと、身を乗りだした。「この展覧会でまず知っておくべきことはですな、この考古学的展示品がい、い、い、非常に珍しいものだということです。たとえばモンゴルで発掘されたフン族の乗馬ズボンだが、あれなど二〇〇〇年も前のものですからね。それはそれは脆いものです。あれがスウェーデンの物だったら、絶対国外不出にするでしょうな。」

そう言うと彼はいつのまにか、この展覧会のフィンランドとソビエト側の関係筋が誰であるかに始まり、ソ連代表のうちの誰がよく酒を飲むか、その好きな酒は何か、展覧会の協約交渉がいかに行われたか、保険はどれぐらいかけるべきか、レニングラードでまとめられた展示品が、トラックに積まれ、どのようにしてフィンランドを通り、スウェーデンに運ばれたか、ソ連側随伴者たちの日当はいくらか、いかにスウェーデン側がソ連代表の栄養をおもんばかって、食事クーポン券を渡しているか（そうでもしなければ、彼らは食事を抜いてでも倹約して金を貯め、少しでもたくさん消費物資を買いこんで、国に持ち帰ろうとするからだ）、などなど、延々二時間にもわたって、展覧会運営のコツを伝授してくれたのである。

話し終えると彼は「しかしいったいあなた方は、なぜそうまでして展覧会をアメリカに呼びたいんです？」と、まことにもっともな質問をした。

こうなっては正直に本音を吐くしかない。僕たちがトゥーバにすっかり惚れこんでしまったこと、ファインマンがヴァインシュタインと文通したこと、グレンと僕がヴァインシュタインのアパートで、この展覧会のことをはじめて聞かされたことなどを、洗いざらい打ちあけた。「今の僕たちの目標は、この展覧会を引き受けてくれそうなアメリカの博物館を探すことです。そうすればその博物館の代表として、トゥーバに行けますからね。」

「そりゃ面白い」とアクセル－ニルソンは乗りだした。「実は私が情熱を傾けているのはタイプフェイス(活字の字体)でしてな。最高のゴシック活字体のコレクションは、ここスウェーデンにあるのです。ドイツにあった分は、戦時中供出などでみんな溶かされてしまいましたからね。だがスミソニアン博物館のはわれわれのよりもっとよいコレクションで、世界最高の部類に入るでしょう。あなた方がこの展覧会をアメリカに持ちこむについて交渉されるときには、誰かタイプフェイスのコレクションの担当者に私の名を通しておいていただけませんか？」

僕はともすればニヤニヤしたくなるのを必死でこらえていた。カリフォルニアの田舎者が、スウェーデンの博物館長をスミソニアン国立博物館に紹介するなどというとんでもない話を、リチャードに聞かせたらどんなに面白がるだろうと、想像しただけでもつい頬がゆるみそうだったからだ。

そうこうしているうちに昼食の時間になり、僕たちは冷たいが爽快な空気の中を近くのレストランまで歩いていった。もうそのころには、アクセル－ニルソンの話はだんだん個人的な色を帯びはじめ、振わないエーテボリの歴史博物館を窮状から救いだすため、彼が雇われてきたのだとか、この展覧会もまた一般大衆の関心を呼びおこし、政府から援助金を出させるための企画だとかいう話になったあげく、ついには彼の腰痛のことから幸福な家庭生活のことにいたるまで聞かされた。そしてその翌日の晩はソ連人たちといっしょに、彼のアパートの夕食に招かれ、夫人や子供たちにひき合わされることになった。

昼食後博物館に戻ると、アクセル−ニルソンはさらにさまざまな情報を提供してくれた。僕は必死でできる限り手早くノートを取ったが、情報量に圧倒されて、とても物を考えるどころではない。まるで惑星のそばを飛んで、膨大なデータをつめこもうとする宇宙船さながらの心地だった。今は情報をできるだけつめこみ、その分析や消化はあとまわしにするほかはない。

アクセル−ニルソンは僕たちが持って帰れるようにと、エーテボリ歴史博物館と、ソビエト科学アカデミーとの間に交わされた協約書のコピーを作ってくれた。おまけにこの展覧会を計画する途中手に入った、さまざまな人物の名刺の写しまで作ったうえ、たくさんのカタログをくれたので、僕らの腕はいっぱいになってしまった。しかもそれだけでは気がすまず、モスクワと直接連絡できるよう、税関フリーパスのスウェーデンの外交行囊《こうのう》まで作ってやろうと言いだすしまつだった！

それがすむころには、時計はすでに四時を回っていた。僕たちは館長のありがたい助言に厚く礼を言い、展覧会のためわざわざ作られたビニール袋に、今もらったたくさんのカタログや書類をつめこんで、ふうふう言いながら博物館を出たのである。

エーテボリの町の中を歩きながら、僕ら二人は茫然自失の状態にあった。頭がパンクするほどの情報がぐるぐる渦を巻いていて、口をきくことすらできなかったのだ。

しばらくして僕が沈黙を破った。「おいグレン。これはひょんな思いつきだが誤解しないでくれよ。だが僕らがもし詐欺師だったとしたらどうだろう。展覧会の企画から展示品の搬入のしかたまで、アクセル－ニルソンがくれた情報がこれだけあれば、一世一代の泥棒がやってのけられるぞ！」

「実は僕も同じことを考えていたんだ」とグレンが答えた。「しかし僕たちはこっちの警察の腕については、何も知らないんだからね。」(事実僕たちは警察どころかエーテボリの歴史博物館の周到さを想像だにしていなかったのだ。彼らはとっくの昔に僕ら二人の経歴を洗いざらい調べあげていたのである！)

マッツの家に帰りつくや否や、僕はパサデナのフィービー・クワン(彼女は今や僕のフィアンセだった)に電話でことの進展ぶりを報告し、ロジャース委員会の調査でワシントンにいる酋長に伝えてくれと頼んだ。それからロンドンのクリストファー・サイクスにも電話を入れた。

サイクスはリチャードとの対談をもとに、非常にすぐれたフィルムを作った男である。『物をつきとめることの喜び』と題するそのフィルムは、二、三年前、アメリカの教育テレビ番組「ノバ」シリーズの一篇として、アメリカでも放映された。彼は僕たちのトゥーバ三昧を知っていて、これをフィルムにしようと考えていたのである。「おいクリス。この展覧会はすごいぜ」と僕は報告した。「しかもソビエトやスウェーデンの連中と、現在交渉の真っ最中なんだ。君も来て自分の眼で見ないか。」

「いや残念ながら今はロンドンを離れられないんだ。だが一〇日ぐらいしたらロサンジェリースに行くことになってる。」

「よし、じゃファインマン家で何もかも洗いざらい話して聞かせるよ」とばかり僕は、例によって例のごとく他人の家に客を招待したのである。

夕方のニュースを見ようと思ってテレビをつけると、ワシントンからのニュースらしく、記者が国会議事堂の階段に立っている。シャトル調査の報道だった。「何とかかんとか……リチャード・ファインマン……何とか……」と記者が言ったと思ったら、画面に酋長がC型締め具を手にして現われ、何ごとかを説明しはじめたではないか！　トゥーバ三銃士のうち最後の一人も、こうして結局スウェーデンに姿を現わしたのだ。僕たちにとってこれはまさに「画竜点睛」の瞬間だった。

翌朝フィービーから電話がかかってきて、酋長のワシントンでの電話番号と伝言とを伝えてきた。展覧会のカタログを至急送ってほしい、そしてワシントン時間の午前六時半に電話をかけるようにという伝言である。

博物館ではアクセル-ニルソンの秘書がさっそく手配してくれ、航空宅配便でカタログ四冊を送り出してくれた。それをすませると僕たちは、ソ連人の煙たい「ユールト」を訪ねた。

ヴァインシュタインはトゥーバのスライドを見せたいと言いだし、プロジェクターのある部屋まで外の中庭を三〇秒ほど歩くことになった。ほんのちょっとの間だというのに、彼はオーバーからマフラー、手袋にいたるまで完全武装だ。こっちはただの三〇秒ぐらいなら死にもしまいと思ってTシャツ姿のままだったのだが、ヴァインシュタインが何かもっと暖かいものにくるまれと、やけにうるさく言ったところを見ると、僕たちのかっこうを見ているだけでも寒気がしたのにちがいない。いったいぜんたいトゥーバの冬をどうやって越したのだろうと僕はおかしくなった。

ヴァインシュタインのスライドは埃だらけで、中には変色しかかっているものさえあったが、だからといってそこに姿を現わしたあの切手どおりの光景のすばらしさは、決して損なわれていなかった。

一二時半ちょっと前、僕たちはスライドを見るのをいったん中止して、アクセル-ニルソンの部屋からリチャードに電話をかけた。「もしもし酋長、ワシントンはどうです？」

「いやまったくワシントンがいかにとんでもないところかっていう冗談をよく聞くだろう？　だがな、実際はあんなこっちゃあとても言い足りないぐらいだよ。」

僕は笑いだした。「夕べ、スウェーデンのテレビで酋長の顔を見ましたよ。何しろ酋長がワシントンからの最大ニュースだったんだから。顔が見られて嬉しかったが、いったいあのC型締め具で何をやってたんですか？」

「ああ、あれか。あれはね、ロケットのOリングのゴムを取って、ちょっとした実験をやったんだ。氷水に浸けて、冷たくなるとてんで役に立たないってことを見せたんだよ。」

リチャードのその「ちょっとした実験」が、このシャトル調査委員会の正体を暴露することになり、その結果ただハンコをつくだけだった官僚的ロジャース委員会を、ほんとうに信頼のおける調査委員会に変身させるきっかけを作るとは、そのときまったく思いもよらなかった。

「それはそうと、ここに酋長としゃべりたくてむずむずしてる人がいますよ」と言うと、僕は電話をヴァインシュタインに渡した。

「グリュッセ、プロフェソール・ファインマン！　ヴィー　ゲート　エス　イーネン？

（こんにちは、ファインマン教授。ごきげんいかがですか？）」

ファインマンが何ごとか返事をしたのを聞いて、ヴァインシュタインは天にも昇ったかのように喜んだ。この二人のユダヤ系紳士が話し合うのを聞きながら、僕は早朝六時半、しかも予告もなしに酋長が、よくこれだけドイツ語で話を続けられるもんだと舌を巻いた。

また僕の番が来たとき「何だかカタログがほしそうですが、こっちの博物館がさっそく四冊送ってくれましたよ」と言うと、

「それはよかった。委員会にアチソン*という男がいてね。これがスミソニアンの理事なんだ。」

「わっすごいな。そっちでもさっそくトゥーバの仕事をやってるんですね。」

「もちろんだとも！」

「そうそう、クリス・サイクスが一〇日ぐらいしたらカリフォルニアに行くと言っていましたよ。」

「よし、日が決まったら知らせてくれよ。パサデナに重大な用ができて帰らなくちゃならん、と委員会に申し出るからな」とリチャードは言った。「トゥーバ・オア・バスト(トゥーバ行き、のるかそるか)だ！」

「トゥーバ・オア・バスト！」と僕も笑った。「幸運を祈りますよ。じゃまた。」

＊デービッド・アチソンは有名なワシントンの弁護士である。

それからまたスライドの続きを見に戻った。見るほどにトゥーバはわれわれの想像を絶したすばらしいところである。僕たちは行きたくて矢もたてもたまらない気持になってしまった。最後のスライドは、ヴァインシュタインと夫人が、キジルの「アジア中心碑」の前で、何やらサインを掲げているものだったが、そのサインにはロシア語で「こんにちは、リチャード・ファインマン！」と書かれてあった。

「この写真を持って帰ってファインマン教授にあげてください」とセブヤンは言った。

「それからこれもね。」そのスライドではヴァインシュタイン夫妻が、同じサインを今度はユールトの前で掲げている(写真8、9)。

写真8　セブヤン・ヴァインシュタインとアラ夫人，そしてトゥーバ人同僚の一人は，僕らの「聖杯」たるトゥーバのアジア中心碑から挨拶を送ってきた．(セブヤン・ヴァインシュタイン博士提供)

写真 9 僕らが夢に描くトゥーバの「ホテル」前に立つセブヤン・ヴァインシュタインとアラ夫人(セブヤン・ヴァインシュタイン博士提供)

グレンと僕はセブヤンについてまた中庭を元のユールトに戻り、そこでなおもトゥーバ談義を続けた。他の連中が茶を啜る中でヴァインシュタインは、僕をつかまえて親しい仲で使うドイツ語の「ドゥ(君)」と呼びかけ、「ねえラルフ、私と君とでトゥーバについて大衆向けの読みものを書かないか。グレンに訳してもらってね。」

「それはいい考えだ!」と僕はとびついた。「ファインマンをカメラマンにしたててね。」その旅行準備とあれば、酋長は喜んで写真技術万端をマスターするに決まっている。

もう長い間デッサンの腕を磨いてきたリチャードは、すでにひとかどの画家なのだ。

「まずアメリカで出版社を探して、そこからわれわれの代表機関ＶＡＡＰ《ヴァープ》（ソ連邦著作権協会）宛てに連絡させることだな」とヴァインシュタインは忠告した。「するとＶＡＡＰが、トゥーバについて君と共著で本を書く気があるか、と言ってよこす。私はまあ二、三日考えさせてくれと言っておいて、もちろん「やりましょう」と引き受けるわけだ。」

「よし、できるだけの手を尽してみるよ」と僕は約束した。「とにかく僕がまだスウェーデンにいる間に、本のあらましを二人で作っておくべきだと思うね。そうすればアメリカに帰ってすぐに出版社に見せる材料ができるだろう？」

「じゃ明日朝やろうじゃないか」とヴァインシュタインが提案した。

「いいとも。今晩僕は僕で自分なりに概要を作ってみよう。」

僕はここでクリストファー・サイクスのことを念頭に、別な考えを持ちだした。

「展覧会のことだが、ビデオがついていたらもっと面白いと思うな。ＢＢＣで映画を作ってる友人がいてね。僕らといっしょにトゥーバに行けば、遺跡発掘現場の撮影ができると思うよ。」

するとバシロフも乗りだしてきた。「そういったビデオはたいへん役に立つし、面白いでしょうな。ただし一つだけ忠告しておくが、その友人はＢＢＣの代表として来ない方がよいでしょう。でなければソビエト・テレビが絡んできて、その代表があなたたちの行くところどころをついてまわることになりますからね。彼はそちらの博物館代表の一員として来る方が安全です。そうすればすべてがソビエト科学アカデミーとの間の協約書に従って扱えるわけですから。」

そろそろ帰り仕度をしながら、僕たちはこの案を両方とも同時に進めるべきだ、と強調した。「何しろもうこれまでトゥーバに行く方法をさんざん試してきたというのに、どれもこれもみなだめだったんですからね！」

木曜の朝、僕は本のあらましの打合せのため、グレンをマッツの家に残してヴァインシュタインに会いに行った。つき合わせてみると、二人の概要はびっくりするほど似通っている。僕はほっと胸をなでおろした。一つだけ大きな違いがあったが、それは彼が「まずお近づきになりましょう」という前置きを提案したことである。ヴァインシュタインはその中で自己紹介をし、なぜトゥーバに興味を持ちだしたか、つまりリチャードと同様、少年時代切手蒐集をしており、のちに彼もまた「いったいぜんたいタンヌ・トゥーバはどうなってしまったのか」と考えだしたことなどを述べている。大学で民族誌学(ちょっと物理にも手を染めたが)を専攻したあと、いよいよ二つに一つの選択を迫られた。大きな池の小魚(モスクワかキエフの博物館員)になるか、小さな池の大魚(キジルの博物館長)になるかである。彼は少年時代に集めた切手の国で職につくことに決めた。ちょうどトゥーバが、ソビエト連邦と呼ばれる国の一員として受けいれられたすぐあとのことである。

いやしくもトゥーバに関する大衆向けの本を出そうという出版社なら、写真を見たがるに決まっている。そしてハッセルブラッド・カメラの故郷たるエーテボリなら、ヴァインシュタインの魅力あるスライドを複写する機会はいくらでもあったのに、僕はうかつにもそんなことを思いつきもしなかった。

まだ概要全体のつき合せがすまないうちに、ヴァインシュタインは、町のソ連人歓迎委員会が計画した昼食と買物に参加するため中座せざるを得ず、午後六時にまた博物館で落ちあおう、ということになった。そしていっしょにアクセルーニルソンの家で催される「訪問中の米ソ代表」のための夕食会に行こうというわけだ。

残念ながらグレンは、みめうるわしい遠縁の従妹が、その夜しか彼を夕食に招けないというので、アクセルーニルソンの晩餐をあきらめ、僕は一人でソビエトの連中と落ちあうため、博物館に出かけていった。どうせタクシーか電車で行くんだろうとたかをくくって、軽装(薄いズボンにソックス、どうもぴったりしない革靴)で出かけた僕は、バシロフがやおらエーテボリ市街地図を取り出し、先に立ってほぼ一時間ほどの行程を歩き始めたのには、びっくり仰天した。すぐそばに電車の音がいつも聞こえているというのに、下町の狭い道をどんどん歩いていく。電車代など知れたものだったから、僕は皆の分も払うから電車に乗ろうと申し出たのだが、歩くのは健康によいという理由で、「ソビエト代表団長」は、これを丁重に断わった。

クリスチャン・アクセル＝ニルソンのアパートにやっとたどりつき、夫人エレーヌと小さな子供たち二人に紹介されると、バシロフはよほどの子供好きと見え、大喜びで子供の相手をしている。夕食の席につく前、ヴァインシュタインは中世の中央アジアの賢者、ホッジャ・ナスル・アドヴィン・アバンティの伝説を語りはじめた。「ある貧しい男がレストランのそばを通ったのですな。中ではうまそうな材料がたくさん入ったピラフを作っている最中だったが、彼はパンを食う金しかない。そこでその貧しい食事の「足し」にするため、彼はレストランの前に立ってパンを嚙りながら、ピラフのうまそうなにおいを胸いっぱいに吸いこんだのです。」

「あっ、それならフィアンセのフィービーから似たような話を聞いたことがある」と僕は思わず口をはさんだ。「食事といえば米だけしか食えない中国の貧しい男が、その食事の「足し」にするため、台所から漂ってくるうまそうなにおいを吸いこんだ、という話です。」

「それはまったく同じ話なんですよ」とヴァインシュタインが言った。「そこで欲ばりの店主がムラー（地方裁判官）の前に、その貧乏人を引っぱりだし、この男の食事の「足し」になった分の金を払わせろと迫ったわけです。するとムラーは、その男はむろん代金を払うべきだが、その支払いは硬貨をちゃらちゃら鳴らす音ですますこと、という判決をくだしました。」

この話はシルクロードが諸国の産物だけでなく、同時に思想や文化の通り道でもあったのだという事実を、よく表している。「シルクロードはアメリカにまで通じている、と言えそうですな」とヴァインシュタインが言った。

「それも一方交通でなく、両方からですね。」この話がかたや中国、かたやヨーロッパを通じて来ていることを考え、僕はこうつけ加えたのだった。

夕食のときがくると、一同はアクセル＝ニルソンの小じんまりした台所のテーブルを囲んだ。アメリカ人とモスクワ人たちは、ゴルバチョフが最近打ち出したアル中防止運動に敬意を表して、酒をなめるだけにとどめたのに対し、昔通り勢いよくウォツカをあおったのは、スウェーデン人とシベリア人だった。最も劇的な乾杯スピーチをしたのは、アクセル＝ニルソンである。乾杯に当たって彼が敬意を表したのは、一八世紀初頭、ピョートル大帝に無理やりシベリアに送られたフィリップ・ヨハン・フォン・ストラーレンベルイというスウェーデン在住のドイツ人だった。ストラーレンベルイはその逆境にもめげず、シベリア南部の考古学的研究を進め、スカンジナビアの北欧ルーン文字を思わせる碑文を発見している。

「ストラーレンベルイに敬意を。そして政治犯がなくなることを祈って！」とアクセル＝ニルソンは宣言した。

これに応えてソ連人たちは、黙々と杯をあげた。

夕食後は、本や骨董品の詰まった小さな居間に落ちついたが、夜が更けてもアクセルーニルソンは飲酒運転取り締りのきびしいスウェーデンのこととて、僕らをホテルに送るのを渋り、タクシーを呼ぶことになった。だがあと一時間は空車がないと言う。どの車も酔っぱらった連中をあちこちに送り届けるのに大忙しなのだろう。終電も一二時までとあっては待つしかなかった。

ところがロシアの基準からすれば、今夜は暖かいことだし(カ氏二〇度前後、つまりセ氏マイナス六度ぐらいだった)、ソビエト代表団はホテルまでの五キロを、楽しんで歩いていきましょうと、バシロフはしきりに言いはった。カ氏二〇度よりセ氏二〇度にふさわしいいでたちの僕も、「アメリカ代表」とあっては弱虫をきめこむわけにはいかない。

スリークラウン・ホテルまでの行程を、僕たちは一時間かからずに歩きぬいた。僕の足はもう靴が合わないのも感じないほど、凍てついて感覚を失っていたおかげで、僕はそれからまたマッツの家までの一・五キロを、小走りで帰りついた。だがベッドに倒れこんだあとは、かじかんだ手を冷たい膝の間につっこんで暖めるのに苦労した。

金曜日はエーテボリ最後の日である。その朝遅くなって、ヴァインシュタインとトゥーバの本の概要打合せをすませた僕は、グレンと昼食に落ちあい、そのあともう一回エーテボリ歴史博物館を一巡した。バシロフはと見ると、展示ケースの間をネズミのように走りまわって、タイプした説明文を貼りつけている。「何しろスウェーデンの人たちはこの展覧会にたいへん興味を持って、さまざまな質問が出てきたものですからね」と彼は言った。

それから今度はアクセル＝ニルソンの部屋に立ち寄り、彼のありがたい助力に感謝を述べた。彼はケースの中の展示品がよく見えるような写真を、何枚か送ってくれる約束をしてくれた。次にラミン、クリロフ、ヴァインシュタインの三人に別れを告げるため、ソビエト人の「ユールト」に顔を出すと、ヴァインシュタインはファインマンにくれぐれもよろしく言ってくれと繰り返し、別れを惜しんだ。

汽車でボーフムに戻った僕らは、アランとリンダにわれわれの「交渉」を報告したあと、火曜一日はブルッへ見物、翌水曜日また九九ドルの飛行機で、サンフランシスコに無事帰りついた。偶然酋長もその日、ワシントンから暇をもらってパサデナに帰っていた。

クリス・サイクスの方はもうすでにロスに来ており、二日後にはさっそくファインマン家に夕食に出かける段取りとなった。夕食の間は酋長の調査委員としての経験談に花が咲いた。その中には技師たちと話をするため、ロジャース委員長の意志に反して、二、三日一人でフロリダに残った酋長の「暴挙」が、上院公聴会のときかえって委員長を救うことになった話もあった。

「ちょうどそのときホリングス上院議員がロジャースを責めたてていたんだ。「大統領調査委員会なんていうものは困ったもので、どいつもこいつも目の前に提出されてきたものばっかり調べて、その裏を見ることを知らん。……自分の経験から言うんじゃが、わしなら調査官が四、五人、カナベラル（のケネディ宇宙センター）でいろんな連中の話を聞いて歩いたり、いっしょに昼飯を食ったりしていてほしいと思うがな。あのあたりのレストランで二、三週間飯でも食ってごらん。たまげるほど情報が入ってくるもんだ。人がうやうやしく提出してきた書類なんか、いくら読んだってしかたがないよ」と言ってね。」「ところがだ」と酋長は続けた。「僕がフロリダに残っていたおかげで、ロジャース氏は「実は委員の一人が今日カナベラルで議員のおっしゃるとおりの調査をやっておりますよ」と答えて、面目を施したというわけさ。」

夕食がすむと今度は僕がスウェーデン訪問の要点を話す番である。ことの成行きをかいつまんで話したあと、エーテボリでソ連側とアメリカ側とが協力して書きあげた、アレクサンドロフ宛ての酋長の手紙の下書きを皆に見せた。

「これでけっこうだよ」とうなずいた酋長は、「明日キャルテクに持っていって、秘書にタイプしてもらったら、さっそく送り出すことにしよう。」

次に僕が取り出したのは、候補となる博物館宛ての僕の手紙だ。これを読んだサイクスと酋長は異口同音に、文の調子が弁明的すぎると批評した。

「おいラルフ、君はもうエキスパートなんだぜ」とリチャードは僕をどやした。「ことと展覧会については、この国中の誰よりもよく知ってるんだろう？　しかも関係者は一人残らず知っているうえ、計画の仕方から金がいくらかかるかまで、知りぬいてるんじゃないか。

もっと自信を持てよ、自信を。とにかくこの手紙は初めから徹底的に書き直すことだな。」書き直すべき手紙の要点を皆であれこれ検討したあげく、まずどの博物館にもちかけるか、という話になった。「スミソニアンの理事のアチソン氏とはかなり親しくなったから、スミソニアンは僕が引き受けるよ」と酋長が申し出た。

「じゃあ僕がパサデナのパシフィック・アジア美術館から始めましょう」と僕も言った。何日かかけて、あちこち電話で問い合わせたところ、パシフィック・アジア美術館には、そのような野心的な展覧会を主催するような資金がないのがわかった。次はロサンゼルス郡立美術館だ。係の男に

「それは壁に掛けられるような美術品のたぐいですか？」と聞かれた。

「いや出土品などです。」

「そういうものはうちではめったにやりません。むしろ自然史博物館の方が向いているのではありませんか？」

僕はさっそく自然史博物館に電話をし、結局、三月第一週に会って話をしに行くところまで漕ぎつけた。

二月もいよいよ最後という日、スウェーデンは突如としてニュースの中心に躍り出た。警備員を連れず、一市民として夫人と劇場に出かけ、町を歩いていたスウェーデンのオロフ・パルメ首相が暗殺されたのだ。狙撃犯は闇にまぎれて消えている。僕らもエーテボリ

でいろいろ面白い目にはあったが、北欧の中立国独得の平和さと、世俗からの超越感を楽しんできたのだった。パルメ暗殺事件は、ケネディ大統領の運命の日を思い出させた。あのとき同様、一瞬にして一国の「純潔」が失われたのだ。

三月五日、僕はいよいよ自然史博物館に出向き、一般企画部副部長のピーター・ケラー博士と、展示係長のジム・オルソンの二人に会った。彼らがスウェーデンのカタログを見ている間、そのほんとうの壮麗さがカタログでは充分出ていないと、つい説明しかけて僕ははっと言葉をのんだ。弁明なんかする必要はない。自信を持つことだ！

ケラー博士はまず、その「参与費」はいくらかと質問した。そんなものは生れてこの方聞いたこともないが、だいたいの見当をつけ、「それは無料です」と答えると、

「ええっ？　まさか！」ケラー博士はとても信じられないといった面持ちで、「その展覧会は、ほんとうにただだと言うんですか？」

僕はファイルを開け、「これがソ連とスウェーデンの協約書です。ソ連の専門家の日当は払わなくちゃなりませんが、別に博物館とか、ソビエト科学アカデミーとかに直接払わなくてはならない料金はいっさいありません。」

ケラーもオルソンも、そんなとんでもない話は聞いたことがなかったらしい。だが彼らはそれで引っこみはしなかった。

「ではあなた方に対する発見料はいくらです？」

その発見料とかいうのもやっぱり初耳だったが、察しをつけ、「ただですよ」と事もなげに答えると、

「じゃあこれはいったいあなた方にとって何の得になるっていうんですか？」とオルソンが叫んだ。「そもそもなぜこんな展覧会などやりたいんです？」

僕はできるだけ手短かにトゥーバの話を聞かせた。すると呆れるどころかオルソンは、「それなら僕にもよくわかりますよ」と乗りだしたのである。「実は僕の夢はマダガスカルなんだ。」

「そのトゥーバというところは、アルタイ山脈からどのくらい離れているんですか？」と聞いたのはケラー博士である。

「トゥーバはアルタイ山脈の次の山脈の東ですよ。」

「私の夢の一つはアルタイに行くことでしてね」と地質学の学位を持つ博士は目を輝かせた。

結局僕は心の通じ合う同志の中にいたのだ。

「私が館長にこの話をしましょう。別に問題はないと思いますよ」とケラーは受けあってくれ、僕たちは握手を交わして別れたのである。

「これほど簡単とは、とても信じられないや！」

博物館を出ながら、僕は独り言を言わずにはいられなかった。そしてよく耳にする歌を

口ずさみはじめたが、歌詞は違っていた。

「タンヌ・トゥーバよ、いつの日か行くぞ!」

10 ケラー協約

自然史博物館長クレイグ・ブラック博士の承認がおりたのは、それからすぐのことである。

一方、ハレー彗星がわが太陽系のこっちの片隅に姿を現わすというので、僕はフィービーと二人で南米のブラジルまで見物に出かけた。ブラジルの報道陣は、このぼんやりした尾をもつかすかな彗星を「ユマ・ファルサ(茶番劇)」と呼んだが、僕もまったく同感だった。二月にロサンゼルス近郊の砂漠や山から見たときの方が、よっぽどよく見えたのだ。とはいえ南半球の夜空はすばらしく、ことにマゼラン雲(わが銀河の随伴銀河)は圧巻だった。その五週間のち、レーガン大統領はシリアが糸をひくテロによってベルリンのバーが爆破された事件を根にもち、こともあろうにリビアに爆弾を落とす指示をくだしている。おかげでその直後帰国しようとした僕たち二人は、特にものものしい空港警備にあい、ほうほうの態でロサンゼルスに帰りついた。

酋長がソビエト科学アカデミーに手紙を出してから、もはや六週間も経っていたが、向うからは何の音沙汰もなかった。まったく気の揉める話である。グレンにその焦燥をぶちまけたところ、そもそもソ連の連中が手紙に返事をよこさないのは、ちっとも珍しいことではない、などと妙な慰め方をした。自然史博物館にも電話をかけ、ひょっとして相手がリチャード・ファインマンでは不足だと考えている場合をおもんばかり、ブラック博士からもアレクサンドロフとカピッツァに手紙を書いてもらうよう提案した。同時にスウェーデンでヴァインシュタインが勧めたように、W・W・ノートン社を説き伏せ、トゥーバに関する一般向けの本を出す申し出を、VAAP宛てにテレックスしてもらうよう、手配もすませた。

ところが四月末から五月初めにかけ、突如正体不明の雲が現われ、ヨーロッパ中のガイガー・カウンターが一斉にカチカチ鳴りだすという事件が起った。その結果、ポーランドの子供たちはいっせいにヨードを飲まされ、黒い雨に濡れた苔を食べたラップランドのトナカイは、一頭残らず屠殺されるという運命をたどっている。そして白ロシア共和国との国境近くにあるウクライナ共和国の小さな村チェルノブイリの名は、世界中に知れわたった。ソ連がこのような危機に瀕している今、ソビエト科学アカデミーから返事をもらうなど、とても考えられたものではなかった。

ところが自然史博物館には、強力な懐刀があったのである。それはアメリカの法廷でソビエト側を代表する有力なワシントンの弁護士、シルバン・マーシャルだった。しかも彼は早くもソ連の大使代理と、展覧会に対する博物館側の関心について話を通じていたのだ。マーシャルはソビエト大使館内の友人に頼んで、ブラック博士の手紙を天下御免の外交行《こう》嚢《のう》に入れて、ソビエト科学アカデミーに直接届けてもらうよう手配していたのである。

六月、ロジャース調査委員会の仕事を終えて帰ってきたリチャードは、疲労がひどくやつれ切っていた。それというのも、委員会の最後の公式会合が終ったあとででっちあげられた「第一〇の勧告」追加を何とかリチャードに受け入れさせようと、すごい圧力がかけられていたのだ。だが彼は断固として操を曲げず、その勧告文が削除されない限りは報告書に署名をしないと、がんばり通したのである。その結果ロジャース委員会は、大統領指名委員会に新しい基準を打ちたてるものとして、その高潔さを各方面から称えられることになった。またもや委員長の意志に反したリチャードの行動が、かえってロジャースの面目をたてることになったわけだ。おかげで酋長は、今や一般大衆に「英雄」としてもてはやされることになってしまったが、彼自身は一刻も早く心身ともに消耗させられたこの経験を忘れ、もとの普通人の生活に戻りたいと願っていたのである。

六月半ばになっても、まだモスクワからの返事は来なかった。こうなったら次の連絡方法は、得体の知れないこの「ブラックホール」に、電報を打ってみることしかない。

だがそれも一向に効き目を現わさず、再び沈黙が続いた。

と、七月初めにW・W・ノートンから電話がかかってきた。VAAPは一般向けのトゥーバの本を出版するのに乗り気で、ノートンに契約書の見本を送ってくれといってきたのだ。さあそうなると今度はノートンが尻込みを始めた。しかし僕はあきらめず、自らVAAPに手紙を書いた。通訳とカメラマンが僕といっしょにトゥーバを訪問できるよう、ビザの手配をしてくれまいかという文面である。

さらにアクセル＝ニルソンにも手紙で忠告を求めた。これに対し彼はテレックスでソビエト側と交渉をするように、という忠告とともに、カピッツァのテレックス番号まで送ってくれた。ところが意外なことに、こっちの自然史博物館にはテレックスがないときている。結局酋長がキャルテクからカピッツァに、われわれの手紙と電報を見たかという問合せのテレックスを送ることになった。

ここに至って奇蹟中の奇蹟が起った。五日後にちゃんと返事が来たのである。

「問題は目下検討中。返事はこの次のテレックスにて。」

その二週間後、おふくろから『ニューヨーカー』誌の切り抜きが送られてきた。レーガンとゴルバチョフのジュネーブ会談で署名された文化交流協定のもと、フランス印象派の名画がアメリカに来る、という記事だ。その中で国立美術館長J・カーター・ブラウンは、その展覧会がアメリカに来るようになったいきさつを、記者に次のように語っている。

「まずことの起りは私が一九八三年、スイスのルガノとヴィラ・ファボリタに行き、ハインリヒ・ティッセン＝ボルネミサ男爵の持っている別荘と博物館を訪ねたときのことだ。男爵がわれわれの美術館の幹事である関係で彼とは懇意な仲だが、とにかく彼のコレクションは実にすばらしいものだ。……一九八〇年には例えばソ連のアフガニスタン侵攻のあとの二つのオリンピック・ボイコットの間など、絵画の交換みたいなのんきなことのできる状態ではなかったが、一九八三年になると皆やる気になったようだった。シュルツ国務長官をはじめ駐ソ・アメリカ大使アーサー・ハートマン、米国情報局長官チャールズ・ウィックなど、皆しごく乗り気になっていたのだ。私はもうことは決まったものと考え、希望に胸をふくらませて帰ってきた。

ところが九月になると大韓航空〇〇七便撃墜事件のニュースが耳に入ったのだ。そのときはもう、私の希望もあの飛行機ともども墜落したものと覚悟はしたものの、何か第六感のようなものが働いていたのか、とにかく展覧会はあるものとしてしゃにむに準備を進めたのである。……こうした協約の政治的かけひきなどというものは、実はサイコロの目のようなものなのだ。アーマンド・ハマー(レーニン時代からソ連と交渉をもつアメリカの実業家)のような人は、署名入りの契約書を手にするまでは金輪際ソ連の地を離れない。それはもうはっきりしたものだ。しかし私はとにかく君(記者)が今朝見てまわった展示場の準備をどんどん整えたのだった。何となく何ごとか起りそうな勘が働いていたのだが、それがみごとに当たったわけだ。もっともはじめのうちは停滞の一時期もあった。何もかも「ニェット、ニェット」で、ぜんぜん取りつく島もない。「この分じゃ文化協定でも待つしかないな」と私は独語した。サミットの結果、一つだけ、文化協定だけはできあがるだろうという、ふしぎな確信があったのだ。文化協定こそは言わば心と心の話し合いだ。一九八五年一一月、とうとう協定が成立するころには、こちらの準備もすっかり整っていた。そしていよいよ話が始まり、電報や人間がさんざん往復したあげく、ついにソ連側は八〇日間のうちに、四〇枚の名画を送ってくることに同意したのだ。ここでわれわれは電光石火のごとく行動しなくてはならなかった。何しろ私たちは現実の世界に住んでおり、国と国の間の平和などというものが、どれだけ永続きするか知れたものではないからだ。」

なるほど、この話は僕らの場合と似ているところはあるが(最初の展覧会はどちらの場合もヨーロッパの中立国で開かれている)、アマチュアのわれわれは断然不利な立場にある。そもそもトゥーバ友の会がソ連から持ち込もうとしているのは、印象派の絵の二〇倍もの展示品だというのに、知っているワシントンの「高官」といえば、あとにも先にも例の有名な弁護士シルバン・マーシャルただの一人なのだ。

カピッツァから何の音沙汰もなく、はや一か月が過ぎようとしていた。

その間印象派の絵画展がロサンゼルスに来たので、僕はその四〇枚の絵をじっくり鑑賞するため美術館に出かけ、解説のテープまで借りて文化的教養を高める努力などしている。

それから二、三日後だったか、ソ連文化省代表がロサンゼルスにやってきた。その彼らをケラー博士とブラック夫人が連れていったのが、ロス旅行者のメッカ、ディズニーランドだ。ケラー博士によると、フルシチョフの行ったことのないその「お伽の国」見学の最中、ソ連代表たちはフランス印象派の絵画よりも、『僕たちのユーラシアの遊牧民展』こそ、ソ連の文化を反映するものとしてはるかに適切だと向うから言いだし、しかもモスクワに戻ったらこっちの展覧会がどうなったか、調べる約束をしてくれたというのである。

一行がアメリカを去る前、キャルテクのテレックス係が、ブラック博士宛ての次のような通信が入っていることを知らせてきた。

「モスクワニテ九ガツスエ、マタハ一〇ガツハジメニ、アメリカデユーラシアノユウボクミンテンソシキニツキ、ハナシアイヲキボウ。コノジキニハクブツカンダイヒョウガ、モスクワヘヒヨウソチラモチデ、ビジネスリョコウガデキルカシラセタノム。ソビエトカガクアカデミー　カピッツァキョウジュ。」

ソ連側がとうとう同意したのだ！　この展示会をやろうという決断を下すのに、ケラーは五分、ソビエト科学アカデミーは五か月かかったのだった。

ブラック博士はたまたま出張中で不在だったので、一〇日間はそのテレックスに返事ができなかったが、その間にモスクワ駐在中の『USニュース・アンド・ワールド・リポート』の記者ニコラス・ダニロフがスパイ容疑でつかまり、KGBのルビヤンカ刑務所に放り込まれてしまった。『ニューヨーカー』の記事でJ・カーター・ブラウンが言ったように、「このような平和の状態がいつまで続くか、まったく知れたものではない」のだ。

この事態にもかかわらず、博物館では一〇月初めにケラーとシルバン・マーシャルをモスクワに送る準備を始めた。（ブラック博士はちょうどその時期、前から決まっていた出張があったため、行くことができなかったのだ。）アメリカがニューヨークで逮捕したスパイ容疑者ゲナディ・ザハロフの出国を許したのはそれから二、三日後のことだった。ついでダニロフも間もなく帰米し、ことは無事に収まったのである。

リチャードと僕は、ケラーの会談に備え、ソ連、スウェーデン、フィンランドで主役を務める人々の背景を書きだし、アクセル＝ニルソンのくれた協約書の写しをつけてケラーに手渡した。

九月のある土曜日フィービーと僕宛てに電報が来た。

「ボリショエ　スパシーボ　ザ　プリグラシェニエうんぬん。ダリマ・オンダー」

とある。たまたまパサデナにいたグレンが翻訳してくれた内容は、次のようなものだった。

「間に合いませんでしたがご招待ありがとう。ご結婚を心から祝し、結婚生活にご多幸を祈ります。お手紙を楽しみにしつつ。オンダー・ダリマ。」

オンダーの電報は、僕たちの結婚式前に届いた最後の（したがって最高のタイミングの）祝電である。さて式の当日は、リチャードが特別花婿付添人、アラン、グレン、そして道化ダイビング仲間のジェフ・デービスが付添人になってくれた。結婚生活に飛び込むこの瞬間を記念して、二人で飛込台からダイブしようと言ったのだが、フィービーがどうしても首をたてに振らなかったのはどうしてだろう？

披露宴のとき、リチャードを中にしてグレンと僕たち二人で特別写真を撮った。オンダ

写真 10　トゥーバ人のペンフレンド，オンダー・ダリマの祝電に応える僕たち 4 人．左からグレン・コーワン，(返答を掲げる)ラルフ・レイトン，フィービー・クワン，リチャード・ファインマン(ユージン・コーワン氏提供)

ーの電報をグレンが差しあげ、僕が「こんにちは、オンダー・ダリマ。カリフォルニアより」というトゥーバ語のポスターを掲げた写真である(写真10)。

　次の日フィービーと僕は沖縄、香港、そして韓国をめぐるハネムーンに出発した。韓国ではレンタカーで、雪岳山国立公園めざして北東にドライブ。沈んでゆく夕日と色を競うように、爽やかな秋の大気の中でモミジが血のように赤かった。

　翌日は渓流のほとりを歩いた。両側に迫る峡谷はまさに掛軸の山水画そっくりだ。景色のいいところには小径のそばに小石を積んだ塚があった。ドイツ人の旅行家メンヒェン－ヘルフェンは、そのような道標を一九二九年、トゥーバで見ている。

そのとき、時間帯がキジルからたった一区分ずれているだけだということに気がついた。わがペンフレンド、オンダー・ダリマも、この瞬間すばらしい日曜日の晴天を楽しんでいるのだろうか。

歩いているうちに高くとがった山あいの渓流の上に狭まったかっこうの山寺に行きついた。本堂の仏像はインドのものそっくりなのに、僕たちは日本海からほんの数キロメートルしか離れていないのだ。

寺のまわりの藪には、白い布切れがたくさん結んであった。この光景はアルメニアでも見ている。こうした同じような習慣は、それぞれ勝手に独立してできあがったのだろうか。それとも仏教のようにアジアを横断して、八〇〇〇キロメートルもの行程を馬の背に揺られ、遊牧民や貿易商人などの手で運ばれたものなのだろうか。

なおも渓流に沿って登ってゆくと、韓国人の一家がピクニックをしているところに通りかかった。男が二人コンロの前にしゃがみこんで、牛肉を焼いている。僕らを見ると身振りでいっしょに食べろと招いてくれた。女や子供たちが見守る中を、男の一人が半分に切って中をくりぬいたリンゴの杯に、何やら透きとおった液体を注いでよこした。飲んだあとは食べてしまえばいいのだから、この「生物分解性」の杯はまったく妙案である。二日前ソウルで買った水のびんに、トゥーバ語の「水」という言葉そっくりの「SUG」の文字が印刷してあったのを思い出した僕は、リンゴの杯の中を指さして「ス」と言った。

男は笑って、とにかく一口で飲み干せという身振りをする。言われたとおりガブリとあおったとたん、火の玉が喉を流れくだり、顔はたちまち真っ赤にほてった。これを見た家族全員は、わっと笑いころげた。

その午後は山中をうねりくねって走る三車線の「高速道路」に肝を冷やしながらソウルに戻った。ホテルのオンドル式の床の上にふとんをしいてほっとくつろぎテレビをつけると、ちょうどアメリカ軍向けテレビ局が、天気予報を流している。東アジアの衛星写真によれば、その日はトゥーバも確かに快晴の天気だったのが見てとれた。

それから数日間、フィービーと僕はソウルでアジア競技大会を見物した。そのあとはイテウォンの観光客向け商店街で買物である。にせルイ・ヴィトンのバッグ、海賊版のテープやビデオを所狭しと飾った店の前を歩いているうちに、フィービーが誂えもの専門の帽子屋を見つけた。そこで二人は、ひさしの上の真ん中に例の変り者の英国人にちなんで建てられた石碑、その下には「アジアの中央」の文字、両側には「ТЫВА」と「TUVA」の文字を縫いとった、黒ビロードの野球帽を二ダースほど注文した。いよいよキジルに着くまでは荷物の中に隠しておき、リチャード、グレンと僕がついに目標に達したとき、皆に配って祝おうという魂胆である。

ロサンゼルスに戻ってみるとレーガンとゴルバチョフは、アイスランドのレイキャビック・サミットの準備中だった。だがそんなことより僕が知りたかったのは、モスクワに行ったケラー博士の交渉の首尾である。あの膨大な数の展示品を擁するぼくらの展覧会は、いよいよロスに来るのだろうか？　また博物館代表のキジル訪問は、ほんとうに実現するだろうか？

ファインマン家に電話すると、グウェネスが出た。ケラー博士からは何も連絡がないが、結婚式のすぐあとリチャードの体調が悪くなって、一週間後に入院したと言う。癌の再発である。今度もまたモートン博士の思いきった手術が、リチャードの生命をしばらく延ばすことになった。

留守中たまった郵便物の中に、ソ連からの手紙が二通混じっていた。一通はモスクワからで、VAAPはビザの手配をするわけにはいかぬとある。トゥーバについて二人で一般向けの本を書こうという、せっかくのヴァインシュタインの計画も、これで一巻の終りである。

もう一通はスウェーデンで会った、あの苦虫を嚙みつぶしたようなシベリア男、ウラジーミル・ラミンからだった。ノボシビルスクの彼のところに来るよう、フィービーと僕宛ての公式招待状である。トゥーバ行きの手配は、ノボシビルスクでしてくれるという。今やすべては僕たちの答にかかっているのだ。「イエス」と言えばそれでことが決まるのである。ラミンの手紙は「ロシアでは「夏の間にソリの仕度をせよ」という諺もあります」という文で終っていた。

翌日僕たちはUCLA病院にリチャードを見舞った。病室に入って間もなく、思いがけぬ来訪者が現われた。ケラー博士とジム・オルソンが、酋長にモスクワ会議の報告をしに来たのだ。

まず第一にヘルシンキでケラーを迎えたホスト役は、一九世紀はじめ、アーヴィド・アドルフ・エトーレンというフィンランドの提督が集めた、アラスカ原住民の工芸品を見せた。一九世紀のはじめといえば、フィンランドもアラスカも、帝政ロシアの一部だったころだ。「フィンランドの連中は、やっと今ごろになって初めてこのコレクションの展示をする準備をしているんですよ」とケラー博士は言った。「それも今までずっとヘルシンキ博物館の地下室に、梱包のまま眠らせてあったのをね。だからさすがに展示品は完璧な状態でしたよ。」

ケラーの話はなおも続いた。「これに比べてレニングラードとモスクワから来た「クロスロード」展の展示品はひどく傷んでいましてね。スミソニアンで本格的修理をする必要があるでしょう。」

それから彼はモスクワで会った日本代表の話をしてくれた。彼らはもう二年にもわたってソ連と交渉しているというのに、まだ合意するところまでいっていないのだそうだ。

「これを聞いたときはさすがに心配になってきましたよ」と彼は言った。「とにかくシルバン・マーシャルと私が、いよいよカピッツァとバシロフに会って腰を下ろしたとき、私は開口一番「みなさん、われわれがなぜここに集まっているのか、よくご存じのことと思いますが、是が非でもトゥーバに行きたいという男が三人カリフォルニアにいるのです」と言いました。すると向うはニコニコ笑いましてね。そこで私が先生たちのくださったスウェーデンの協約書のコピーを出したところ、向うも協約書を出してきたんです。内容はほんの少し変更があるほかは、ほとんど同じでした。それをホテルに持って帰ってマーシャルと二人でよく読み、次の日にはもう合意が整ったのです。ほら、これがその書類ですよ！」と言うと、ケラー博士は酋長に新しい協約書の写しを渡した。

「そういうわけで、展覧会は一九八九年一月にロサンゼルスに来ることになりました。」

「それはよかった！」とリチャードは叫んだ。「他の連中が二年かかるところを、君たちはたった二日でやりとげたんだからな！」

「先生たちが準備をすっかり整えてくださったからですよ」とケラーが答えると、酋長は僕の方を見て言った。「そうら見ろ！　僕らはもうプロなんだぜ。何しろ国際展覧会の「発見者」なんだからな！」

「モスクワにいる間にもう二つほどロサンゼルスに持って来たい展覧会を見つけましてね」とケラーは目を輝かした。「一つはシベリアの万年氷の中から掘り出された、毛から肉までみなついている凍ったマンモスの赤ん坊、もう一つは鉱物学博物館で展示していたファベルジェ*の彫刻です。」

＊「遊牧民」展に続き、ファベルジェ・コレクションも、フィンランド提督のアラスカ民芸品コレクションも、ロサンゼルス自然史博物館で公開されている。

こうして皆で祝いあっているうちにも、どうしても知りたい手続き上の小さな疑問が僕の念頭を離れなかった。「ええと、その協約書の中のどこかに、僕らがトゥーバに行くということが書いてありますか?」

「ありますとも」とケラーは最後のページのそのまた最後の一節を見せてくれた。「アメリカ側は、展覧会の主題に関するテーマで、ドキュメンタリー映画を撮影するため、製作者を出張させるべく何らかの方法を考える努力をするものとする」とある。

これこそはエーテボリで、バシロフと僕が目論んだ策略なのだ。つまりリチャード、グレンと僕とが博物館代表として、クリストファー・サイクスといっしょに、出土品発掘現場のビデオ撮りをするため、トゥーバに行くという案である。

「うん、こりゃすごい!」と僕は叫んだ。「来年の夏みんなで行こう。タンヌ・トゥーバよ、今に行くから待ってろ!」

ノボシビルスクを通ってトゥーバへ、というラミンの招待状には、次の日返事を書いた。ケラーとソビエト科学アカデミーの話し合いの成功にふれ、「いよいよ三銃士がいっしょにトゥーバを訪問する道ができたので、フィービーと僕のためわざわざトゥーバ訪問の手配をしていただく必要がなくなりました。ただしあなたの計画をこの「第一のソリがひっくり返った」ときの「予備のソリ」と考えてくださる場合は別ですが」という文面である。

さらに酋長の手に渡った協約書のコピーをとって、英語とロシア語の両方をグレンに送ると、彼はソ連側の英訳を検討してくれた。

それから二、三日後のことだ。アイスランドでゴルバチョフは、もしアメリカが「スターウォーズ(SDI)」を宇宙で使わない約束さえすれば、米ソが互いに全核兵器の五割削減を考えることもできる、と提案した。レーガン大統領はこの劇的な申し出にすぐさま同意したが、それはなかなか賢明な動きと言える。第一、スターウォーズは夢みたいなものだということがわかってきており、しかも全国の物理学者たちは、純粋な科学から離れてそのような計画に参加することを頑として拒否していたのだ。* ところがそこにホワイトハウス首席補佐官のドナルド・リーガンがしゃしゃり出て、大統領はいっさい何にも同意していない、などと宣言してしまったのである。

＊　SDIと関係のある仕事はいっさいしない、という拒否宣言書は、リチャード・ファインマンの署名した数少ない申請書の一つである。彼がチャレンジャー事故調査委員会報告書の中で、「シャトルの信頼度に関する個人的考察」と題する一文の結びに「技術の向上のためには、宣伝などというものはあとまわしにして、まず第一に現実を見るべきである。なぜなら自然をあざむ

くことはできないからだ」と書いたときも、彼の念頭にはスターウォーズがあったのだ。これこそロジャース委員長との間ですったもんだの種となった一文だが、委員会の公式報告書には付録Fとして発表された。また『困ります、ファインマンさん』の英語版にも収録されている(訳者注―『ファインマンさん、ベストエッセイ』(大貫昌子訳、岩波書店、二〇〇一年)にも収録されている)。

僕は国務長官ジョージ・シュルツと、エドワルド・シェワルナゼソ連外相との間で、次のような会話が交されるところを思い浮かべた。

シュルツ「サミットの結果、何も成果があがっていないといって、世界中が失望しているようだが、何か同意したとして世に見せられるものでもありませんか?」

シェワルナゼ「そうですな。わが科学アカデミーがアメリカの博物館に展示するため、大きなコレクションを送る約束をしたと聞いていますが……」

だが残念ながら現実にはそんな会話はなかったらしく、われわれの展覧会の公式発表などありはしなかった。ただし翌日『クリスチャン・サイエンス・モニター』紙の一〇月一六日号に、クルト・M・キャンベルが次のような意見を書いている。

「スーパーパワーが、核兵器の地下実験を中止するか、スターウォーズをいったいどうするのか、そして究極的には兵器制限一般について、何ひとつ同意できないような今日この頃、「印象派絵画協約」(僕はこれをケラー協約と読んだ)は、協力的な国際関係の一般的停滞の中で、唯一の快い例外と言えよう。

戦略上の話し合いのように、生死にかかわる問題と比べ、このような小さな一歩など意味がないと片づける者がいる一方、この印象派名画展交換こそは、新兵器やその検証法に関する論争、そして地下核実験など、いずれも行き詰まった問題の中にさす一筋の希望の光であることは疑いもない事実である。米ソ関係の新しい展開のため、今や兵器制限論者が芸術家から意見や着想を求めるときが来たのではなかろうか。」

ユーラシアの遊牧民の民芸品が、フランス印象派の絵画ほど有名でないことは問題にならなかった。それより『クリスチャン・サイエンス・モニター』のこの建設的な記事を読んでいると、ヴァインシュタインのアパートで作りあげたあのとてつもない企みが、単に僕らをトゥーバに到達させるだけでなく、世界平和達成にも一役買えるのではないか、という気までしはじめたのである。

だが今は現実の問題に立ち戻る必要があった。「ケラー協約」がいよいよ遊牧民展をアメリカに持ってくることが決まった今、トゥーバに行くための次の段取りは何か？　それはもちろん自然史博物館のスタッフになることだ。だがそれには手術後のリチャードの回復を待たなくてはならない。

退院後の彼のスタミナを取り戻すため、酋長と僕は毎日少しずつ距離をのばして散歩をすることにした。彼の家をキジル、一ブロック先のブレーバーン通りをトゥーバのシャゴナルとすると、散歩を始めて数日後には、キジルからエニセイ川を下ってシャゴナルまで、一週間もするとかつてトゥーバ最大のラマ教僧院を抱いていたチャダン（三、四ブロック先のポーター通り）、二、三週間後にはケムチック谷の極み、ティーリ（六、七ブロック先のアレン通り）まで歩けた。

さらにトゥーバへの旅の準備のため、小さな黄色い暗記カードにトゥーバ語―モンゴル語―ロシア語対照熟語集から単語を書きこんだ。そして「ウジュラシカニヴィスカ　ウールップ　チュル　メン*」などという文句を唱えながら、アルタデナの通りをのし歩いたのである。

＊「会見―互いに―われわれ―に　幸福です　私」または「おめにかかれて嬉しく思います」。

酋長の体力回復のためのもう一つの運動はドラミングだった。二人は、ユールトの中で見つけた古いシャーマンのドラムに、生命を吹き込むところを心に浮かべながらドラムを打った。またキジルの劇場で、サンフランシスコ・バレーのヒット曲「迷信の輪廻」の中から選んだリズム音楽を演奏する光景を想像しながら、ドラムを打つこともあった。

リチャードが町に行けるところまで回復したとき、僕たちは博物館に出かけて、それぞれ顔写真入りの身分証明バッジをもらった。のちにグレンも帰省の折りを利用してバッジをもらったが、バークレーに帰りつくや、社交の場でこのバッジがいかに霊験あらたかであるかを発見したと言う。「僕は物理の大学院生です」なんぞと言うより、「ロサンゼルス自然史博物館の研究員です」という方が、はるかに御利益があったのだ。

今や僕はれっきとした博物館のメンバーである。さっそくテレックスでアンドレイ・カピッツァに、協約書第一〇項に規定されているとおり、映画製作者および新しく指名された研究員を送る意志のあることを伝えた。トゥーバ訪問計画はこれで正式に軌道に乗ったわけだ。

ところがカピッツァはすぐには返事をよこさなかった。いやすぐにどころかぜんぜん返事をくれなかったのだ。

僕はカピッツァ宛てのテレックスのことを、セブヤン・ヴァインシュタインに知らせ、さらにバシロフにはわれわれが申請しようとしている、トゥーバ訪問の概要を書いた詳しい手紙を用意した。もちろんいくら酋長だって永久に癌を防ぎ続けることはできない以上、早急にことを運ばなくてはならない点を書きたいと思ったのだが、ソ連側をおどかすことになっては元も子もないから、彼の健康のことにはふれるなと酋長に言われてあきらめた。リチャードはその代りに、ソビエト科学アカデミーがいやしくもノーベル賞物理学者はホテル、あるいは少なくとも狩猟用の山小屋に泊めるべきだなどと考えているかもしれないが、「ファインマン教授はむしろ星空の下で寝ることを望んでおられます」と書けと言う。つまり僕たちの旅行計画について、なるべくソ連側に迷惑をかけないですむよう、こっちで寝袋やテントは用意するし、二、三台の車と最少限度の案内がいれば、あとは何も要らないということだ。

僕はソ連の道路地図と、国防総省地図製作局によるトゥーバ地図の写しを作り、可能な道順に印をつけた。その一つはノボシビルスクからビースクとゴルノ・アルタイスク(有名なパザリク古墳のあるところ)を通り、モンゴルに入るルートである。ウラーンゴムで主要道路を下って、ハンダガイティでトゥーバに入り、チャダンを通り抜けてキジルに向かう。もう一つのルートはソ連内の小さな道を通っていくものだ。

これをバシロフに送り出す前、ケラーとオルソンに送って意見を聞くと、オルソンから次のような返事が来た。

「親愛なるラルフ

バシロフ博士に君の手紙を出すのはしばらく待ってほしい。君のトゥーバへの情熱は皆に伝染してはいるが、今焦りすぎてはまずい。……

君とファインマン博士がいなかったら『ユーラシアの遊牧民』展の協約書が手に入らなかったのはよくわかっているが、この展覧会や未来の文化交流については、いつにわれわれの信用度にかかっているわけだ。したがってどのように事を進めていくかにつき、われわれ全員の意見が一致していなければならない。これを考えると君が今度の計画について手紙などを出す場合には、まず前もって僕にコピーを送り、博物館の承認を得ることが肝要である。……」

しかしせっかくここまでこぎつけた苦労をむだにするのは不本意だ。僕はバシロフに出そうと思っていた書類を、ノボシビルスクのウラジーミル・ラミンに送って意見を聞くことにした。しばらくして来たラミンの返事は次のようなものだった。

「実を言うと君のリストの中のある箇所を見て、つい苦笑してしまった。このスピードとたいへんさからすると、君の日程はまるでパリ・ダカール間の自動車レースなみだ。」

クリスマスが近づいてきたが、その年、トゥーバ友の会会員への贈り物のトップに上がったのは「トリビアル・パースート(些細事追跡ゲーム)」である。僕は「トゥーバ・トリビア(トゥーバに関する些細事)」という特別版ゲームを作りあげ、クリスマスカードにして送り出した。以前僕ら三人の写真を撮った大貫泰の細君が出したのが最高のトリビア・クエスチョンで、「黒沢映画『デルス・ウザーラ』のスター、マクシム・ムンズクはどこの国の人か？」というものだった。*

融通の利かぬ頭で僕がかたくなに信じこんでいたことは結局当たっており、デルスを演じたあの俳優は、ほんとうにトゥーバ人だったのだ！　この国際的スターにファンレターを、しかもトゥーバ語で書こうと僕は思いついた。例のトゥーバ語-モンゴル語-ロシア語対照熟語集をめくり、単語をついだりはいだりしてできたのは「私は　映画　デルス・ウザーラ　カリフォルニア-の中　見た　私」とか「夏-の中　トゥーバ-に　来る-でしょう　私。会う-互いに　可能か？」などという文である。また手紙を水増しするため、次のような特別な美辞麗句を見つけだして書いた。「私は心の底からなる挨拶を送り、あなたの仕事上の成功と、健康、そして幸せな生活を祈る。」

カピッツァにテレックスを打ってから六週間経ったころ、当時くりひろげられていたイラン・コントラ事件の言葉で言うと「裏のチャンネル」から伝言が届いた。

「一九八七年予定の中央アジア遺跡撮影旅行に関するカピッツァ宛てのテレックスを繰り返されたし。ヴァインシュタイン」

この忠告に従い、僕たちはテレックスを繰り返し送った。

ソ連から少しよいニュースが入ったのは次の日のことである。アンドレイ・サハロフがゴーリキー流刑を解かれ、モスクワに戻ることを許されたというのだ。それから一週間のうちに彼はアメリカのテレビの「デービッド・ブリンクレーとともに今週を語る」という番組に姿を現わした。いよいよミハイル・ゴルバチョフが、ソ連社会史、いや世界史上に足跡を印しはじめたのである。

＊　トリビア・ゲーム狂の読者のため、トゥーバ・トリビアの全文を紹介すると次の通りだ。

「おめでとう！　君は今アメリカ究極のトリビア・ゲームを手にしているのだ！　勇敢なトリビア狂は、世界で最も目立たぬトリビア・トピックたるトゥーバについての質問を見事にさばき、残り少ない友だちをびっくりさせるはずである。

トゥーバ・トリビアはくだらぬゲーム盤の上でサイコロを振ったり、プラスチックのかけらなどを動かしたりさせて君の時間を浪費せず、トリビア・ゲームで古今を通じ最高点を獲得するのに運に頼る必要もない。トゥーバ・トリビアには種も仕掛けもなく、ただ六種類の「のるかそるか」的難問に答えるのがミソのゲームである。この挑戦に応える用意やいかに？

(1) 地理。エニセイ川の堤に（不正確ではあるが）「アジアの中心」を印する碑が立っているのはどこの国か？

(2) 歴史。一九二一年から一九四四年まで、名目上独立国であり、一九二九年オットー・メンヒェン－ヘルフェンの訪問を受け、一九三六年に三角と菱形の切手を発行したのは、どの国か？

(3) 科学および自然。その首都キジルから二五〇キロメートル以内に、ラクダ、トナカイ、ヤク、牛、羊、ヤギが飼われている国はどこか？

(4) スポーツ。バスケット・ボールを「サグス　ブンブグ」と呼ぶのはどこの国か？

(5) 文学。ソヨット民話編集者オンダー・ダリマ氏は何国人か？（「ソヨット」はトゥーバ族の旧称）

(6) 娯楽。黒沢映画『デルス・ウザーラ』の主演俳優マクシム・ムンズクはどこの国の出身か？

もしこのカードの問に全部まちがえず答えられる人は、トゥーバ友の会の名誉会員の資格にふさわしい成果をあげたことになる。だがもし一つでも誤った人は、ゲームに負けただけでなく、残念ながら案外流行遅れの人間なのだということを証明したことになる！」

11 旅行準備完了

パサデナ生れの僕は、フィービーの二人の姉をサンフランシスコに訪問中、パサデナ名物の元日行事、ローズパレードをテレビで見物した。パレードの終りの方で、ネバダ州ウィネマッカから参加した騎手の一団が、バシキール・カーリーという小さな馬に乗って現われた。その名にはどうも聞き覚えがある。有名な舞踊家のルドルフ・ヌレエフは、バシキール自治共和国*の首都ウファの出身だから、元をたどればタタール人ということになる。今目にしているバシキール・カーリー馬は、タタール人を背に乗せてユーラシアの大高原を駆った、あの精悍な馬と何か関係があるのだろうか？

＊　トゥーバがソ連に統合された最後(一九四四年)の自治共和国であるのに対し、ウラル山脈のすぐ西にあるバシキール自治共和国は最初に統合された国である。バシキールの土着民は宗教はイスラム教だが、民族的にはチュルク人とモンゴル人(すなわちタタール人)、そしてフィン・ウゴル族の混血だ。したがってトゥーバ人とは遠い親戚となる。

ここで僕は心に夢を描いた。年は一九八九年の一月元旦である。再びローズパレードをテレビで見ていると、アナウンサーが「みなさま、次はソ連からの騎手団です。シベリアとモンゴルの間にはさまれたトゥーバ地域(切手蒐集家の間ではタンヌ・トゥーバとして知られる)のキジルからはるばるこのパレードに参加しました。ジンギスカンの軍勢の子孫たちが今乗っている馬は、ネバダ州ウィネマッカのバシキール・カーリー馬登録協会から借りた、バシキール・カーリー馬です。この騎手たちは今月末ロサンゼルス自然史博物館で開催される『ユーラシアの遊牧民』展に行く途上なのです。」

もしそうなったら、何とすごい宣伝になることだろう！

ロスに帰りついて間もなくカピッツァから返事が来た。日付は一月一六日だから、トゥーバの遺跡に映画製作者と研究員とを送りたいというテレックスを出してから、たった(?)二か月しか経っていないというわけだ。

「『ユーラシアの遊牧民』の放映用ビデオやドキュメンタリー映画を作るのなら、ソ連邦国家映画委員会(ゴスキノ)ソヴィンフィルム支局長、アレクサンダー・スリコフに申込書提出の必要あり。住所はモスクワ市スカテルニー、ペレウロク二〇番地。」

五日後われわれはスリコフ宛てに丁重な手紙を書いて送り出した。混乱を避け時間を節約するため、スリコフが細かい点の相談をバシロフと直接進められるよう手配し、カピッツァにはコピーを送った。そしてこれらの進展状態をヴァインシュタインにも知らせておいた。

ソヴィンフィルムからの返答を待つ間に、キジルから手紙が舞い込んだ。マクシム・ムンズクからの返事が来たのだ！　リチャードと僕はすぐさま辞書、熟語集、それにトゥーバ手引書の埃を払い、勇んで解読にかかった。第一行目は僕が『デルス・ウザーラ』を見たのを、ムンズクが嬉しく思うという内容とわかった。僕がトゥーバ語で書いているのが興味深い、というのが二行目。そこまではよかったが、そのあとに来たのがチンプンカンプンの単語がやたらとズラズラつながった長い文である。何やら「仕事‐目標」とか「生活‐状態」「口‐贈りもの」とかいうことが書いてある。そしてそのあとには、また「どこ‐から」とか「何の仕事　する‐あなた？」といったたぐいの簡単な語句が続いた。そして最後に「一つ‐ない　トゥーバ‐に　来る‐あなた　でしょう、会見‐互いに　でしょう　われわれ。」

　僕はすっかりがっかりしてしまった。「ない」というからには、トゥーバ出身のこの国際映画スターにはどうも会えそうにないらしい。

「だが「一つ‐ない」という言葉を、なぜムンズクが君に会えないという意味だと決めこむんだい？」とリチャードが言った。

「「ビル」は一つだということはまず確かだし、「エヴェス」は「ない」という意味にまちがいはないでしょう？」と答えると

「だが「一つ‐ない」という組合せについてはどうなんだい？」と酋長は言いはった。結論を出す前に、必ずデータを再検討するのが、彼の信条なのだ。

「「一つ」との組合せはたくさんありますよ」と言いかけて、「あっ、ここに出てる。さっきは気がつかなかったが、「ビル‐エヴェス」が載っています。この組合せはロシア語で

は「エスリ」だ。」ポケットから露英辞典を引っぱりだして「エスリ」を探すと、「もしも」とある。結局「もしトゥーバにあなた方が来たら、互いに相見ることができるでしょう」となる。

これでやっぱりトゥーバの映画スターに会えるのがわかった。もちろんもしキジルに行けたらの話だが、ほっとした僕たちはさっき解読できなかった真ん中の長い文と取り組んだ。

組合せになっている語句を再検討しているうち、突然はっと思い当たるものがあった。何のことはない、ムンズクは僕が書いたあの美辞麗句をそのまま繰り返し、「どこーから？」という質問をつけただけだったのだ。

僕はゲラゲラ笑いだした。「僕の手紙はさぞかしこっけいだっただろうな。何しろ「私デルス・ウザーラ　カリフォルニア　見た　私。マッチ　グッド　グッド」てなつぎはぎのたどたどしいトゥーバ語があったと思うと、藪から棒にこの美辞麗句があって「心の底から貴君に挨拶を送る。仕事の成功、健康と幸福な生活を祈る」などと言うんだから、いやがうえにも目立つわけだ。「この文句どこから来たんだ？」と聞くわけだよ。」オンダー・ダリマにしたって、僕らのトゥーバ語はさぞわかりにくく、こっけいだったにちがいない。

ところで二月も矢のように過ぎてゆくというのに、ソヴィンフィルムからは何の音沙汰もなかった。とうとうスリコフにテレックスで、一月に書いた手紙が届いたか？　と問い合わせたが、やっぱり梨のつぶてだ。

そうこうするうち僕はテレビの「マクニール・レーラー・アワー」で、三人のソビエト女性特集番組を見た。その一人はソヴィンフィルムの翻訳者だったという。エレナ・ザグレブスカヤというその名をいそいで書きとめ、すぐに手紙を出した。もしやスリコフ宛ての僕たちの手紙を見なかったか、という問合せである。

ザグレブスカヤ嬢はすぐに返事をくれた。彼女はもうソヴィンフィルムに勤めてはいないが、たまたま彼女宛ての郵便物を取りに、ソヴィンフィルムに立ち寄って調べてくれたところ、われわれの手紙は確かに着いており、ソヴィンフィルムはバシロフのオフィスに連絡をとったが、バシロフは三月末まで出張で不在なのだということがわかった。

それではしかたがない。待っている間に思いついて、セブヤン・ヴァインシュタインにあげてしまった衛星写真の、トゥーバの部分をまた注文することにした。今度は少しずつ違った角度で撮ったものを二枚買って、立体的効果を試そうと思ったのだ。まずこの間のとおり北緯四九度から五〇度、東経八八度から九九度までの写真のリストを送ってもらった。

そのプリントアウトが来ると、トゥーバで過去一〇年間に三〇パーセント以下の雲量の日の写真を、ランドサット衛星が月平均何枚撮っているかを、ざっと見積ってみた。もっとも晴れているのが六月と七月(九五枚と九四枚)で、次が五月(七〇枚)だ。一方もっとも曇りの多いのが一一月と二月(一五枚ずつ)。よし、これならトゥーバ行きは六月と決めた。*リストについてきた手紙には、耳よりなニュースが入っていた。

* 六月か七月のある一日が、一一月か二月のある一日より晴である確率が六倍だということを必ずしも意味しない。なぜなら冬に比べて夏の日照時間は二倍だから、雲のない写真の撮れる確率が二倍になるからである。

「イオサット利用者各位

ご存じのとおりイオサット社は、一九八六年七月一日以降、一九八六年末まで、特別データ取得料金を請求しないという決定をしたところ、顧客の反響が非常によかったため、取得料金無料の時期を一九八七年末まで延期することにしました。確実に雲量三〇パーセント以下の写真をご希望の場合は、これまで同様二七五ドルの料金をいただきます。」

僕はすぐさまイオサットに電話をかけた。

「そちらの手紙の意味を正しく解釈したかどうか、確認したいんですが、僕個人の希望で地球上のある特定地域に衛星を向けて写真を撮っていただくとすると、それは無料ということですか?」

「はい、そうです」と顧客係は受けあった。「その写真は普通料金で買っていただくことになりますが。」

「もちろんです。それでいつ撮っていただけるのでしょうか？」

「二四時間以内です。政府や会社などからしょっちゅう最新情報がほしいという依頼が来ますからね。たとえば山火事とか石油漏れなどは、ランドサットから見えるわけです。で、あなたはどこに興味がおありなのでしょうか？」

トゥーバの一点を決めて座標を言うと、

「ああ、申しわけありませんが、ランドサットに指示を送るリレー衛星が、あのシャトル爆発でいっしょに吹っとんでしまいましたので、あの地域のものは手に入らないのです。それをインド洋の上の静止軌道に乗せようとしていたんですが。」

これを聞くまで、チャレンジャー号とトゥーバの両方に関係のあるのは、てっきりリチャード・ファインマンだけだと僕は思いこんでいたのだった。とにかく前の写真を二枚ほど注文し、サヤン山脈の立体効果をわりとうまく出すことができた。

三月はじめ、僕はロンドンのクリストファー・サイクスに電話でちっともことが進行しないのをぼやいたところ、クリスはちょうどソ連の立入禁止の地区を旅行してきた「じゅうたん蒐集家」と話をしたとかで、その男の電話番号をくれた。さっそく連絡をとってみると、そのじゅうたん蒐集家がくれた忠告は、次のようなものである。第一にソ連の立入禁止地区に、カメラやビデオの撮影装置を持ちこむのは、まず不可能に近いということ。

カメラどころか、そもそも人間が行くこと自体至難のわざなのだ。おまけに「同じ種類の友だちの中に留まれ」とも忠告してくれたが、これは僕にとって役に立ちそうにもないことだ。

二、三日後、例の「裏のチャンネル」からドイツ語で電報が来た。「ソヴィンフィルム、協約に同意す。」

そのまた二、三日あと、今度はバシロフがモスクワを離れる寸前に書いたものらしい手紙が、博物館宛てに届いた。

「ソヴィンフィルムのアレクサンドル・スリコフ宛ての一九八七年一月二一日付の君の手紙のコピーを、カピッツァ教授から受け取りました。ついてはできるだけ早く同じ主題に関して次のような情報を正確に記した手紙を新しく書き、提出されるよう忠告したいと思います。

(1)　ソ連に派遣される人数
(2)　その氏名および地位など
(3)　訪問予定地名
(4)　ソ連滞在日数
(5)　アメリカからカメラやカセットを持参されるかどうか。
(6)　ソヴィンフィルムにどのような助力あるいは協力を期待するのか。彼らの助力を求めておくのが賢明と思われます。さもないと、彼らが君たちのビデオ撮影作業を監督し、これに関与する理由がなくなってしまうからです。」

ついでバシロフはトゥーバを真ん中にはさんだ九か所の訪問地を提案してきた。彼の提案はなおも続く。

「もしこのプログラム全部(あるいは少なくとも一部)を実行する許可をとれば、君たちのグループは科学アカデミーの専門家の指導を受けることになるでしょう。」

ケラー、オルソン、ファインマンと僕の四人は、次にするべきことを話し合った。そのとき僕はスウェーデンでバシロフに聞いた忠告を思い出した。サイクスはBBCの代表としてトゥーバに来てはならない。「でなければ、ソビエト・テレビがからんできて、どこへ行くにもその係官がつきまとうでしょう。」そう言ったバシロフだが、モスクワからは異なった「曲を奏でて」いる。「君たちのビデオ収録作業を監督し、関与する必要がなくならぬよう、ソヴィンフィルムに助力を求める方が賢明」だと。ソビエト・テレビとソヴィンフィルムとが異なったものとは思えない。ではこのバシロフの矛盾した提案を、どう解釈したものか。

「その提案は必ずしも矛盾してないぞ」と酋長が言った。「モスクワから書くときは、バシロフは自由に思ったことが言えないのだという風に考えればよくわかるよ。忠告だって注意して表現しなくてはならなかったんだろう。だがもしソヴィンフィルムの助力を頼んだとしたら、連中がわれわれの仕事を監督せざるを得なくなる。そんなことはまっぴらごめんだね。」

と、僕の頭にじゅうたん蒐集家の忠告が浮かんできた。「同じ種類の友人の中に留まれ。」今になってみると、その意味がわかる気がする。

「ということはつまり、川を渡る途中で馬を変えるな、ということですな」とケラーが言った。カピッツァは科学アカデミーの馬から僕らをふり落とし、ソヴィンフィルムには頼るべき「友だち」はいないという、愁うべき事態である。

僕たちは額を集めて策を練った。一九八八年に大がかりな撮影旅行(つまりソヴィンフィルムには大金が転がりこむ)をする予定をちらつかせておいて、今は心もちソヴィンフィルムを遠ざけておき、僕らのもともとの「友だち」といっしょに科学アカデミーの馬に乗り続けることだ。この話し合いの結果、僕たちの一九八七年トゥーバ訪問は、展覧会に関する目的が主であるから、この旅行は科学アカデミーで計画してほしいという手紙が、ソヴィンフィルム、カピッツァ、バシロフの三人宛てに至急便で送り出された。

ケラーが馬のたとえを使ったせいで、僕の心にはまたもやローズパレードの夢が活きかえってきた。ローズボール(フットボール)試合協会に問い合わせて、バシキール・カーリー馬登録協会の住所を教えてもらい、同時にパレード出場希望の騎手団の参加料もたずねたが、傷害責任保険の保険金が上がったため、一人三五ドルに値上げされたらしい。

それぐらいなら何とかなるな、と僕は考えた。テレビを通して全国の視聴者に見てもらえて一人三五ドルなら、めっけものだ。一九八九年のパレードの参加申込み締切は一九八八年五月だから、準備に一年ちょっとの時間もある。今度のトゥーバ訪問のとき、その準備を始めよう。民族衣裳をつけたトゥーバ人の騎手のカラー写真を撮ってくればそれでいいのだ。僕は胸がワクワクして来たが、もっとちゃんと形がつくまではケラーにもオルソンにも言わないことにした。そうすればその時点で、博物館側がローズパレードで展覧会の宣伝をするかしないかを決められるというものだ。

三月も末になるころ、僕はラミンから手紙をもらった。

「ノボシビルスクとトゥーバ滞在の最終計画をぜひ知らせてください……

私たちが七月一〇日か一五日までに到着することは、すでにトゥーバの研究所長Y・アランチン博士との間で、話も手配もすませてあります。滞在は一〇日ぐらいとしましょう。トゥーバ人の同僚の意見では、これだけの日数があれば次のような行動をとるのに充分だということです。

(1) トゥーバの首都キジルを隅から隅まで見学。

(2) トゥーバ言語・文学・歴史科学研究所を訪ね、協力者に会う。

(3) アルザン(スキタイ時代の、身を丸めたヒョウを彫りつけた大青銅盤の発掘地。ヴァインシュタインのトゥーバ美術の本に載り、『遊牧民』展でも中心となっている)を訪ねる。

(4)　クミス(馬乳酒)工場訪問。

(5)　トゥーバ内でおもしろそうなところを何箇所か見学。

(6)　トゥーバおよびその歴史の探究に関してそちらの興味を満足させるような活動をする。

さてラルフ君、ビザを手に入れるために必要な公式手続きですが、まずソ連領事館か大使館に行って、訪問者用のビザ申込書をもらい、書き込みをすませて正式に登録することです。そして登録ずみのこのビザ申請書を、なるべく早く私宛てに送ってください。これを受け取りしだい、私が個人的あるいはソ連の外務省を通して招待状を送りましょう。

これが必要な手続きと公式な準備の最終段階です。私の側からの公式手続きや、必要な承諾などはすべてとってあります。

再会を楽しみにしています。

ウラジーミル・ラミン」

ラミンの第二のソリはもう出発準備完了である。あとは僕とフィービーがこれに乗り込むかどうかだけとなった。

ドラミングのあいまに、ラミンの招待のことを酋長に打ちあけると、

「今僕らはソヴィンフィルムと科学アカデミーに、テレックスを受け取ったと言わせるのにさえ苦労してるんだ」と彼は言った。「これに比べてノボシビルスクのラミン氏は、自分一人の考えで、僕たちをできるだけ助けようとしているわけだな。」

ここで思い当たったのは、トゥーバに行ったアメリカ人、オーエン・ラティモア、それにずっとあとの三人の植物学者たちは皆ノボシビルスクで旅行の手配をしてもらっていることだった。「ただ一つ、問題はラミンが僕たち三人のうち、一人だけしか招けないことだな」と僕は嘆いた。

「もしトゥーバに行けるのはノボシビルスクを通してだけだと考えると、まず君とファービーがラミンといっしょに行くべきだろう」とリチャードは言った。「そしてあとで僕たちがみんなして行けるよう準備を整えてくればいいじゃないか。」

「しかし初めからそんな風には計画していませんからね。だがみんなで行けるようにする方法がほかにないのなら行きますよ。どっちにしろ今ビザ申請書を出しても害にはならないでしょう。」

翌日僕はラミンに言われたとおり、特別ビザ申込書をもらうべく手紙を書き、同時に皆の分の普通ビザの申込書も頼んだ。ソ連では何ごともどたん場になって、バタバタと進行することが多いと聞いたことがあったのだ。経験者の話によると、ソ連のビザというものは、しばしば明日発つという前の日に下りるということだから、早くからちゃんと申込書を整えておくのは悪いことではない。

トゥーバに南から入るという夢も、まだすっかりだめになってはいなかったから、ロンドンのモンゴル大使館にも手紙を書いた。* こうしておけばすでに書き込みのすんだ申込書を、モスクワのモンゴル大使館に持っていって、その場で処理してもらえるというものだ。

＊　アメリカとモンゴルの外交関係は、その年(一九八七年)一月に確立されたばかりで、まだワシントンに大使館はなかった。中国に(後には台湾に)気がねをしたアメリカは、六五年もの間モンゴル独立を認めなかったのだ。

四月末クリストファー・サイクスは、その夏の予定を立てなくてはならなかったため、しぶしぶトゥーバ旅行参加者名簿から脱落した。その代りとして選んだのが、まことにどんぴしゃりの人物だ。自然史博物館とは目と鼻の先の南カリフォルニア大学で客員教授をしているアンドレ・シンガーといういなせな若い英国人である。シンガーの経歴は立派なものだった。専門分野は人類学で、新疆《シンチャン》の遊牧民や*、ロシア帝国と大英帝国領の境をなすヒンズークシ山脈の割れ目である、アフガニスタンのワハン回廊の遊牧民の撮影をしてきている。しかもソ連には何回か行ったことがあり、バシロフにも会ったと言う。

＊　彼のドキュメンタリー映画『中国の騎手、カザフ人』は、ちょうど教育テレビで放映されたばかりだった。

ケラーは僕たちにシンガーを引き合わせるため、博物館に彼を招いた。シンガー博士は僕らの顔を見るや、この展覧会にはスキタイ人、フン族、古代トルコ人などを入れているのにもかかわらず、今日でもソ連という国の構造にその影響が強く感じられる最高の「帝政時代的遊牧民」たるモンゴル人の部門が、なぜ含まれていないのか、と質問した。これを聞いたとき、ケラー、オルソン、ファインマンと僕の四人は、はっとした。自分たちの展覧会の主題だというのに、この僕らの無知さかげんはどうだ。僕たちはさっそくシンガーを、バシロフに匹敵する学者として推すことに賛成し、彼を遊牧民展の総監督に指名したのである。

さて遺跡のビデオ撮り計画だが、シンガーはアジア内陸の遊牧民の世界最高の権威であり、その遊牧民たちを個人的に知っていたオーエン・ラティモアをまず撮影することを提案した。それがすんでから、彼の弟子で人類学専攻の大学院生をつけてもらってわれわれがトゥーバに行き、ラティモアの描写した遊牧の現実の例を探す、という計画である。そしてよい材料をビデオテープに入れて帰れば、一九八八年にドキュメンタリー映画全編を作るための資金を作るのに使うことができると言うのだ。*

＊　シンガーは公式には、ソ連にはもはや遊牧民は存在しないことを警告しているが、それでもトゥーバでは必ずやその例に出くわすものと確信していた。しかしながらホスト役を務めるソ連の役人を困惑させないよう、あくまでも僕たちの目的は遺跡見学にあるとしておくわけだ。

それから二、三日してシンガーは、バシロフに電話で話をした。展覧会を拡張してモンゴルを追加する点について、バシロフは自分の仕事が増えるにもかかわらず、オーエン・ラティモアに敬意を表してかそれに同意したので、けっきょく展示品は一〇〇〇点を越え、ソ連からアメリカにくるコレクションとしては最大のものにふくれあがった。

五月が近づくにつれ、旅行はどうなることかと、僕たちはヤキモキしはじめた。ソヴィンフィルムからも科学アカデミーからも、何ひとつ公式の連絡がないのだ。それでも僕はロサンゼルスからモスクワまで、三つの日付で三つの異なった航空会社の切符を予約した。それがすむと、もうこっちのなすべきことはない。僕は来る日も来る日もテレビを何時間もぶっ続けにつけて、気を紛らせるほかなくなってしまった。ウォーターゲート事件以来、久しぶりにリチャード・セコード（イラン・コントラ事件の主役）の証言が、けっこう面白い見ものになっていた。だがそれが終ってみると、もうとてもモスクワの沈黙を無視していられなくなってしまった。ソヴィンフィルムと科学アカデミーとに連絡し、後者にわれわれの訪問を手配してもらいたいという意志を表明してから、もう二か月が経っている。僕は博物館の同意を得てバシロフに電話し、アメリカ側の懸念を伝えた。

「それはよくわかりますよ」とバシロフは、いつもの如才ない口調で答えた。「最近そちらの博物館からその旨のお手紙をいただきましたがね。今科学アカデミーと公式な接触をするのはまずいでしょう。公式に話をするのはソヴィンフィルムの方がいいですからね。」

そうしてみると、同種の友人の中に留まろうという僕らの策は、一向に効を奏せず、ソビエト科学アカデミーはどうしたわけか僕たちを見捨てたもののようである。こうなったらソヴィンフィルムに頼るしかない。

時間が迫っている点を心配するとバシロフは「よくわかりますよ、ラルフ」と慰めてくれた。「私は最近イギリスから帰ってきたばかりなんです。とにかくソヴィンフィルムとの交渉には私も参加して、何とかことを早く進められるよう努力しましょう。だがまったくのところ、あっちにしてみれば私など無名の人間に過ぎませんよ。彼らの相手は君たちアメリカ側しかない。私にできることはヒントや忠告ぐらいのものです。」そして彼は僕たちの目指す地方を、もっと減らしてはどうかとも提案した。

ケラーはまたもやソヴィンフィルムに、次のようなテレックスを送った。

「親愛なるスリコフ氏

一九八七年六月二八日に予定のわれわれの旅行申請の現状を知らせていただきたい。一月二一日および三月二四日付の手紙を参照されたし。最も興味を持っているのは、カザフ、キルギス地域およびアルタイ、トゥーバ地域。その目的は予備的ビデオ撮りだけで、実際のドキュメンタリー映画撮影でないことを強調したい。この旅行は一九八八年貴社と共同で、ドキュメンタリー映画を製作の資金を作るのに、ぜひ必要である。キャルテク、ファインマン宛て一八八一九二にテレックス乞う。」

すると四日後、キャルテク宛てにテレックスが入った。

「親愛なるケラー博士
貴方の『ユーラシアの遊牧民』展計画は、今や科学アカデミーの協力を得てソヴィンフィルムが準備中であることをお知らせしたい。外国の会社がソ連内で撮影を行うについて、便宜を供する組織はソヴィンフィルムのみである。ソヴィンフィルム会長
アレクサンドル・スリコフ」
やっとのことで承認が来たのだ。
これに勢いを得た僕は、トゥーバの単語を書き込んだ黄色い暗記カードの勉強に、ますます力を入れはじめた。運転中渋滞にひっかかったときなど、カードに書いてある文句を念仏みたいに繰り返し唱え、開けた道ではヒョロヒョロの「フーメイ(喉音歌唱)」で、僕の車のディーゼルエンジンの轟音の伴奏をしたものである。
五月末、一九歳のドイツ青年が思い切ったことをやってのけた。それに比べれば、羊飼いに化けてトゥーバに潜入するなど、朝飯前に見えてくるぐらいだ。とにかくマティアス・ルストという名のこのティーンエージャーは、ソ連の国境警備隊記念日にフィンランドからモスクワまでセスナを飛ばし、クレムリンの上空を何回か旋回したあげく、所もあろうに赤の広場のど真ん中に着陸したのである。その結果としてゴルバチョフに頭の古い国防大臣を首にする口実を作ってやり、究極的には「平和のための彼の使命」は果したかもしれないが、おかげでルスト青年はしばらくの間、刑務所に放りこまれる運命となった。

六月はじめの二週間というもの、イラン・コントラ事件の証言は、エリオット・アブラムス、アルバート・ハキム、フォーン・ホールなどが登場して続いていたが、僕は一日おきに電話にかじりついてバシロフと話をしていた。もうその頃には僕らの電話代やテレックス代は、モスクワへの往復券ぐらい楽々だせるほどにかさんでおり、こんなことなら一人がソ連に飛んで、そこでじきじきに談判していた方が、よっぽどましだったと思ったぐらいである。とにかくバシロフによれば、アルタイとカザフはまだ許可を出さないが、トゥーバとキルギスは同意したと言う。

「そりゃありがたい！」と僕は胸を躍らせた。「もうビザ申込書はすっかりできていますよ！　今日さっそくソビエト領事館に特急便で送りましょう。」

博物館はすぐに、六月一七日までに僕たちの訪問を公式に確認してくれるよう、ソヴィンフィルムにテレックスを打った。

ところが六月一七日が来ても、ソヴィンフィルムからはまったくうんともすんとも言ってこない。

またぞろバシロフに電話したが、ソヴィンフィルムの確認はぜんぜん来ないのだ。いったいぜんたい何がこんなに返事を遅らせているのだろう？　おかげで予約しておいた航空券は、二件キャンセルである。

アンドレ・シンガーが連れてきた人類学の大学院生で、もうソ連をはじめインドネシアや中国にも行ったことのあるトーマス・ラーセンなどは、とうとう「いったいソヴィンフィルムはいくら金を出せばわれわれの旅行を確認してくれるのか、率直に聞いたらどうなんです？」と口走った。

いかにも品のないやり方だが、しかたがない。こっちはもうワラをもつかむ気持なのだ。次の日バシロフから報告があった。五万ルーブル要ると言う。米ドルにして八万ドル以上である！　ソヴィンフィルムは、僕たちの六週間の旅行の準備をするのに、八万ドル以上の金がかかるというのだ！

「きっと僕らがハリウッド一流のプロデューサーだとでも思ってるんだろう！」と僕は憤慨した。そしていったいいくらなら妥当か、という話し合いののち、一万四〇〇〇ルーブルまでと決まった。一同はケラーといっしょに大急ぎでテレックス用の作文にかかり、すぐにソヴィンフィルム宛てに送り出した。

「親愛なるスリコフ氏

私どもはソヴィンフィルムがわれわれの撮影計画のための旅行を準備してくださると聞き、たいへん嬉しく思います。当方では三〇日間七人の参加者のための経費全部をまかなうにあたり、（食費を除き）一万四〇〇〇ルーブル支払うことができます。

乗り継ぎの可能な唯一の便は、モスクワ着七月五日で、これに間に合わせるためテレックスまたは電報で、私宛てに左記の参加者の名前を明記した公式の訪問許可の招待状を送っていただきたい。グレン・コーワン、リチャードおよびグウェネス・ファインマン、フィービー・クワン、ラルフ・レイトン、トーマス・ラーセンおよびジェームズ・オルソン(サイクス氏は参加できません)。草々　キャルテク、リチャード・ファインマン気付、ピーター・ケラー」

しかし返事はまったくなかった。

僕はまたもや電話でバシロフに泣きついた。すると彼はマリナという女性がわれわれの旅行を扱っていると言って、ソヴィンフィルム内の彼女の電話番号をくれた。ロサンゼルス・モスクワ間最後の航空券予約キャンセル期日まであと一日というとき、絶体絶命の僕たちは次のようなテレックスを打った。

「注意！　緊急メッセージ。貴方からの公式招待状がなければ、予約航空券が無効になります。」

その夜僕はとうとうソヴィンフィルムに電話をかけ、マリナをつかまえた。僕たちはソヴィンフィルムの態度に烈火のごとく腹を立てていたのだが、酋長はそれでもなおかつ向うに警戒を解かせるため愛想よくやれと言う。

とにかくそのマリナ嬢に僕たちの旅行計画の進行状態をたずねると、

「私どもですべての手配をしておりますが」という返事だ。

「それで、いくらぐらいかかるのでしょうか？」

「はっきりはわかりませんが、二万八〇〇〇から二万九〇〇〇ルーブル、あるいはもっとかかるかも……」と彼女はまるでやくざが飲み屋の用心棒代をせびっているような口調だ。

「でもこちらは一万四〇〇〇ルーブルしか予算がないんです」と僕は哀れっぽい声でくいさがった。「いったい何でそんなに金がかかるんですか？」

「それは余分の切符も要りますし、荷物だって余分がなくては……」

マリナとソヴィンフィルムのごろつきどもが、おそらく費用はこちらもちでぞろぞろついて歩くところを想像すると、僕ははらわたが煮えくり返る思いだったが、ここで癇癪を起しては元も子もない。ひたすら友好的態度に終始した。マリナはきっと僕が阿呆だと思ったにちがいない。

翌朝酋長から電話がかかってきた。

「おいラルフ。今朝ソヴィンフィルムからテレックスが来たぞ！」

「ええ、ほんとですか？」

「ほんとだとも。今読んで聞かせるよ。

「親愛なるケラー博士

今般グレン・コーワン、リチャードおよびグウェネス・ファインマン、フィービー・クワン、ラルフ・レイトン、トーマス・ラーセンおよびジェームズ・オルソンが、七月五日から八月一〇日までの期間、ソ連国内で映画撮影計画旅行に参加するよう、ここに招待を確認します。ついては現在のRAXEE《ラクシー》レートで、一万四〇〇〇ルーブルを外国経済業務銀行口座一七九五六二に入金されたし。」」

「酋長、そりゃちょっとおかしいですよ。昨夜マリナと話したばっかりなんだから。しかも彼女はその二倍以上はかかると言っていましたよ。」

「いつその話をしたんだい？」

「こっちの夜中ですが、モスクワ時間だと午前一一時かな。」

「このテレックスはモスクワ時間で四時四五分だし、スリコフの署名もある。きっとマリナの意見は却下されたんだろう。この分だと僕らの旅行も実現しそうだぞ！」

「うん、そうだといいですね。」

「博物館に電話してケラーがどう言うか、聞こうじゃないか。」

ソ連と僕らの交渉のとき協力してくれたあのワシントンの弁護士シルバン・マーシャルに知らせろというのが、ケラーの忠告だった。さっそく電話でマーシャルにテレックスを読みあげて聞かせ、まずその中に出てくるラクシーレートとかの意味をたずねると、「むろん公式交換レートはあるよ。だいたい一ルーブル一・六五ドルぐらいだろう。だがラクシーレートというのは初耳だね。」

それから僕はマリナとの会話とスリコフのテレックスの間の矛盾を彼に打ちあけた。マーシャルはすぐに次のようなテレックスを送ることを勧めた。

「親愛なるスリコフ氏

七月五日より八月一〇日までの旅行招待をお送りいただき感謝します。われわれは一万四〇〇〇ルーブルに相当する米ドルを、いつでも送金する用意がありますが、これが(食費を除いて)ソ連旅行全体の必要経費の全額であることを、テレックスでご確認ねがいます。追加予算はいっさいありません。またわれわれの訪問する地区のご確認もお願いします。必ず折り返しお返事をいただきたく。草々　ピーター・ケラー」

ソヴィンフィルムの返事を待っている間に、酋長はラクシーレートの意味を割り出した。

「いったんテレックスにタイプしてしまうと、金輪際消せないものらしいな。だからまちがったらそのあとにEEEをタイプするんだ。だからRAXEEEはただのあやまりだよ。」

もう一日だけ何とか予約を延ばしてくれるよう、航空会社の機嫌をとる間も、僕たちは今か今かとソヴィンフィルムの返事を待ち受けた。翌朝キャルテクのテレックス係に電話すると、「はい来ております」と言う。

「貴方の映画撮影準備旅行に関し、外国経済業務銀行口座一七九五六二に一万ルーブル入金されたし。あとは七月五日モスクワ到着後話し合いにて。」

これでソヴィンフィルムの連中が、ほんとうにロシアやくざの一味だということがわかったようなものである。

「ソヴィンフィルムなんか、くそくらえだ！」と酋長は唸った。「もうあいつらとはいっさい縁を切るぞ！」僕は「ゴー・トゥー・ヘル！（くそくらえ）」というテレックスを打とうと提案したが、オーエン・ラティモアの撮影から帰ってきたばかりのアンドレ・シンガーに止められた。中央アジアの市場では、ぜったいこっちから交渉を打ち切らないというのが、しきたりなのだそうだ。つまり向うに打ち切らせるようしむけなければならないわけである。酋長はこのアイデアにとびついた。しかもソヴィンフィルムは、まだ三人いっしょにトゥーバに行く唯一のつてなのだから、今切り捨てるわけにはいかない。そこで僕らが送ったのは、次のようなテレックスだった。

「親愛なるスリコフ氏

残念ですが一万四〇〇〇ルーブルしか用意できていませんので、私どもの旅行にそれ以上の経費がかかることを承知で、モスクワに行くことはもちろん不可能です。したがって七月五日の航空券予約は取消しにせざるを得ませんでした。これで私どもの旅行はキャンセルしなくてはならないものか、一万四〇〇〇ルーブルでもう少し限られた日程にすることができるか、お知らせいただけると幸せです。

その結果はどうあれ、皆さんに対し、また特にラルフとの電話でいろいろご助力をくださったマリナ嬢に、厚く感謝いたします。敬具　ピーター・ケラー」

何の音沙汰もなく、それから一週間が過ぎた。僕らが手綱をつけてトゥーバに乗っていくはずの馬は、もっとほかに緑の牧場を求めて駆け去ってしまったのである。

12

カタリナ・カウボーイ

七月四日が過ぎて間もなく、全国教育放送を聞いているとモスクワ国際映画祭のニュースが流れてきた。今やモスクワは急に流行の中心となり、ロシアは粋なところになったらしい。赤の広場には世界中から映画スターが続々と集まり、ゴルバチョフはイラン・コントラのぬかるみにあがくレーガンを尻目に、マスコミのスターにのしあがった。

この映画祭を組織したのは、ソ連邦国家映画委員会(ゴスキノ)とその支局ソヴィンフィルムである。「道理で僕らの旅行はだめになったわけだな!」と僕はリチャードに言った。「ソヴィンフィルムにしてみれば山間僻地の遊牧民を眺めにいくなんぞという、労多くして報いの少ない計画をたてるより、世界の有名人をモスクワの豪華ホテルに集めて映画を見せる方が、よっぽど楽だし金もうけになるに決まってますからね。」

そこで二人はメキシコにあるリチャードの「海の家」に骨休めに出かけた。酋長は毎日欠かさず海岸を遠くまで散歩しながら、彼の一番好きなこと、つまり考えることを楽しんでいたのだ。

ところがある午後、彼はよろよろと帰ってくるなり、居間の大きなソファに倒れこんだ。

「おい、僕は本物の英雄なんだぜ!」と威張ったが、疲れ切った様子だ。

「そんなことはとっくにわかってますよ。だが今さら何でそんなことを急に言いだしたんです?」

「ほんの今しがた、溺れかかったメキシコ人の子供と、それを助けにいってこれも溺れそうになった男二人を助けて来たんだ。」三回目の大手術を受けてから、たった九か月しか経っていない体である。しかも不整脈と高血圧で長年悩まされてきているというのに、その体がそんな大活躍によくも耐えられたものだ、と僕は開いた口がふさがらなかった。太平洋岸のプラヤ・デ・ラ・ミシオンの海は、相当手強い荒海なのだからなおのことだ。

「だがもっと苦しかったのはそのあとさ」と酋長は喘いだ。「その女房たちがありがたがって、生の貝を食べさせてくれたのはいいが、そのソースたるや辛くて口が火事になったかと思うぐらいだった。とうていおとなしく腹におさまってくれそうにもなかったよ。」

パサデナに帰ってみると、ラミンの手紙が待っていた。彼が日本から帰ってくるまで(ラミンはまた別なソ連の展覧会のため、二か月間大阪に行くことになったのだ)、地方のビザ発行所では僕たちのビザを処理できないという知らせである。そうしてみると僕たちの「第二のソリ」もお蔵入りとなったわけだ。

それから二、三週間のち、リチャードと僕はケラーといっしょに、南カリフォルニア大学のゲリー・シーマン教授に会って、これから先の相談をすることになった。シーマン教授は九月末ごろ、展覧会やシンポジウム、ユーラシアの遊牧民のドキュメンタリー映画祭などの計画をたてるため、研究会を組織しようとしていたのである。そしてその研究会の名誉委員長に、リチャード・ファインマンとオーエン・ラティモアを据えようとしていたのだ。(それが実現したら何と並外れた二人の人間の出会いになることか!) おまけにこの研究会にはソビエト科学アカデミー代表としてカピッツァとバシロフ、ソヴィンフィルム代表としてスリコフを招くという。とするとすべてがうまくいけば(つまり、かのスリコフがめでたくディズニーランド訪問を果たしたらということだが)一〇月にトゥーバに行く話をむし返せるかもしれない。

僕はこの会議にマクシム・ムンズクを招いてはどうかと提案した。「ひょっとするとムンズク一人でも、僕らをトゥーバに引っぱる力があるかもしれないよ。少なくともこっちへ来ればハリウッドを見られるし、『デルス・ウザーラ』にオスカー(おそらく彼はそれを見たこともないにちがいない)を授与した映画芸術科学アカデミーを訪ねることもできるでしょう?」

「私個人としては異存はありませんがね」とケラーは答えた。「だがカピッツァはすでに奥さんを連れてきたいと言ってきたし、博物館ではその旅費も出さなくてはならないんです。おかげでまたロサンゼルスまでのファーストクラス航空券が増えたうえ、こっちからの招待状は手続きの途中で消えてしまうのか何か知らないが、カピッツァもバシロフもも う三、四回も招待状を発行し直してくれと言ってくるありさまでしてね。これじゃトゥーバの田舎から人を招んだって、とても無理でしょう。」

それでも一応彼を招く努力はしてみたが、やっぱりケラーの言ったとおり、ムンズクは招待を受けることができず、スリコフも先約があるとかで結局辞退することになった。

九月近くになると、博物館はロサンゼルス郡の渉外課に連絡をとった。その結果カピッツァ夫妻とバシロフは、運転手付き特別リムジンでロサンゼルスを案内されることになり、郡管理委員会では特別歓迎会をすると言う。おまけに豪華晩餐会が三つ四つ、そしてもちろんビバリーヒルズでの買物まで予定に入っていた。

しかしリチャードは、カピッツァを重要人物としてでなく、あくまでも普通の人としてもてなすべきだと考えていた。そしてカピッツァは彼の家に、バシロフは近くの友人の家に泊め、キャンプ旅行に連れ出そうと申し出ている。トゥーバで僕たちがやりたいような旅行スタイルを見せようという魂胆だ。

だが博物館はこの賓客をビバリーヒルズでも最高の住宅地の奥深く、ベルエア・ホテルに泊めることに決めてしまった。

いよいよ土曜の夜ソビエト代表がロサンゼルスに到着。ケラー博士が空港に出迎えた。カピッツァを一目見たとたん「ソビエト科学アカデミー公式代表者のため、ホテルの部屋も機内の席もファーストクラスとすること」という協約書第二一条の理由がはっきりした。カピッツァのビヤ樽のごとき胴まわりは、ゆうに一三〇センチはあったのだ！

アンドレイの父、ピョートル・カピッツァは、一九三〇年代の物理学研究で、一九七八年にノーベル賞をもらっている。* とにかくアンドレイが開口一番ケラー博士に頼んだのは、スウェーデンのある銀行口座から金を引き出す手配をしてくれということだった。

＊ 大英百科辞典(第一五版)に載っている彼の驚くべき生涯の概要は一読の価値がある。

翌日曜日、カピッツァ夫妻がホテルでくつろいでいる間、僕はバシロフのロサンゼルス案内を引き受けた。種々雑多な人種の入り混じった街を車で乗りまわしているうち、ウラジーミルは何となくソワソワしはじめた。彼は太平洋の東海岸で泳ぐという念願を早く果たしたかったのだ(彼はすでにウラジオストックの近くの海で泳いだ経験がある)。そこで二人はベニス・ビーチに向かい、サンタモニカの汚染された水に浸ったのだった。

その夜は博物館長ブラック博士と、これまた博士のブラック夫人が、ソビエト代表をもてなすことになっていた。

次の日は月曜日である。カピッツァ夫妻は有名な宝石写真家ハロルドとエリカ・ヴァンペルトのスタジオ見学、バシロフは博物館に行って展覧会の打合せをはじめている。

その夜はファインマンがソ連代表をもてなす番だ。博物館の前例にしたがい、グウェネスは高級出前店を二軒も頼み、最上の銀器を出してきて一日がかりでごちそうの仕度を整えた。僕はその午後遅くフィービーの両親の車(僕の車ではとても小さすぎるうえ、エアコンなどという高級なものはついていないのだ)で、ホテルに出迎えの役だ。まずバシロフの部屋をノックすると、彼はぐっすり眠っていたところで、それからあわてて着替えを始めた。その間に隣室のカピッツァ夫妻を呼びにいってびっくりした。ソビエト科学アカデミー副会長は、一九六〇年代のスーパーで買ったかと思われるような安っぽい半袖シャツ姿なのだ。彼は僕のまっ白なワイシャツとネクタイを見ると「今夜はくつろいだかっこうでも、ファインマン教授は気を悪くされないでしょうか?」とたずねた。「とんでもない! ぜんぜん平気ですよ。」僕はさっそく酋長に電話して、この吉報を伝えたのだった。

間もなくバシロフが現われたが、彼は神妙に背広にネクタイ姿である。ファインマン家に向かう途中、少しトゥーバの話が出た。そのとき今にも「なぜ僕らをソヴィンフィルムにおっつけたんです?」という恨み言が口まで出かかっていたが、ぐっと我慢した。今や自分でカリフォルニアまで来たからには、ひょっとするとカピッツァが個人的に肩入れしてくれるかもしれない。それはリチャードと彼の気が合うか合わないかにかかっている。カピッツァのやぼったいシャツに勇気を得た僕は、ファインマンがトゥーバにただの人として行きたがっていることを打ちあけた。

すると彼はにっこりした。「そうだ、彼の正体がわからないように、フェニモア・クーパーという名でビザを出しましょう。」酋長の名と、このアメリカ人作家の名が似ているからということらしい(僕はこの作家の名など聞いたことがなく、大恥をかいた)。

その夕べはすべてがうまく運んだ。カピッツァはアフリカや南極探険のときの大ボラ話やアラスカでの冒険(彼はアラスカ石油パイプラインを建設する合弁企業の顧問を務めている)、所もあろうにアリゾナの万年氷研究所訪問などの愉快な話で、グウェネスをすっかり喜ばせたのである。あのファインマンをして、「ええっ？　ほんとですか？」とか「まさか！」などと言わせたのは、後にも先にもカピッツァくらいのものだろう。

アンドレイとリチャードはたちまち意気投合してしまった。二人はポーランドやイタリアで、KGBだらけのソ連科学者代表にリチャードがいやな思いをした話まで混じえ、ありとあらゆる話に花を咲かせた。

「そう言えば科学アカデミーもモスクワのマフィアに牛耳られていたんですよ」とアンドレイは言った。「しかし今はよくなりました。KGBは追っ払ってしまいましたからね。」

ブレジネフがサハロフをゴーリキーに追放したときも、科学アカデミーはあくまでもサハロフを仲間として扱い、毎月年金を払い続けて、彼の帰るまで、そのアパートもダーチャもそのまま保管していたことを、僕はここでつけ加えた。

しかしそれでもファインマンは、トゥーバを先に訪ねたとしても、そのあとモスクワで公式に学者たちと会うことには、まだ不安を感じているようだった。「もっとも僕が個人的にその仕事に興味を持っているような学者は、何人かいるんですがね。」

「その人たちと私的に会うことはできますよ」とアンドレイは答えた。「ラルフに聞いたんだが、先生はトゥーバにお忍びで行きたいのだそうですね。先生のビザをフェニモア・クーパーという名で発行してはどうか、という話までできていますよ！」

酋長はすっかり喜んでしまった。そして一同心から笑い合ったのである。あわや眠りこけてしまいそうだったバシロフまでが、目を覚ましてニコニコした。

ソ連代表をホテルに送りながら、カリフォルニアではどこが見たいのかをたずねると、「私はいつもヨセミテを見たいと思っていたんです」とアンドレイが答えた。「もし行けたらそりゃあ嬉しいですよ。」

「では博物館と話をして、手配をしましょう。」

「それにオークランドも見たいね」とアンドレイは続けた。

「えっ、オークランド？　オークランドなんてジャック・ロンドン広場以外は何もありませんよ。」

「それですよ。それを見たいんだ。ジャック・ロンドンはソ連でたいへん人気がありましてね。」

「それなら僕にもわかるな」と、僕はさっきの無知の挽回につとめた。

「高校時代に『荒野の呼び声』を読んだことがありますよ。」

翌日国務省のソビエト係に電話してわかったのだが、行先を言いさえすればアメリカ中どこへ行こうと勝手なのである。僕はさっそく電話で博物館から、カピッツァをヨセミテとオークランドに連れていく許可を取りつけた。

次の日はケラー博士といっしょに、ソ連からの客をディズニーランドに案内した。アンドレイは最近日本に行ったとき買ったのだという、ソニーのビデオカメラで、見るものを片っ端から撮りまくった。ビデオシステムの話をしているうち、アンドレイは兄貴のセルゲイに頼まれて買って帰りたいものがあると言う。ソ連のテレビで若者向けのやさしい科学番組のホスト役を務めているセルゲイは、新しいKUバンドでさまざまなチャンネルを受信するために、衛星用のパラボラアンテナのコンバーターが要るのだそうだ。カピッツァ家の連中はみな西欧やアメリカの番組をしょっちゅう見ており、そのマルチ・システム式ビデオレコーダーで、BBCその他の番組をどんどん録画しているのだという。（そのコンバーターは僕が二日がかりで探したあげく、やっと手に入れた。）

金曜日は一同南カリフォルニア大学のシーマン教授がお膳立てを整えた研究会に出かけた。残念ながらオーエン・ラティモアは、アンドレ・シンガーとのインタビューのほんの二、三週間あと、脳卒中で口がきけなくなったため出席がかなわず、研究会の名誉座長は酋長一人となった。彼は朝食会の席上歓迎のことば(付録A)を述べたが、その中でこの国際的な集まりが催されるまでに起ってきた、思いもよらぬ珍事の歴史をかいつまんで話している。

ケラー博士が歓迎の辞を述べている最中、左に座っていたバシロフがこっちに身を寄せたと思うと、僕の力を借りたいと言う。ロシアの礼儀では直接相手に話しかけるとき、苗字を使わず必ず名前と二番目の名(ミドルネーム)を使うことになっている。たとえば彼はボスのカピッツァに話しかけるときは、必ず「アンドレイ・ペトロビッチ」と言うのだ。ところがいかんせんバシロフは、カピッツァ夫人のミドルネームを忘れてしまったのである。直接聞くのはいかにも失礼だ。アメリカ人の僕なら「カピッツァ夫人」と呼びかけても失礼には当たらない。

そこで「カピッツァ夫人」と僕は言った。「ミドルネームを何とおっしゃるのでしょうか？」

「あら、そんなことどうでもいいんですのよ」と彼女は笑った。「ユージニアと呼んでくださってもけっこうですし、何でしたらジニアでもかまいませんわ。」

僕は策略がまんまと外れて、バシロフがさぞかし困っているだろうと、腹の中でニヤニヤしていた。だがまあ助けてやろうかと思い直し「どうもありがとう、ユージニアさん。ご主人のミドルネームはペトロビッチだとわかっているんですが、女性の場合はどういう風になるのか興味があったんです」と言うと、

「私のミドルネームはアレクサンドロヴナって言うんですの。父の名がアレクサンドルでしたから。」

「なるほど」と僕はバシロフに片目をつぶって見せたが、彼はかすかにうなずいただけ

で知らん振りをしたのはあっぱれだった。

朝食が終ると一同は道を渡って博物館に向かったが、僕はかなり疲労のひどい酋長を家に連れて帰った。

その夕方はブラック家で、研究会参加者の公式レセプションである(写真11)。女性の駐車係まで雇ってあり、バラライカの二重奏が客の耳を楽しませる一方、キャビア、ブリンツ(一種のパンケーキ)その他ロシアの高級オードブル、そして言わずと知れたウォツカやさまざまな酒類がテーブルの上に林立していた。席上ではありとあらゆるプレゼントが、遠来の賓客に贈られたが、中にはキンキラキンの「ロサンゼルス郡の鍵」まであった。

その夜リチャードはほとんどずっと、中国社会科学アカデミーのリ・ユーイ教授と、中国史を語って過ごした。酋長は、中国が他の国に比べてずっと早く科学の進歩を見ていながら、しだいに迷信に溺れてしまったのはなぜか、ということに非常な興味を持っており、これについてリ博士がびっくりするほど、さまざまな本を熟読していたのである。

話はトゥーバにもふれたが、リ博士によるとモンゴルとの国境近くの新疆地方の北端、アルタイのあたりに、何千人ものトゥーバ人が住んでいるという。必ずそこへ僕らをご案内しましょうと彼は受けあってくれたのだそうだ。そのことをリチャードに聞いて僕はとても嬉しかった。「そいつはありがたい! たぶん新疆のトゥーバ人なら、トゥーバのトゥーバ人より外国人ずれしてないんじゃないかな。それにウルムチから北に向う途中、ア

写真11　ソビエト側賓客のために催されたレセプションで，氷水を楽しむ博物展覧会の国際的「発見者」とその「助手」(ロサンゼルス郡立自然史博物館提供)

ジアの本当の中心地点に碑を立てることもできますよ。」

レセプションを出るとき、カピッツァ夫妻に、翌日は南カリフォルニア大学の研究会に出たいか、それともロス近辺を見物したいか聞いてみると、彼らは、それは断然ロサンゼルス見物がいい、ことにJ・ポール・ゲッティ美術館が見たい、と答えた。

ゲッティ美術館は、駐車場に囲まれた丘の上に建つローマ別荘風建物で、ふつうは予約なしには入れない。そこで翌朝カピッツァ夫妻を迎えにいったとき、必ず「ロサンゼルス郡の鍵」を持ってくるように、と念を押した。

いよいよゲッティ美術館に着くと、案の定、守衛に名前を聞かれた。「レイトン」と答えると、「予約リストにレイトン様の名はありませんが」と言う。「実は予約をとる暇がなかったんです。この方たちはソ連からの賓客なんですが、昨夜突然このすばらしい美術館を見たいと言いだされましてね。ロスにはほんの二、三日しか滞在されないのです。」

「申しわけありませんが、予約なしではお入れできません。」

ここで僕は記念化粧箱に収まった例のキンキラキンの鍵を引っぱりだした。「これがあれば入れますか?」

「なるほど、ではどうぞ」と守衛は不機嫌な顔をして言った。「とにかくそのロシア人たちに、すべからく平和のために尽力してくれと言ってください。」これを聞いたカピッツァは腹を抱えて笑った。

さて次の日、研究会参加者一同は、ロサンゼルスの西南四〇キロメートルのところにあるサンタ・カタリナ島に案内された。南カリフォルニア大学はこの島に研究所を持っているのだ。船で九〇分、海はかなり波立っていたが、いよいよ船を下りて昼食に向かうころには、雲が切れて陽がさしはじめた。

そこで目立ったのが、大きな木のデッキのところで、ビールを飲みながら大声でしゃべっている騒々しい男たちの一団である。一人残らず頭のてっぺんから足の先までカウボーイのいでたちだ。つば広帽から皮の腿あて、拍車付ブーツにいたるまで、まるで西部劇そっくりの姿だった。だがその会話を聞いて僕は呆れ返った。仔牛をロープでしばる話でも、投げ縄の話でもなく、何とウォールストリートの最近の投資がどうの、不動産や利息がこうの、といった話なのだ！　彼らは南カリフォルニアの男性クラブ、ロス・カバイエロスの会員だった。

この都会風カウボーイの中に一人二人、ことに目立つ連中がいた。一人はメキシコの伝統文化に誇りを持つメキシコ系アメリカ人で、チョビひげをたくわえ、大きなつば広のソンブレロをかぶったところは、まさにメキシコ革命の英雄ヴァツケロだ。もう一人はまるで今日一日金鉱探しでもしてきたといった風態の変なじいさんで、何やらとんでもない話で皆をゲラゲラ笑わせている。ところがそのじいさんが酋長を見たとたん「おい、ディック！」と呼びかけたではないか。

するとリチャードもたちまち顔を輝かせ、「何だ、ゾースか！」と叫んだ。老いぼれカウボーイと思いきや、それはリチャードの長年の親友で、アルタデナのあの奇人芸術家ジラヤー・ゾーシアンだったのだ。

前もって計画したって、この出会いはこううまくはいかなかったにちがいない。

バシロフは頬にキスなどされ、しわくちゃのカウボーイと並んでしゃっちょこばってカメラにおさまり、カピッツァは大喜びでこのアメリカ遊牧民文化のなれの果てをビデオで撮りまくった。政治的には保守派のこのカウボーイたちはさっそく市民外交官と化し、帽子から飾りなどを外してソ連人と交換をはじめた。だから今でもこのとき居合わせたロス・カバイエロス会員のカウボーイ・ハットの中には、ソビエト科学アカデミーのバッジを誇らしげに飾っているものがいくつかある。

13 ついに招待状が来た！

カタリナ島からの帰途、アンドレイ・カピッツァはソビエト科学アカデミーが僕たち三人はもとより、グウェネス・ファインマン、フィービー・クワン、トーマス・ラーセンの全員のトゥーバ訪問を必ず実現させるよう、自分が特別にとりはからおうと約束した。そして僕たち一人一人に正式な名前と生年月日を書かせ、あとでトゥーバ旅行の際に見たいものを詳しく列記して送るようにと言ってくれた。旅行は一九八八年五月か六月ということも決まった。

カタリナ島遠征の疲れがとれないリチャードは、ヨセミテとオークランド行きを見合わせ、グウェネスもあとに残ることになった。彼女は夫の体調がすぐれないのを、鋭く感じとっていたのだ。

フィービーと僕がロスに帰ってきてみると、リチャードはすでに癌の手術を受けたあとだった。これで大手術も四回目である。だが今回は若い医者が脊髄硬膜外に痛みどめ注射をうつという新しい技術を使ったので、酋長の回復は早かった。その注射のおかげで、腹部の傷の痛みを感じずに楽に深い呼吸ができるため、肺炎などの合併症を起さずにすんだからである。一週間たつかたたないかのうちに彼は退院してしまった。

それから一日二日のち、トゥーバ語のタイプライターで打った手紙が来た。長年のペンフレンド、オンダー・ダリマからだ。

「親愛なるラルフ

いかに　生活　です　あなた？　特別-興味　何　ですか？(何か新しいことでもありましたか？)　トゥーバ-に　いつ　来る　あなた？　誰-みな　来る　でしょう？　ときに　来る、あなた　トゥーバの　良い　隅-に　つれて行く　われわれ。からそこ　そちらへ　あなた　自身-私の　家族-とともに、友だち-とともに　会う　でしょう。トゥーバの　温泉、歴史的土地、牧夫たち、(馬、ヤク、ラクダ……)　そして　狩人　連れてくる　われわれ。

あなた　個人的　友人-とともに　トゥーバ　関して　カラー映画　有名　完成した？　それ　この夏の　終り、秋の　はじまり-の中に　する　にちがいない　良い。(どうやらオンダーは僕らの撮影準備旅行のことを聞き及び、それがまだ実現すると思いこんでいるらしい。)

ミスター・リチャード・ファインマン-に、グレン・コーワン-に、そして　あなたの家族-に、大きい川(エニセイ)の　源-から　暖かい　挨拶　充たす　私。あなた-に　鋼鉄-のような　強い健康、幸福、長寿、平和　のための　すべて　そばに-とともに　成功する　あなたの　のぞむ　私。道-に　良い　もたらす　来る-あなたの望む　われわれ！　会見-に　挨拶！　大きい-とともに　(感謝)　溢れる　私。

ダリマ・オンダー・キシューチャラエビッチ」

オンダーの手紙に元気を盛り返した酋長は、またもや毎日想像上の友だちといっしょに、はじめはキジルからシャゴナルまで、そしてチャダン、ついにはティーリまで足を延ばして散歩に励んだ。しかも今度は僕らのペンフレンド、オンダーが道々牧夫や猟師に紹介してくれることを頭に描いての散歩である。一週間後には、リチャードはもうキャルテクで授業をしていた。

ケラー博士はソビエト代表を連れて、遊牧民展の次の開催地デンバーと、一九九〇年はじめに展覧会の最後を飾るスミソニアン博物館のある、ワシントンに行った。その出張から帰ってきた彼は、プンプン腹を立てていた。カピッツァが日当を前もって、しかも現金でよこせとがんばり、ケラーは自分の財布からそれを立て替えなくてはならなかったのだそうだ。もちろんあとで支払いを受けるとしても、カピッツァのこのけしからぬ振舞いは、今までですでにさんざんかけてきた迷惑の上塗りをしたようなものだった。というのはカピッツァがヨセミテとオークランド旅行のことをベルエア・ホテルに言っていかなかったため、泊ってもいない四日間のホテル代をよけいに払うはめとなり、おまけに彼らが部屋に取りよせて食べた夕食代一回一五〇ドルを、何回分か払わされているのである。

トラブルはそれだけではなかった。ＦＢＩの係官がある日突然現われ、ソビエト科学アカデミー副会長が、アメリカ陸軍の兵站部および海軍の補給センターのあるオークランドを訪問したことについて、ケラーを訊問したのである。前もって国務省から問題ないという言質をとっている点を主張したが、FBIはそんなことでひっこみはしなかった。

とはいえこっちの立場から言えば、カピッツァは今までで一番確実に、僕らのトゥーバ旅行実現を約束してくれた人間である。しかもその費用はソビエト科学アカデミー持ちでというのだ！

一一月はじめ、フィービーと僕のところに、日本から帰ってきたラミンから手紙が来た。一九八八年一月二七日以前なら、いつでもノボシビルスクを通ってトゥーバに行くことを許可するという、公式文書が入っていた。もし一九八八年夏に来たいのなら、申込手続きをただちに初めからやり直す必要がある。

カピッツァから皆でいっしょにトゥーバに行ける約束をもらっている以上、僕は一九八七年から一九八八年にかけてのラミンの招待は、礼を尽くして辞退した。ただしもしカピッツァの方の約束が反古になるようなことがあれば、フィービーと僕は喜んで一九八八年夏ノボシビルスクを訪問したい、ということはつけ加えた。

一九八七年一二月七日、カピッツァから次のような電報が来た。

「あなた方を招待するについての予備決定が下りた。バシロフ博士はトゥーバに出張、このプログラム関係の人々と会見中。一二月中に公式招待状が行くことを望んでいる。リチャードの健康を祈る。ファインマン夫人およびフィービーによろしく。カピッツァ」

アンドレイとユージニアに感謝の手紙を送ったあと、僕らのトゥーバ三昧を映画に撮りたがっているクリス・サイクスを電話で呼びだした。「僕らの旅行が確実になる前に撮影をする気なら、もうロスに来た方がいいぜ。」

「まだその映画を撮る金はできていないが、とにかく正月がすんだら行くよ」とサイクスは答えた。

その間今度はロシア語の手紙が、キジルから届いた。クリスマス直前のことである。

「親愛なるラルフ

この手紙を書いているのは、オンダー・ダリマの同僚です。オンダーは私にあなたの手紙を見せてくれました。ヴァインシュタインに会って話をしたところ、私の映画『トゥーバの歌』が展覧会場で上映されると聞きました。この展覧会のことをもっと知りたいと思いますので、できればお便りをください。

私は目下トゥーバ音楽の研究に忙しく、「フーメイ」の調査もしております。ちょっと前セオドア・レヴィンというアメリカの民族音楽専門家が、ウィスコンシンのカレン・シャーロックという写真家といっしょに、当地に来られました。私は彼らとともに資料をたくさん集め、米ソ共同でレコードを出す予定です。*

この機会を借りてみなさまにクリスマスのご挨拶を送ります。

ゾヤ・キルキソブナ・キルギス」

＊『トゥーバ、中央アジアからの声』(TUVA: Voices from Center of Asia) というこのレコード（カセットテープもCDもある）は、Smithsonian/Folkways レーベル（カタログ番号SF40017）で一九九〇年世に出た。Round Top Records, Box 154, North Cambridge, MA 01240 あるいは www.amazon.co.jp から入手できる。

レヴィンならずっと昔の一九八二年、デービッド・ハイクスとハーモニック・コーラスとの関係で、名を覚えている。そうしてみると彼はついに宿望を果たしたのだ！

僕はさっそく彼に電話して、いったいどのようにしてトゥーバ行きを果たしたのかをたずねた。レヴィンはアメリカの音楽家たちのソ連コンサート・ツアーの手配などしたことから、モスクワに顔が広い。おまけにソ連音楽家組合の会員でもあり、銀行にルーブルの口座まであるのだという。少なくともこれではじめてアメリカ人が、モスクワ経由でトゥーバに行けたことになる。

レヴィンによると、トゥーバ人はまだ外国人慣れしていず、彼とシャーロックのため、わざわざキジルのホテルのペンキを塗りかえるぐらい、大騒ぎをしたらしい。どこに行っても「ポチョムキン村」（モデル村）だ。何もかもお膳立てができていて、自然のハプニングなど薬にしたくもありはしなかった。「来年夏、また行く予定なんだが、第一回目の訪問でほんの端緒を作ったようなもんだから、今度こそはもっと辺鄙なところに入り込めるかもしれませんよ。」

なぜ写真家を連れていったのかをたずねると「『ナショナル・ジオグラフィック』の記事の準備をしているんです」と言う。(あとになってレヴィンも僕らと同じ運命をたどったということを耳にした。彼もやっぱり隣の地域(今度はシベリアだった)の記事を書いている『ナショナル・ジオグラフィック』の記者に、先を越されてしまったのだ。)

一九八八年一月末、リチャードにインタビューするため、クリス・サイクスがロンドンからやってきた。酋長は疲れやすく、ときにふさぎこむこともあったが、いったんトゥーバの話となるや病気などどこかに吹っとんでしまって、顔は輝き眼もキラキラしてくる。そして周囲の者は誰彼なしに、彼の「生きる喜び」に感染してしまうのだ。話の合い間には僕と二人で打ち慣れた古いリズムをドラムで打ち出す。*傍目《はため》には彼の痛みやうつ病は、ほとんどの場合あきらかに心理的なものとしか思えなかった。

＊ このインタビューは『タンヌ・トゥーバを求めて』という題のBBC番組となり、アメリカの教育テレビでは『天才の最後の旅』として放映された。筆者は現在UCLAジョン・ウェイン癌センターのための拠金運動として、この番組とサイクスのもう一つのファインマンへのインタビュー『物をつきとめることの喜び』のビデオ販売権を、BBCから取得すべく努力中である。(『物をつきとめることの喜び』のCDは二〇〇七年現在 www.tuvatrader.com から発売されている。)

だがサイクスの撮影が終った二日あと、彼を診察したかかりつけの内科医キム博士は、「たとえ心理的なものだとしても、まあ二、三検査するのも悪くないでしょう」と忠告した。その検査の結果がはっきりするや、キム博士の顔色が変わった。「ファインマン教授、やっぱりUCLAに行かれた方がよいでしょう。」

それから一週間もたたぬうちに、酋長の「借りものの時間」はついに尽きた。彼は二月一五日に不帰の客となったが、それはたまたま一九八八年のマーディ・グラ(謝肉祭最終日)の日であった。僕はあのリズム奏者ファインマンの魂が、彼を知る者の心の奥に移り住む途中、一夜カルナバルに賑うリオに立ち寄ったのではないか、と思えてならなかった。

ファインマンの死は、すぐにはモスクワに伝わらなかったとみえ、三月初めグウェネスのところに一九八八年二月一九日付の手紙が舞い込んだ。麗々しくレーニンの肖像が二つも印刷してある公用箋である。内容は次のようなものだった。

「親愛なるR・P・ファインマン教授

私はここにソビエト科学アカデミーの賓客として、先生御夫妻および四人の同僚をソ連に招待できることを心から喜ばしく思います。

当アカデミー副会長A・P・カピッツァ教授によりますと、貴方はトゥーバ自治共和国訪問をご希望とのことですが、最善の時期は今年の五月から六月と思われます。期間としては三、四週間を予定しましょう。

訪ソ中、ノボシビルスクおよびモスクワで、貴方の研究のことを知っており、お目にかかることを楽しみにしているソビエトの研究者の面々とも、会われる機会があるよう、私は願っております。

貴方の御一行のソ連での経費いっさいは、ソビエト科学アカデミーが負担いたします。

敬具

ソビエト科学アカデミー学術副会長

E・P・ヴェリホフ」

14 エピローグ

リチャード・ファインマンは、マゼランのようにその最後の旅を僕たちの心の中で達成した。その熱情を通し、いつの間にか彼の夢自体が生命を得て、生き始めたのだ。

そしてトゥーバの話は、こうして僕がこの原稿を書く間も、なお生き続けている。だからこの物語を、どこで書き終えたものか、僕自身見当がつかないくらいのものだ。その後もさまざまなことが起っているが、ここでその主なところをざっと記しておきたいと思う。

ヴァインシュタインは、僕たち残された者が科学アカデミーの招待を受けるようにと励ましてくれた。しかしリチャードの死後、ヴェリホフとカピッツァ宛てにトゥーバ訪問の希望を繰り返し伝えたにもかかわらず、返事はぜんぜん来なかった。あとでバシロフに聞いたのだが、新しい招待状を作成しなくてはならなかったのだそうだ。(そしてそれは結局作成されなかったのである。)

フィービーと僕は、ノボシビルスク訪問を勧めてくれたラミンの個人的な招待に応え、一九八八年六月に出かける決心をした。その途中、奈良で開催中の、展示品の総額が八二〇〇万ドルにもなるという『シルクロード』展に来ているヴァインシュタインに会うため、日本に立ち寄り、そのあとは新潟、ハバロフスク、ブラーツクなどで道草をくいながらノボシビルスクに着いた。ラミンは一九五九年ニクソン副大統領のフルシチョフとの非公式会談でホスト役の一人を務めたのだそうだが、しきりに党内の有力な知人たちに電話を入れ、三日がかりでやっとキジル訪問の許可をとりつけたうえ、航空券までせしめてくれた。

ただしそれはハラハラし通しの過程だった。その官僚的手続きのややこしさはもとより、もっと肝が冷えたのは、ラミンの運転ぶりである。通行人でいっぱいの曲がりくねった道を、ラミンはクラクションをブーブー鳴らしては、右往左往する群衆にこぶしを振り上げ、赤ん坊もバーブシカ(おばあさん)もあわやひき倒さんばかりに車をつっ走らせる。万一、人をひき殺したところで、たかが一般人では、党の高官ラミンを殺人罪に問うなどということはぜったいできないのにちがいない。

ヤク40号と呼ばれる小さなジェット機で、サヤン山脈の上を飛んだが、それはトゥーバに帰省する学生でギュウギュウづめだった。例の熟語集で鍛えた僕のトゥーバ語も、エンジンの騒音を通してトゥーバ人の娘に通じたものか、彼女は僕に時間をたずねてくれたが、くやしいことにそれはロシア語だった。

さてトゥーバで僕たちは何を経験したか、少しまとめてみたい。まずヤクやラクダ、トナカイなどは確かに見たものの、それはプロパガンダ映画を通してだった。キジルの町の中心にある、写真で見慣れた例の役所の建物を見学し(ただし車は一台も停まっていなかった)、地方の役人の面々にひき合わされたが、僕たちの訪問をきっかけに、地方社会の要人どもの間で権力の序列の並べ換えがあったらしい。またピオネールのキャンプも訪問し、有名人扱いで息がつまるばかりだったが、おそらくサマンサ・スミスもこうした目に会ったのにちがいない。牧夫たちの使うユールトのそばもいくつか通った。だが中に入れてくれたユールトは、僕らの訪問のためにわざわざ用意されたもので、ここで政治家たちのもてなしを受けた。つまり僕たちが見たのは、大国の副大統領が見るのと同じ世界である。手に入る限りのトゥーバ地図や本で前もってあれほどよく調べてきていなかったら、この僕だってこれでほんとうのトゥーバを見たんだ、と思いこんだにちがいない！*

* トゥーバでの経験描写があまりにも手短かすぎる感があるとしたら、それは僕たちの最初の旅行もまたテッド・レヴィンのときと同じぐらいゆがめられたものだったからだ。キジルのホテルは塗りたてのペンキのにおいこそしなかったが、そこにはまぎれもない「ポチョムキン村」(モデル村)の雰囲気が漂っていた。今日のトゥーバをもっと忠実に、そして完全に描写するためには、また別な機会にそこを訪ね、もう一冊(しかも別な著者の)本が出るのを待つ必要がありそうだ。

わがペンフレンド、オンダー・ダリマにつきそわれ、僕たちはボートでエニセイ川をトーラ・ヘムまで、そのあとはバスでアザス湖という新しいリゾート地に連れていってもらった。このリゾートの夜、トゥーバの若者たちを楽しませていたのは、驚くなかれブルース・リーの「カンフー」映画だった。それも英語の吹き替えをまたもやロシア語に吹き替えたというしろものである。近くの森を歩いていると鉱泉に通じる道に出た。見るとそのあたりの藪や木の枝には、布切れやハンカチがたくさん結んである。これはアルメニアでも韓国でも見かけた、あの同じ習慣だ。オンダーはその地方の魂に黙禱を捧げてから、その霊験あらたかな鉱泉の水を飲んでいた。

キジルに戻った僕たちは、ついにわれわれの聖杯たる「アジア中心碑」の前に立った。しかしそれはまるでリチャードの墓のようにも思われ、僕の胸はつまるばかりだった。

胸が痛んだのはもう一つ、キジル劇場を訪ねたときである。酋長と僕がいっしょにドラムを打つのを夢見た、あの劇場なのだ。白い大理石のロビーの地下には、まるで酋長のために作られたような面白いものが、でんとすわっていた。銅の器と鎖がゆっくりした一定のパターンで、水をたがいちがいの水路に通すという、一種の水時計である。

そのロビーの二階で地方の芸能人が、非公式な民族音楽の催しで、僕たちをもてなしてくれた。その中にはシャーマンの踊りに伴うドラムや、数人の歌手による「フーメイ」もあり、中には「デルス・ウザーラ」(マクシム・ムンズク)おん自ら、奥さんとかけあいでトゥーバの民謡を歌うひとこまもあった。その会のあと僕はムンズクと握手を交わし、出演者一同に向かって、ばかの一つ覚え的美辞麗句をトゥーバ語で述べた。「私の心の奥底からご挨拶を送ります。そして仕事のご成功とみなさんのご健康と幸福とを心からお祈りします!」

皆は和やかに笑って盛んに拍手を浴びせてくれたが、誰も返事をしなかったのはもっけの幸いというものだった。何か言われたって、こっちにはさっぱりわかりっこなかったからである。

僕たちは質素なアパートに、オンダーとその家族(夫人、娘、息子、嫁と孫)を訪ねた。いつぞやの「あなたのアパートはいく部屋ありますか?」という問が「私は住心地のよいアパートを持っています」という答とともに心によみがえってきた。案の定キジルも住宅難なのだ。

奥さんが羊の尻尾の脂というごちそうを出してくれている間、オンダーは僕たちを歌でもてなしてくれた。そしてはるか彼方のカリフォルニアから送られてきた手紙や本、僕たちの結婚写真を出して見せ、自分で彫ったという石の牡牛をプレゼントしてくれたが、その多芸多才ぶりや広範にわたる民話の知識から察すると、彼はトゥーバ文化保存の責務を一身に引き受けている感がある。オンダーがなぜあのように、トゥーバ語で文通するのを励ましてくれたか、今にして思い当たったのだった。

フィービーと僕がオンダーの研究所を訪ねたとき、いったいなぜよりによってトゥーバに来たのか、と質問した者があった。僕はとっさに、いかにも公的に聞こえる答え方で、トゥーバからの品がたくさん含まれている遊牧民の展覧会が、カリフォルニアに来ることになっているからだ、と言った。ところが呆れたことにトゥーバ人たちは、そんな話などまったく初耳なのである。この展覧会が日本、フィンランド、スウェーデンなどに行ったときには、必ずモスクワとレニングラードの役人が付きそっていたが、ソビエト科学アカデミーはトゥーバを含むソ連中の各博物館から、さっさと展示物を持ち出しておきながら、それが海外へ行くとも何とも知らせていないのだ。

研究所を出るとき、誰かが僕の手に紙片を押しこんだ。一九二九年にキジルを離れ、今はベルというところに住みついているロシア人の移民の住所だった。ベルといえばロスからたった一五キロメートルの町である。そうしてみるとやっぱりトゥーバからカリフォルニアに来た人間が、ちゃんといたのだ。ただし彼女は車を運転するには年をとりすぎていて、まず僕の車の「TOUVA」というナンバープレートを目にする機会は、まったくなかったのだった。

イギリスの人類学者カロライン・ハンフリー博士もまた、その夏トゥーバにみごと到達している。そして英国グラナダ・テレビのため『モングン・タイガの牧夫たち』という映画を撮った。その間バシロフ博士の方は協約書中の無料の旅行の項にのっとり、自然史博物館長とその一行をひきつれ、レニングラード、モスクワ、トルクメン共和国、ウズベク共和国などの案内をしている。そのあとどういうわけかバシロフは、ケラーがバシロフの親玉に腹を立てたと同じぐらい、ケラーのボスにむかっ腹を立てる結果になったらしい。

一九八八年一一月九日、トゥーバは「地方のペレストロイカ」という題の記事で、『クリスチャン・サイエンス・モニター』の第一面に躍り出た。その後あちこちで反ロシア活動の起った一九九〇年の夏にも、トゥーバは世界中の新聞に書きたてられている。

一九八九年二月四日、ロサンゼルスの自然史博物館で、『遊牧の民・ユーラシア高原の主』展の幕が切って落とされた。その記事は『タイム』誌の文化面いっぱいに書き立てられたが、マスコミの扱い方はやっぱり事実を反映したものとは言えなかった。両国の大立者が会見したと思うと、たちまちすべてが魔法みたいに落着くべきところに落ちつくといった神話の延長なのだ。しかし事実はそんなのんきなものではなく、スウェーデンでは丁重に迎えられたかのバシロフ博士も、アメリカに着くや否やいきなり仕事にとりかからされるしまつだった。だが彼は毫もひるまず、猛然とその仕事に挑戦し、やりおえたときにはせっかく博物館のデザイナーが苦心して並べたケースの中の展示品を、どれもこれも全部並べ換えてしまっていた。

この展覧会のカタログ『ユーラシアの遊牧民』は、もうすでにその頃には翻訳家として名の通るようになったメアリー・フレミング・ジリン*が英訳した。また展覧会見学者のための案内用テープは、俳優オマー・シャリフが吹きこんだ。人はオマー・シャリフと言えばすぐに「ドクトル・ジバゴ」を思い出すらしいが、彼はジンギスカンの役を演じたことがあるので選ばれたのである。その原稿を書いたのは何とカリフォルニアのおどけ者の一人たるこの筆者だ。このように常識ではとうてい考えられない愉快なできごとを喜ぶリチャードの大笑いが、頭の中に響きわたる思いである。

＊　彼女の最新訳書は、一九八八年インディアナ大学出版による、ナデジダ・デュロバ著の『騎兵

隊の少女』である。この本自体も彼女の翻訳も高く評価され、劇映画にする話も出ている。

展覧会のシンボルは、トゥーバでヴァインシュタインが発掘したという、スキタイ時代の身を丸めたヒョウの青銅盤と決めた(写真12)。その他にもう一つ、リチャードが一一年前『ロサンゼルス・タイムズ』の記事で見つけた、イノシシが狩人に嚙みついており、そのイノシシに犬がくいついている金の頂華も会場内で特に脚光を浴びた。

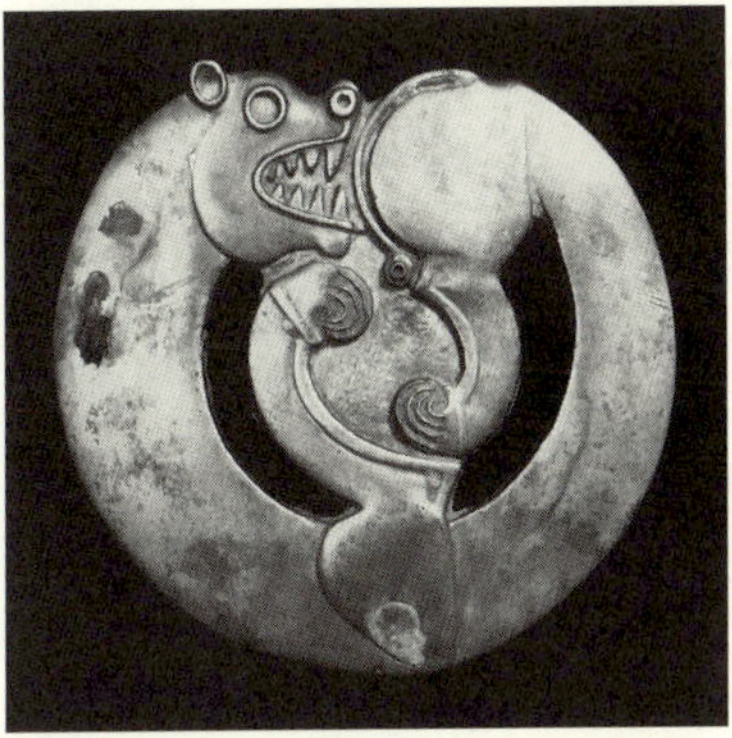

写真12 『遊牧の民・ユーラシア高原の主』展では，紀元前8世紀のスキタイ彫刻の青銅盤がシンボルとなった．裏に皮ひもがついた馬用装飾品のこの青銅盤は，トゥーバで発掘されたものである．(デイナ・レヴィ撮影，ロサンゼルス郡立自然史博物館提供)

ソ連側代表の中には、思いがけないメンバーが混じっていた。トゥーバ言語・文学・歴史科学研究所長ユーリ・アランチン博士で、カリフォルニアを訪れた最初のトゥーバ人ということになる。彼は他のソ連代表と違って、協約を通して受け取った米ドルで、ビデオレコーダーなどを買ったりせず、奥さんのためにウサギの毛皮のフランス製コートを買いこんだ。（その昔中国の君主やモンゴルの王子などに捧げ物としてぶんどられてしまっていた毛皮は、今日では『ソビエト・ライフ』が「国際せり市で一等になる」と謳っているにもかかわらず、トゥーバではそう簡単に買えないのだろう。)

ソ連人たちを案内してガーメント・ディストリクト(衣料工場および商店街)に買物に出かけてみると、ロサンゼルスのコスモポリタン的な面がよくわかった。アランチン博士にトゥーバ語で値段を教えていたところ、店主が「あんたトルコ語話すのかい? わしはイランのアゼルバイジャン出身だ*」と言う。またしばらくあと、道端でスーツケースなどを売っていたアフリカ人の男が、ソ連人たちの会話を小耳にはさみ、ロシア語で話しかけてきた。彼はモスクワのパトリス・ルムンバ大学でロシア語を習ったのだそうだ。

* ソ連とイランの国境にまたがるアゼルバイジャンではトルコ語を話す。チュルク語はイスタンブールからバクー、サマルカンド、キジル、そしてそのはるか先の地方でも話されている。

アメリカでの買物だが、これはソ連からの客にとって決して楽なことではなかったらしい。中でも年をとったモスクワっ子が、たどたどしい英語で叫んだ言葉は、米ソの経済状態をずばりと言い表している。「ソ連では物資不足で大問題! アメリカでは物が多すぎて大問題!」と。

クリスチャン・アクセル-ニルソンは、スウェーデンからはるばる夫婦でロサンゼルスの展覧会を見にやってきた(アメリカは二人ともはじめてだった)。僕は彼らとアランチンとを、車でソルバング(レーガン元大統領の牧場近くにあるデンマーク人居住地)とエセレン(浴槽のヌードとは安全な距離をおいた)経由で、サンフランシスコに案内した。

アランチンはエセレンのユールトを見つけ喜んで中をのぞいたが、ユールトの中で座ぶとんにかしこまっていたセミナー参加者の連中は、果してこの男のほんとうの出身地を想像できたかどうか。モンゴルか？　いやまさか……と本気にしなかったのではあるまいか。

バシロフはついにエセレン経験をものにした。ニューヨークのグールー(導師)、マイケル・ハーナーと共同で、シャーマニズムのセミナーをやったのである。

ラミンはとうとうロサンゼルスには来ることができなかった。彼こそは遊牧民の展覧会をカリフォルニアに送り出すなどというけしからぬ考えの人間どもを、トゥーバに連れこんだ張本人なのである。これが祟ってかトゥーバ人アランチンに先を越されてしまった。だが彼もぜんぜん足止めをくったわけではなく、あとでデンバーに現われ、今日のソ連の遊牧民について(たいして内容はなかったが)講演をしている。

一九八九年六月、一個人の招きでカリフォルニアを訪れた一人のトゥーバ人が、グウェネス・ファインマンとグレン・コーワンらを、一九九〇年夏トゥーバに招待してくれたが(個人的招待)、それを待たずグウェネスは一九八九年一二月三一日、惜しくも癌でこの世を去った。

一一月、スミソニアン国立自然史博物館での遊牧民展の開会式に出席するため、僕とフィービーはワシントンに飛んだ。(いつかエライアスやマレーとともにトゥーバを訪れたアメリカの植物学者で、消息のわからなかったスタンウィン・シェトラーは、この博物館で働いていることがわかった。）開会式にはテッド・レヴィンとトゥーバ手引書の著者クリューガー博士も出席しており、そこでは将来もトゥーバと連絡を絶やさぬ気持を再確認。現在でもトゥーバとの交渉はなおも進行中である。レヴィンは酋長の七五歳の誕生日を記念して、一九九三年五月、キジルでフーメイ会議をやることを提案しており、クリューガーはトゥーバ語‐英語対照熟語集を編集するため、トゥーバ言語・文学・歴史科学研究所に招きを受けた。またいつの日か、元旦のローズパレードに、馬上でフーメイを歌うトゥーバ人派遣団が現われることだってなきにしもあらずである。

ハムデン・シドニー・カレッジのウィリアム・A・シアー教授は、トゥーバの山中で発見した「ヤスデ」の新種を、「ディプロマラグナ・ファインマニィ*」と命名した。

アジア中心の碑を建立したあのイギリスの奇人の謎も、一歩解決に近づいた。トゥーバからの情報によると、彼の名はプロクター博士というのだそうだ。

さらにラルフとアラン・レイトンはアランチン博士に招かれ、トゥーバに関する記事を書く目的で、一九九一年夏トゥーバ国内を広く旅行することになっている。

またトゥーバ友の会は、キジルのアジア中心碑の中に、リチャード・ファインマンを記念する額を献納する計画をたてている。

＊『アメリカン・ミュージアム・ノヴィタテス』二九七七巻、一九九〇年六月二八日号参照。

付録A　歓迎のことば

リチャード・ファインマン

今日こうしてみなさんをこの研究会にお迎えすることを、僕は特に喜ばしく思います。なぜかと言いますと、このようなすばらしい結果を生むつもりは毛頭なかったのにもかかわらず、僕は偶然それとかかわりを持つことになってしまったからなのです。今ここにそもそものことの起りをお話して、ご一興に供したいと思います。

それは一〇年前、親友ラルフ・レイトンが僕の家で夕食を食べていたときのことなのです。彼は高校の数学教師だったのですが、たまたまそのとき地理の授業をしてきたばかりだ、と言いました。

「へえ、君は地理のことなど知ってるのかい?」とたずねますと、

「うん、まあ短波ラジオを聞いてるからね」という返事です。

「よし、じゃあ聞くが、いったいぜんたいタンヌ・トゥーバはどうなっちまったんだ?」

ラルフは僕を知りぬいていますから、僕がそんな国の名前をでっちあげてからかいそうなことぐらい、よく知っているわけです。ですからすぐ「そんな国なんかあるもんか!」

と言い返してきました。

しかしこのときばかりは僕の方が上手だったのです。というのはその国はたしかに存在していたからで、その後どうも何かが起ったらしいのです。

一一歳かそこらのころ、僕は切手を集めていました。その時分、近所では切手蒐集が大流行で、子供たちはみな「スコットのカタログ」だの、確認書などを持ち歩いていたものです。そんなある日、タンヌ・トゥーバという国から来た実に美しい三角と菱形の切手が手に入ったのです。父はその国がどこにあるのかを地図で見せてくれましたが、地図の中では外モンゴルの北西にある、小さな紫色のしみのようなものでした。それがタンヌ・トゥーバで、当時はれっきとした独立国だったのです。

ラルフといっしょに地図で探してみますと、タンヌ・トゥーバは今ではソ連邦の一部になっているのがわかりました。しかもその首都は何とKYZYLという綴りなのです。その名にまともな母音が一つも入っていないというあまりの奇妙さに、僕たちは顔を見合せてしまいました。そしてそのとき「断然トゥーバに行かなくては！」と心に決めたのです。

それはもう一〇年も前のことになります。以来僕たちはトゥーバのことをもっと知るため、それについてちょっとでも何か聞いたことのある人や、知識のある人をできる限り探しだし、その人たちに片っ端から連絡をとりました。中でも特記すべき人は、ソビエト科学アカデミーの民族誌学研究所の教授で、トゥーバの伝統的文化や考古学の本を書いたヴアインシュタイン教授です。

一九八五年にソ連を訪ねたラルフは、モスクワでヴァインシュタインに会いました。そのとき彼ははじめてトゥーバの出土品を含めた、ユーラシアのステップ地帯に住む遊牧民に関するソビエトの展覧会のことを聞かされたのです。(ヴァインシュタインはそのカタログを送ってくれたらしいのですが、とうとうこちらには着きませんでした。)その展覧会はたまたま一九八六年二月、スウェーデンで開催されることになっていました。

そこで二月になるやラルフはスウェーデンへ出かけていって、その展覧会を見てきたのです。(僕はロジャース委員会の仕事でワシントンにいたため、同行できませんでした。)ラルフが持って帰ったカタログを見たとき、僕たちは「この展覧会はアメリカにもぜひ持ってくるべきだ」と思ったわけです。

最初に連絡をとったのは、ロサンゼルス郡立自然史博物館でした。その副館長ケラー博士は、すぐさまそのわなにかかり、この展覧会をロスに持ってくるのは、実によい考えだと思ったのです。僕はさっそくソビエト科学アカデミーのA・P・カピッツァに電報を打ち、間もなくケラー博士はモスクワに飛ぶことになりました。

ラルフがスウェーデンにその展覧会を見に行ったとき、エーテボリの歴史博物館からソ連・スウェーデン間の協約書の写しをもらってきたので、展示品をさらに増やしてそれをアメリカに持ってくるという今度の協約のとりきめは、たいへん楽に進行しました。そして今回はじめてモンゴルの一部からの展示品も含まれることになったのです。

塩の結晶を作るのには過飽和が必要ですが、僕たちもまたいっしょうけんめいに情報を集めて、いやが上にもその目的を過飽和化し、ついには結晶させる媒体の役目を果たしたことになります。しかもただ単に人々が展覧会を見に来るだけでなく、米ソ両国の学者が今こうして南カリフォルニア大学でシンポジウムを開いているのです。* そのうえまたこれに関連した話題のフィルムや講演まであることになっています。そういうわけですから、みなさんを今日ここにお迎えするのが、なぜそれほど大きい喜びであるか、これでよくおわかりになったことでしょう。ひょうたんから駒が出るとはよく言ったもので、何となくはじめた冗談から、このようなすばらしい現実が生み出されたのですから。僕たちはほんとうに、ただ世界で最も神秘的で、しかも異境とも言うべきところ、トゥーバを訪問したかっただけなのです。

* ロサンゼルス郡立自然史博物館で開催された『遊牧の民・ユーラシア高原の主』展に関連する、米ソ学術シンポジア会報(全三巻)は、カリフォルニア州ロサンゼルス(郵便番号は九〇〇八九-〇〇三二)南カリフォルニア大学視覚人類学センターから入手できる。ゲリー・シーマン教授編になるこの会報の各巻には米、中、ソの学者による論文一六篇が集録されている。第一巻は「生態学と帝国。古い社会における文化進展の中の遊牧民」、第二巻は「ステップ地帯の支配者。ユーラシア辺境の国家形成」、第三巻は「帝国の発展。ユーラシアのステップ文化の考古学および

美術、歴史的考察」。三巻とも故リチャード・P・ファインマンの霊に捧げられている。

付録B　トゥーバ友の会

トゥーバ友の会参加申込をおおいに歓迎する。詳細は下記のサイトまで。

www.tarbagan.net/fotj/（日本のトゥーバ友の会）

www.fotuva.org（英語のトゥーバ友の会）

さらにトゥーバに興味を持たれる読者には、下記のサイトもお勧めしたい。

http://en.tuvaonline.ru/（トゥーバ人による英語とロシア語のニュースサービス）

www.lulu.com/tuvamuch（リチャード・ファインマンおよびコンゴロール・オンダーの録音ダウンロード）

訳者あとがき

「おいラルフ。君は今「トゥーバ行き、のるかそるか」計画の相棒、リチャードを亡くしてしまったわけだが、いったいこれから先どうするつもりだい?」

一〇年もの間、興奮と落胆を繰り返しながら、ここまで執拗に追い続けてきたトゥーバ訪問の夢が、いよいよ実現という矢先、主《チーフ》ともいうべき仲間を失った著者ラルフ・レイトンに、BBCテレビのクリス・サイクスはこうたずねた。これはイギリスのテレビ番組『天才の最後の旅』のひとコマである。

「さあ……。今までずっとこのことだけで頭がいっぱいで、ほかのことは念頭になかったんだが、今はもう所得税申告日が迫っていることなんぞを考えはじめてるんだからな。」

こう言うと悲しみを払いのけるように、ラルフは押入れの中から「トゥーバ」の文字を飾った野球帽を引っぱり出した。「まあこれを見てくれよ。三人でアジア中心碑の前にたどりつくときまでは隠しておくつもりだったんだが、こんなことになるんなら、さっさと酋長に見せておけばよかった……」彼の声は涙でとぎれた。

と、次の瞬間、その画面にいたずらそうな目をキラキラ輝かせた「酋長《チーフ》」こと、ファインマン先生が姿を現わしたのである。

「おいおい、ちょっと待った！　何もそんなに深刻に考えるこたあないぜ。これはただのゲームじゃないか。昔トゥーバという独立国があって、すばらしい切手を発行していた。ところが戦後そこに何か起ったらしい。地図で見たところが今はソ連領で、しかも首都の名はＫＹＺＹＬなどというとんでもない綴りだ。何しろソ連のふところ深く、ふつうの人は名も聞いたことのないような僻地のことだから、到達するのはさぞ難しいにちがいない。こりゃ面白そうだ、やってみるか！　ということだったんだから、難しいパズルに挑戦するのと同じだよ。もともとゲームとして始めたことだぜ。答そのものより、解いていく過程が面白いんじゃないか！」

この本はまさにその過程の紆余曲折の記録である。そのご苦労な過程を訳すうち、知らず知らずこの型破りな冒険につきあうことができた私は、おかげでたいへん面白い目に会わせていただいた。翻訳者冥利に尽きるとはこのことである。

著者ラルフ・レイトン氏とは、彼が高校生だったころからの友人である。既成の型とかしきたりとかというものにはいっさい目もくれず、すべてを新鮮な目で見、こうと思ったことを遠慮なくどしどし実行のできる面白い坊ちゃんだと思っていた。彼に会う人はその年齢がわからないと言うが、それは彼が年齢の差や育ちや言葉の違いなどにまったくこだわらない人間だからだと思う。ただの人間としてまったく平等に扱われるのを喜ぶファインマン先生と、肩書などにびくともしないレイトン氏とが、無二の親友になったのは、まさに自然の成行きというものだ。その二人の「弥次喜多」的やりとりを読むと、青二才が大先生に向かって何たる態度かと、日本人の私たちはつい思ってしまうのだが、あえてそのまま敬語ぬきで訳した。この非凡な二人の人間が、あい続く挫折にもいっこうにこりず、次々と繰り出すとんでもない企みの面白さが、そのまま読者の心に活き活きと伝わってくれればよいがと心から念じている。

この本の翻訳を通して私にも心躍る冒険をさせてくださり、ロシア語の発音はじめ厄介な編集の仕事を喜んで引き受けてくださった岩波書店の小林茂樹、桑原正雄の両氏に厚くお礼を申しあげたい。

一九九一年三月

アルタデナにて

大貫昌子　MASAKO OHNUKI

岩波現代文庫版訳者あとがき

「ひゃっ、解けないパズルか！　マサコも人が悪いな」とファインマン先生は唸った。二度目の大手術のあと、病室にパズルをもってお見舞いに行ったときのことだ。その頃流行ったルービックキューブの変形のそのパズルは、何でも「ルービックの復讐」という名の大変なもので、私たちには歯も立たない難物だけに、パズル狂の先生にぴったりだと思ったのである。さあその後がたいへんだった。とにかく解けない謎ほど面白い、そして解けるまでは金輪際諦めない、という先生のことだ。グウェネス夫人によると、看護婦がいくら食事だ、就寝時間だと言いにきても、まったく無視して窓際で一人パズルをひねくっていたという。そして二日後には、解けたぞ！と子供のように興奮して電話がかかってきた。

この世の問題はすべて好奇心をそそるパズルのようなもので、ほんとうに面白いのはその答より、それに至る過程だと先生は信じていて、自分の死後もノーベル賞の物理学者としてより、ただ好奇心の塊のような男として、覚えていてもらいたい、というのがその願いだった。トゥーバへの「最後の旅行」も、不可能に見えることに対するあくなき好奇心と、それをできるところまでやりぬく粘り強さの物語である。彼の若い親友ラルフ・レイトン（以後ラルフと呼ばせていただくが）の言葉を通して、本書に語られている障害物競走さながらのトゥーバへの道程は、彼にとってそれこそ血湧き肉躍る一大パズルだったのだ。先生は結局トゥーバ訪問の実現直前に惜しくも他界されたが、それですべてが終わりになるどころか、その後現在にいたるまでまったく意外なことが起こり続けているところは、まさにファインマン魂が生きているとしか思えない。

親と子ほども年の違う先生とラルフを結びつけたのは、こうしてとてつもないことを実現できるものとして実行に手を尽くし、途中出くわす困難などすべてパズルと考える、この自由な魂である。そして因習や常識、年齢や性別、肩書きや社会のしきたりなどものともせず、たとえノーベル賞の大学者であろうと子供であろうと対等に交わるこの二人のまわりに、ありとあらゆる「人種」からイヌやネコまでが集まってきて、さまざまに面白い事件を起こしたのも、当然のことといえよう。

この度は、彼らがトゥーバ訪問を思い立ってから、あわや実現というところまでの奇想天外な物語が、気軽に読んでいただける文庫になり、新しい読者にも楽しんでいただけるのは、たいへん嬉しいことである。なお一九二九年トゥーバを訪問した考古学者オットー・メンヒェン＝ヘルフェン著『トゥバ紀行』（田中克彦訳、岩波文庫、一九九六年）には、二〇世紀前半のトゥーバについての興味ある描写が溢れているので、これと本書とを併せて読めば、この国の全体像がもっとはっきり浮かび上がってくるにちがいない。

私事にわたって恐縮だが、当時まだ高校生だったラルフ・レイトン氏と会ったのは、実は彼の両親が土台にコンクリートを流し入れるところから始め、文字どおり自らの手で建てた家を、四〇年ほど前に私たち夫婦が譲っていただいたときのことである。屋根の上にはお手製の望遠鏡が載っており、書斎の奥には暗室のある面白い家だった。その家を設計して築きあげた彼の父君は、あの有名な『ファインマン物理学』の共著者の一人、キャルテクの物理学者故ロバート・レイトン博士、母君はヴィオラ奏者で私の親友でもある。その家がきっかけになって、レイトン一家、ひいてはファインマン一家と私たち一家の友情がはじまり、家族ぐるみでラルフとリチャード(ファインマン)のとほうもない冒険に巻きこまれることになったのは、凡人の私たちにとって希有な経験だった。

さて当のラルフだが、大学卒業後しばらくは高校で数学や地理を教えながら、ときどき高校生時代の悪友どもと結成した道化ダイビング・チームのショーを、独立記念日のパーティで演じて群衆を笑わせたり、ファインマンとドラムを打ちながらその大風呂敷的話の聴き手をつとめたりしていた。何しろ着想といい実生活といい人の意表をつくような自由さが持ち前の彼は、ネクタイをしめて朝八時から午後五時までなどという勤めが苦手なのは言うまでもない。運良く彼の奥さんになったのが、とても素敵な中国系の女性で頭脳も抜群、現在はサンフランシスコで州立大学のコンピュータセンター長を勤めている。もとより社会の因習などまったく気にもかけないラルフは、それ以来さっそく勤めをやめて二人の子供たちの世話を引き受け、あっぱれ「ハウスファーザー」のはしりとなった。もうその子供たちもティーンとなった今、彼もそれに比例して年をとったはずだけれど、あいかわらずファインマン魂の担い手にふさわしく、常識では想像もできないようなアイデアを次から次へと思いつくところは、全然変わらない。

弥次喜多道中にも似たラルフとファインマンのトゥーバ訪問計画のいきさつは、本書を読みながら楽しんでいただくことにして、この本の完結後のとてつもない事件を二、三ご紹介しよう。

ファインマン亡きあと、ラルフは奥さんのフィービーと共に、ついにトゥーバ訪問を果たしたが、帰ってくるとまずトゥーバの喉歌(フーメイ)の名歌手コンゴロール・オンダーを、パサデナ名物、一月一日のローズパレードに参加させることを思い描いた。冷戦が終わって間もない頃だけに、皆そんなことが実現できるとは夢にも思わなかった。しかし例のごとく紆余曲折を経て三年後、パレード沿道を埋め尽くす何十万という見物人の目前に、馬に跨がり長い「弁髪」を垂らした民族衣裳姿のオンダーひきいる三人のトゥーバ人が、喉歌を響かせながらほんとうに現われたのである。

ラルフはそのころファインマン精神の火を永遠に燃やし続けるため、「トゥーバ友の会」を設立した(興味のある方は www.tarbagan.net/fotj/[日本のトゥーバ友の会]または

www.fotuva.org［英語のトゥーバ友の会］を訪ねていただきたい)。それから今度はオンダーを含む一団のフーメイ歌手を招いて各地でコンサートを開く計画と、ファインマンの親友で風変わりなアルメニア出身画家ゾーシアンの持つ山頂の牧場で、彼らと共に日の出を迎えようというアイデアを頭に浮かべた。そしてその数年後、ほんとうに山頂に集まった友人たち一同がトゥーバの歌手たちといっしょに、初日に向かって「新年おめでとう(シャガー)!」をトゥーバ語で叫んだのである。その年のフーメイコンサートはニューヨークやサンフランシスコなどの各地で大好評を博し、続いてこれまたラルフの暗躍(?)によって、そのCDや、ファインマンの語りのテープも世に出たのだった(最近このテープもCDになっている。詳しくは www.tuvatrader.com を参照されたい)。

その後しばらくというもの、会うたびにラルフは何やらフーメイを耳にしたアメリカのジャズ歌手が、その音の源を探ってトゥーバにたどり着く、という映画を作りたいと言い出した。ついては何とかポール・ペニャという盲人のジャズ歌手とフィルム作者の兄弟をトゥーバに送るつもりだ、と言う。映画ともなればコネだの何億ドルという資金だのと、厄介なことだらけに決まっているというのに、また子供の夢みたいなことをと、それを聞いた私たちは呆れかえって本気にしなかった。ところが驚くなかれ、それがまた数年後実現したのである。おまけに『ジンギスブルース』という題のそのドキュメンタリー映画は、あろうことかアカデミー賞候補にあがり、そのうえあの有名なサンダンス映画祭では観客賞を受賞したのだ。

次の大事件はアメリカの名優アラン・アルダが一人芝居で(とはいってもニ幕目にしばらく若い女優の合いの手が入るが)ファインマンを演ずる、「QED」で、これにもラルフの夢がおおいに関係しているらしい。アルダは人間ファインマンを好演し、私たちは久々に先生のナマの姿に接した思いで、笑いながらも涙がとまらなかった。切符はロスでもニューヨークのブロードウェーでも売り出しと同時に売り切れ、新聞や雑誌に劇評が大きく取り上げられた。その後あの演技をビデオにという声が絶えないが、アルダは舞台俳優の良心からそれを拒み続けている。

まだ実現していないのは、ファインマンの姿を切手にしようというラルフの企てである。彼を知る者の見るところ、これも数年内には必ず実現するにちがいない。(ファインマンの姿に彼のダイヤグラムをあしらった記念切手は、ついに二〇〇五年、合衆国郵政公社から発売された。)

その後のできごとをすべてあげているときりがないので、このあたりで止めることにしたいが、ラルフに会うたび、お次の冒険計画が楽しみなことである。もっとも彼のアイデアばかりを待っていず、私たちもできることならどしどし夢を見て、それを実現する過程を楽しみたいものだ。

本書の単行本版では「トゥーバ」という国名を、アメリカの発音に近く「チューバ」としてあるが、正確な発音は「トゥーバ」あるいは「トゥバ」に近いとのことで、文庫版では「トゥーバ」とすることになった。なお今回の文庫出版については、いつものことながら岩波書店の宮部信明氏にたいへんお世話になった。巻末を借りてあつくお礼を申し上げたい。

二〇〇四年七月

アルタデナにて

大貫昌子

本書は一九九一年、岩波書店より刊行された。

ファインマンさん　最後の冒険　ラルフ・レイトン

2004年8月19日　第1刷発行
2024年5月24日　第5刷発行

訳　者　大貫昌子《おおぬきまさこ》

発行者　坂本政謙

発行所　株式会社　岩波書店
〒101-8002　東京都千代田区一ツ橋2-5-5
案内 03-5210-4000　営業部 03-5210-4111
https://www.iwanami.co.jp/

印刷・精興社　製本・中永製本

ISBN 978-4-00-603097-1　Printed in Japan

岩波現代文庫創刊二〇年に際して

二一世紀が始まってからすでに二〇年が経とうとしています。この間のグローバル化の急激な進行は世界のあり方を大きく変えました。世界規模で経済や情報の結びつきが強まるとともに、国境を越えた人の移動は日常の光景となり、今やどこに住んでいても、私たちの暮らしは世界中の様々な出来事と無関係ではいられません。しかし、グローバル化の中で否応なくもたらされる「他者」との出会いや交流は、新たな文化や価値観だけではなく、摩擦や衝突、そしてしばしば憎悪までをも生み出しています。グローバル化にともなう副作用は、その恩恵を遥かにこえていると言わざるを得ません。

今私たちに求められているのは、国内、国外にかかわらず、異なる歴史や経験、文化を持つ「他者」と向き合い、よりよい関係を結び直してゆくための想像力、構想力ではないでしょうか。

新世紀の到来を目前にした二〇〇〇年一月に創刊された岩波現代文庫は、この二〇年を通して、哲学や歴史、経済、自然科学から、小説やエッセイ、ルポルタージュにいたるまで幅広いジャンルの書目を刊行してきました。一〇〇〇点を超える書目には、人類が直面してきた様々な課題と、試行錯誤の営みが刻まれています。読書を通した過去の「他者」との出会いから得られる知識や経験は、私たちがよりよい社会を作り上げてゆくために大きな示唆を与えてくれるはずです。

一冊の本が世界を変える大きな力を持つことを信じ、岩波現代文庫はこれからもさらなるラインナップの充実をめざしてゆきます。

（二〇二〇年一月）